KB012350

박근혜 정부의 경제·사회정책

경제민주화와 복지의 실종

이 도서의 국립중앙도서관 출판예정도서목록(CIP)은 서지정보유통지원시스템 홈페이지(http://seoji.nl.go.kr)와 국가자료공동목록시스템(http://www.nl.go.kr/kolisnet)에서 이용하실 수 있습니다. (CIP제어번호 : CIP2014022162)

서經硏연구총서 XXX

박근혜 정부의 경제·사회정책

경제민주화와 복지의 실종

서울사회경제연구소 엮음

유철규 · 이동걸 · 윤진호 · 강병구 · 주상영 · 배영목 · 김상미 · 이병희 지음

한울
아카데미

머리말

박근혜 정부는 공약과 실제 정책이 따로인 정부로 기록될 것이다. 제18대 대통령 선거를 전후해 이른바 '근혜노믹스'로 일컬어지던 박근혜 후보의 경제·사회정책은 그 기본 골격의 한 축은 지속적 성장으로, 다른 한 축은 경제민주화와 복지 및 분배로 하는 것이었다. 지속적 성장을 달성하기 위해서는 창조경제를 해야 한다고 주장했고, 사회복지와 분배의 개선을 위해서는 재벌개혁을 포함한 경제민주화를 해야 한다고 했다. 많은 국민이 박근혜 후보의 대선 공약을 보고 시대적 요청을 반영한 것으로 평가해 대통령으로 선출했다. 야권의 공약과도 큰 차이 없던 터라 정책의 기본 방향은 논쟁의 여지가 많지 않았고, 정도의 차이만이 문제가 되었다. 박근혜 후보에게 표를 던지지 않았던 사람들도 대선 공약대로 한국의 경제·사회가 변모되기를 기대했다.

하지만 대통령 선거 이후 이해할 수 없는 일이 벌어졌다. 제18대 대통령직 인수위원회가 가동되고 나서부터 공약들이 후퇴하는 조짐을 보이더니, 박근혜 대통령 취임 이후에는 대선 공약들이 후퇴, 변질, 포기되는 일들이 벌어졌다. 역대 정부에서는 볼 수 없는 정도였다. 대선 공약의 중요한 한 축을 이뤘던 사회복지, 분배 개선 목표는 점차 희미해졌으며, 경제민주화라는 단어는 아예 듣기도 어려운 상황에 이르렀다. '경제민주화'와 '복지'의 실종이라 할 수밖에 없다. 양 축의 균형을 강조했던 사고방식은 사라지고, 현실을 변명 삼아 다시 '성장'이라는 외발자전거에 올라타게 되었다. 최근 '세월호 침몰 사고' 이후 국가 경영의 새로운 개조를 약속해놓고는 성장 중심의 최경환 경제팀을 가동시키고 있는 것을 보면 '성장'의 측면에서도 '지속적 성장'보다는 눈앞의 성장, 즉 과거의 성장 지상주의로 복귀한 것으로 보인다.

취임 1년 이내에 공약에서 제시한 정책 방향 그 자체를 바꾼 적은 역대 어느 정부에서도 없는 듯하다. 박근혜 정부는 왜 그랬을까? 구태여 추정해본다면 두 가지 중 하나가 아닐까 한다. 옳고 필요하다고 생각해서 공약으로 내세웠으나 대통령이 된 다음에는 지지 세력이 반발하는 등 감당하기 어려워 공약을 뒤집은 경우이거나, 아니면 애초부터 실천할 의사가 없으면서도 선거에서 이기기 위해 공약으로 내세우고 이후 당선이 되자 포기 절차를 밟은 경우일 것이다. 이 중 어느 경우이든 간에 이른바 '먹튀'가 아닐 수 없다. 이러한 '먹튀'는 국민에 대한 배신일 뿐만 아니라 정부에 대한 신뢰를 떨어뜨려 향후 정부 정책의 효과가 기대하지 않는 방향으로 나타나게 할 가능성이 크다. 무엇보다 문제가 되는 것은 향후 '정책 선거'가 무의미하게 될 수 있다는 점이다. 먹튀식의 정책 선거라면 무슨 소용이 있겠는가?

그동안 경제민주화와 경제정의를 주창해온 서울사회경제연구소로서는 이러한 사태가 다시는 재발되어서는 안 되고, 경제민주화와 복지가 아직도 엄연한 시대정신이라는 사실을 방기해서는 안 된다는 판단에서 이 책을 기획했다. 이 책은 첫째, 박근혜 정부의 어떤 정책이 어떻게 후퇴, 변질, 파기되었는지를 구체적으로 살피고, 둘째, 그 과정에서 박근혜 정부가 추진하고 있는 현재의 경제·사회정책의 본질이 무엇인지를 밝히며, 셋째, 향후 한국 경제·사회정책이 가야 할 길에 대해서 밝히려 한다.

이 책에서는 박근혜 정부 경제·사회정책을 몇 가지 분야로 국한해 다루었다. 첫째는 '창조경제'이다. 창조경제는 박근혜 정부가 집권하면서 전면적으로 내세운 경제정책의 기본 방향인 만큼 창조경제의 성격과 그 추진 성과에 대해서 평가하는 것이 중요하다고 하겠다. 둘째는 금산분리정책과 노동정책이다. 이 정책들을 통해 박근혜 정부가 경제민주화를 얼마나 진정성 있게 추진하고 있는가를 살펴볼 수 있을 것이다. 금산분리정책은 재벌의 경제력집중과 관련이 있으며, 노동정책은 일하는 자의 권리 실현의 문제와 관련이 깊다. 셋째는 복지재정이다. 사회복지의 증진과 분배 개선을 위해서는 재정의 확충과 더불어 정부의 적절한 지출이 필요한바, 박근혜 정부의 복지재정에 대한 정책 방향을 볼 필요가 있다.

이 책은 서울사회경제연구소가 올해 초 개최한 심포지엄과 월례토론회에서 발표된 논문을 엮은 것이다. 이 때문에 글 전체적으로 일관성이 떨어지는 것은 사실이다. 그러나 박근혜 정부의 경제·사회정책이 공약에서 내세우던 것과는 다르게 경제민주화와 복지가 실종되었고, 정책 방향이 성장 위주로 바뀌었다고 주장하는 점에서는 공통점을 가진다.

책 내용은 크게 2부로 구성되어 있다. 제1부는 박근혜 정부가 추진해온 경제·사회정책을 평가하는 부분이고, 제2부는 경제·사회정책 중 개선되어야 할 필요가 있는 주요한 정책 과제를 정리한 부분이다. 이 책에 실린 글의 내용을 간략히 소개하면 다음과 같다.

제1부 중 제1장 유철규의 글(박근혜 정부 '창조경제(론)'의 지향과 한계)에서는 창조경제를 평가하고 있다. 그는 박근혜 정부의 '창조경제(론)'을 '지식기반경제(knowledge-based economy)(론)'의 변형 형태로 보고 있다. 박근혜 정부의 '창조경제'론이 갖는 주요 결함으로는 한국경제에서 기업생태계의 세대교체가 절박한데도 이에 대한 인식이 약하고, 경제민주화와 창조경제의 연결고리 역할을 해야 할 노동정책이 없다는 점을 꼽고 있다. 또한 대·중소기업

상생의 문제를 단순히 거래관계의 공정성 문제로만 보지 말고 새로운 산업, 기업 구조의 비전과 연결시켜야 하며, 해체에 가까운 재벌구조 개혁이 동반되어야 한다고 주장한다.

제2장 이동걸의 글(박근혜 정부 금산분리정책의 평가와 전망)은 박근혜 정부의 금산분리정책을 다루고 있다. 그는 박근혜 정부의 금산분리정책이 실제로 효과도 없고 정치적 생색내기에 불과하다고 지적하고 있다. 약속한 정책 중에서도 첫째, '은행지분 보유한도 축소'만을 이행하는 데 머물렀고, 둘째, 금융·보험회사 보유 비금융계열사 주식의 의결권 상한 축소, 셋째, 대주주 동태적 적격성 강화 및 확대, 넷째, 일정 요건 충족 시 중간금융지주회사 설치 의무화 공약은 실현되기 어려울 것으로 평가한다. 과거의 '줄·푸·세' 등을 답습하고 선거 후 경제민주화에 대한 태도가 돌변한 점 등을 볼 때 진정성 있는 경제민주화 및 금산분리의 추진은 기대하기 어렵다고 보고 있다.

제3장 윤진호의 글(박근혜 정부의 노동정책)은 박근혜 후보의 근로시간 단축, 정리해고 요건 강화, 비정규직의 정규직 전환 등의 공약이 그동안 노동자 및 노동조합에서 줄기차게 요구해온 개혁 내용들을 상당 부분 반영해 긍정적이었지만, 집권 후 그 대부분이 삭제, 축소, 후퇴되었음을 살피고 있다. 박근혜 정부의 노동정책은 기본적으로 시장만능주의와 박정희식 개발독재주의가 혼합된 이데올로기로 인해 '반노동적'일 수밖에 없으며, 노동 관련 정책 수립 및 집행 과정에서는 관련 당사자들의 참여와 소통을 철저히 차단하고 일방통행식의 '불통'을 보이고 있으며, 노동 분야에 대한 자원 투입 역시 일자리정책을 제외하면 지극히 미미한 수준에 머물러 '무투자(無投資)'의 노동정책이라 규정짓고 있다. 더 나아가 이러한 '반(反)·불(不)·무(無)'의 노동정책이 한국의 노동시장 양극화와 노사관계를 한층 더 악화시킬 것으로 전망하고 있다.

제4장 강병구의 글(박근혜 정부의 재정정책 평가)은 복지재정의 문제를 다루고 있다. 그는 박근혜 정부가 집권 이후 복지 공약을 대폭 축소한 점, '증세 없는 복지'를 재정정책의 기조로 채택한 점, '경제혁신 3개년 계획'에서 과거의 '줄푸세' 정책으로 회귀하고 있는 점을 들어, 박근혜 정부의 '생애주기별 맞춤형 복지' 공약은 복지확대라는 국민적 요구를 반영한 것이 아니라 정치공학적 요소가 강한 포퓰리즘의 산물로 평가하고 있다. 복지국가를 위한 재정정책은 조세정의와 촘촘한 사회안전망을 양 축으로 하고 있는바 현재의 재정정책을 재설계할 필요가 있다고 본다. 직접적이고 누진적인 증세를 통해 복지정책 수행에 필요한 재원을 확보해야 하며, 서민·중산층의 사회적 욕구가 재정정책에 제대로 반영되도록 비례대표성을 강화하는 방식으로 선거제도를 개편해야 함을 주장하고 있다.

제2부 중 제5장 주상영의 글(노동소득분배율 변동과 내수경제)은 소득분배의 개선 과제가 중요하다고 강조하고 있다. 그는 경제성장과 소득분배 간의 관련성을 한국을 사례로 하여 실증적으로 밝히고 있다. 외환위기 이후 노동소득분배율이 하락하는 등 소득분배가 악화되고 있는 추세를 확인했으며, 노동소득분배율 하락이 소비와 투자 하락에 영향을 미침으로써 내수를 침체시킨 원인이 되고 있음을 지적하고 있다. 그는 수출주도에 의한 고성장시대가 끝난 만큼 안정적인 성장을 위해서라도 더욱 적극적인 분배 개선을 통해 내수경기를 지탱하는 전략을 써야 함을 강조하고 있다.

제6장 배영목·김상미의 글(가계 금융부채의 연령별 특성과 과제)은 가계부채 상태를 연령대별로 살피고, 이와 관련된 정책 과제를 제시하고 있다. 그들은 가구주의 연령대별로 자산의 축적 정도, 소득의 크기, 채무의 크기와 차입 동기가 차이를 보이고, 상환부담, 채무불이행 위험도 적지 않은 차이를 보이고 있음을 밝히고 있다. 그리고 금융부채 가구의 비율과 평균 채무액은 가계부

채 연령이 많아짐에 따라 증가 후 감소하지만 상환부담과 상환불능 가능성은 계속 증가하고 있다. 가계는 소득과 자산의 연령대별 흐름을 고려한 금융계획의 생활화가 필요하고, 금융기관은 장기간 가계의 상태를 진단하고 처방하는 관계적 금융관계를 발전시키도록 노력해야 하며, 금융 당국 역시 장기적인 소득 흐름이나 자산 가격 변화에 대응할 수 있는 금융상품의 개발과 금융제도의 개선에 관심을 기울일 것을 촉구하고 있다.

제7장 이병희의 글(비공식 고용의 발생 원인과 정책 대응 방향)은 비공식 고용의 문제를 다루고 있다. 그는 비공식 고용을 최저임금 보장, 근로기준 준수, 사회보험 가입 중 어느 하나로부터 배제된 임금근로로 보고 한국에서의 비공식 고용 추이를 조사했다. 그에 따르면 비공식 고용의 비율은 지난 10년간 감소했음에도 임금근로자의 40%에 이르고 있는 실정이며, 비공식 고용을 경험한 자는 비공식 고용 상태가 계속될 확률이 높다. 그리고 비공식 고용의 80%는 정책의 집행 수준이 낮아서 발생한 것으로 조사되었다. 제도를 갖추기 위한 입법 노력도 중요하지만, 근로감독행정 등의 정책 집행 수준을 강화해 비공식 고용의 발생을 억제하는 것이 중요함을 강조하고 있다.

아무쪼록 이 책이 박근혜 정부의 경제·사회정책이 취하고 있는 기본 방향과 내용에 관심이 있는 분들, 향후 한국경제가 튼튼하고 올바른 방향으로 가기 위해 필요한 정책 방향이 무엇인지에 관심이 있는 분들에게 많은 정보와 생각거리를 제공할 수 있기를 바란다.

2014년 7월

사단법인 서울사회경제연구소 소장

정일용

차례

제2부 주요 경제·사회정책 개선 과제

제1부 박근혜 정부 경제·사회정책의 평가

제1장

박근혜 정부 '창조경제(론)'의 지향과 한계

유철규 | 성공회대학교 사회과학부 교수

1. 여전히 논란의 대상이 되는 '창조경제'

이 글은 출범 1년이 넘은 박근혜 정부의 경제정책 가운데 이른바 '창조경제'를 중심으로 그 내용을 평가하려는 것이다. 기존의 발표(유철규, 2013a, 2013b, 2014)에 바탕을 두고 종합적으로 재정리하고자 한다. '창조경제'는 박근혜 정부가 내세운 경제성장정책의 핵심 내용이다. '창조경제'는 '경제민주화'와 함께 경제정책의 핵심 용어로 제시되었지만, 애초부터 명확한 개념이 설정되지 않았다는 비판을 받았고, 아직까지도 논란의 대상이 되고 있다. 이로 인해 집권 1년이 지난 시점에서 다시 '창조경제'를 강조하는 '경제혁신 3개년 계획'의 구상[1)]이 제시될 수밖에 없었던 것으로 보인다.

박근혜 정부는 집권 이후 논란이 계속되자 2013년 6월에 관계부처 합동으

---

1) 박근혜 대통령은 2014년 1월 6일 신년 기자회견에서 "우리 경제의 혁신과 재도약을 위한 '경제혁신 3개년 계획'"을 세우겠다고 말했다. 계획에 담길 3대 추진전략 혹은 핵심 과제로 '비(非)정상의 정상화', '창조경제', '내수 활성화'를 꼽았다.

로 한국형 '창조경제' 추진전략으로서 '창조경제 실현계획(안)'을 내기도 했으나, 성장전략으로서 '창조경제'는 여전히 출발선 혹은 공약에 머물러 있다. 이 때문에 집권 이후 실제로 한 일을 중심으로 평가하기가 어렵고, 공약이나 대통령직인수위의 국정과제, 그리고 각 부서의 국정운영보고 수준에 머무는 평가를 할 수밖에 없다. 어쩌면 1년 전이나 지금이나 평가의 내용과 대상이 크게 달라지지 않았다는 것 자체가 하나의 평가일 수 있다.

시간의 흐름에서 볼 때, 지금까지 '창조경제'에 대한 논란은 크게 두 가지의 국면을 거쳐온 것으로 보인다. 첫째는 공약 단계와 집권 이후 대통령의 방미까지의 국면이고 둘째는 그 이후이다.

2. 공약으로서 '창조경제'

박근혜 대통령은 취임사에서 "나아갈 방향"의 첫 번째로 "경제부흥을 이루기 위해 '창조경제'와 경제민주화를 추진"해나가겠다고 했다. 그리고 이것을 세계적인 경제 패러다임 변화에 부응하는 것으로 보았다. 여기서 '창조경제'와 직접 관련된 부분을 간략하게 소개하면 다음과 같다.

> 창조경제는 과학기술과 산업이 융합하고, 문화와 산업이 융합하고, 산업 간의 벽을 허문 경계선에 창조의 꽃을 피우는 것입니다. 기존의 시장을 단순히 확대하는 방식에서 벗어나 융합의 터전 위에 새로운 시장, 새로운 일자리를 만드는 것입니다. 창조경제의 중심에는 …… 과학기술과 IT산업이 있습니다. …… 창조경제는 사람이 핵심입니다. …… 국내의 인재들을 창의와 열정이 가득한 융합형 인재로 키워 미래 한국의 주축으로 삼겠습니다. 창조경제가 꽃을 피우려면 경제민주화가 이루어져야만

> 합니다. 공정한 시장질서가 확립되어야만 …… 중소기업 육성정책을 펼쳐서 대기업과 중소기업이 상생할 수 있도록 하는 것이 경제의 중요한 목표입니다. 소상공인과 중소기업들을 좌절하게 하는 각종 불공정행위를 근절하고 과거의 잘못된 관행을 고쳐서, 어느 분야에서 어떤 일에 종사하든 간에 모두가 최대한 역량을 발휘할 수 있도록 적극 지원할 것입니다(2013년 2월 25일 박근혜 대통령 취임사).

한편 제18대 대통령직인수위원회가 2013년 2월에 발표한 '박근혜 정부 국정비전 및 국정목표'(이하 국정과제)에서 '일자리 중심의 창조경제'는 첫 번째 국정목표로 제시되었다. 하위 41개 국정과제가 뽑혔는데 흥미롭게도 그 중에는 '협동조합 및 사회적기업의 활성화'가 포함되어 있다.

쉽게 알 수 있듯이 박근혜 대통령의 취임사와 국정과제에는 김대중 정부가 내세운 '지식기반경제', 노무현 정부가 제시한 '혁신주도형 경제'나 '동반성장'[2], 이명박 정부의 '추종자에서 선도자로의 전환'[3]까지 포괄적으로 언급되고 있다. 경제민주화도 '창조경제'의 조건으로 언급되었다. 특히 경제민주화와 함께 협동조합이나 사회적기업[4]은 기존에 보수정부에 대한 야권의 중요 대안으로서 역할을 해왔던 내용이기도 하다. 또한 '사람'에 대한 강조는 제17대 대선 때 창조한국당의 문국현 후보의 공약('사람중심 진짜경제론')을 연상시키기도 한다. 당시 문국현 후보 측은 이명박 정부에 대해 "새로운

---

2) 노무현 대통령은 " …… 우리 경제를 어렵게 하는 원인이 무엇인지는 분명히 드러나 …… 대기업과 중소기업, 첨단산업과 전통산업, 정규직과 비정규직, 수도권과 지방, 그리고 상·하위 계층 간의 심화된 격차는 더 이상 외면할 수 없는 시급한 과제 …… 대한민국 공동체의 공존과 번영을 위한 협력이 필요 …… 바로 동반성장"이라고 했다(2005년 신년사).

3) 관계부처 합동(2013: 1).

4) 6월 지방선거를 앞두고, 새누리당은 2014년 1월 22일 협동조합 등을 지원하기 위한 '사회적경제 특별위원회'를 당에 신설했고, 민주당은 2014년 2월 7일 '사회적경제 정책협의체'를 당내에 구성했다.

시대를 맞아 세계 각국이 인적 자본의 육성을 통한 혁신주도형 발전전략 수립에 몰두하고 있는데, 한국의 정치 지도자들이 과거 개발주의 성장을 고집하고 있는 현실에 우리는 위기감을 느낀다"[5]고 비판했다. 이명박 정부에 대한 이런 식의 비판이 박근혜 대통령의 공약이나 취임사에 수용된 모습으로 나타난 것이다.

박근혜 대통령의 방미 기간 중에는 동행한 재벌 총수들이 '창조경제'에 대한 호응으로 '대기업과 중소기업의 동반성장'을 한목소리로 이야기했고, 재벌 및 대기업의 '사회적 책임' 수행을 약속했다.

공약에서 제시된 '창조경제'는 보수정부의 경제정책에 대한 대응물 혹은 비판적 대안을 제시하고자 할 때 사용할 수밖에 없는 용어들, 예를 들어 '일자리 문제', '소상공인이나 중소기업 문제', '불공정 행위', '과거의 잘못된 관행', '사람이 핵심', '동반성장', '기업의 사회적 책임', '협동조합이나 사회적경제' 등을 모두 선점하고자 했다. 대선 공약으로서 '창조경제'는 야권의 공약을 무력화시키는 데 성공했다. 야권이 문제를 제기하기가 매우 어려웠다는 이유이다. 이 때문에 '창조경제'에 대한 비판은 오히려 여권을 중심으로 이루어졌다. 제18대 대선에서 야권은 '창조경제'와 관련해서 한국경제가 안고 있는 위기와 과제를 어떻게 다르게 진단하고 해결할 것인가에 대한 총론 수준의 정책 논쟁을 뚜렷이 보여주지 못했다. 따라서 '창조경제'의 성격과 방향을 명확히 하는 데 도움을 줄 수 있는 대립적 정책이 형성되지 못한 것이다.

말 그대로 '창조경제'를 긍정적으로 본다면, 한국경제의 성장모델 변화의 필요성과 방향에 대해 지난 10~20여 년간 모색되고 제시되어온 대안적 아이디어들이 대거 포함된 종합선물세트이다. 그러나 문제는 이로 인해 이 안

---

5) 대학교수 149명의 문국현 후보 공개지지 선언문(2007.9.18.).

에 담긴 내용들 간의 관계가 분명하지 않게 되었다는 점이다. 대표적으로 '창조경제'와 경제민주화의 관계에 대해서는 뒤에 논할 것이다.

'창조경제'가 일으킨 혼란의 첫 번째 요인은 그것이 성공한 선거용 공약이었다는 데서 찾아볼 수 있다.

3. '창조경제'의 개념과 범위: '창조경제'가 주는 혼란

'창조경제 실현계획(안)'에서는 계획(안)의 수립 배경으로 "부가가치 창출 요소가 노동·자본(산업경제), 지식·정보(지식경제)에서 '혁신적 기술과 창의적 아이디어(창조경제)'로 이동"했다는 점을 지적함으로써 '지식경제'와 '창조경제'가 다른 것처럼 인식하고 있다. 그러나 이 둘 간의 경계선은 모호할 수밖에 없다.

'창조경제'의 개념과 이론적 자산에 대해 일부 이런저런 서구적 논의나 사례가 제시되고 있는데, 특정 산업으로서 '창조산업'을 강조하는 견해[6]부터 기업의 사회적 책임을 강조하는 견해[7]까지 그 범위가 대단히 넓다. 창조산업을 이야기하는 경우에도 과학기술, 정보통신, 창업과 벤처, 문화산업까지 강조점에 따라 다양하게 사용된다. 더구나 '한국형 창조경제'를 내세우면 논의는 기존 사례나 이론적 근거와 거리가 더 멀어지고, 더 모호해진다.

현재 박근혜 정부의 '창조경제' 개념은 패러다임 변화를 강조하며, 좀 더

---

6) 유종일(2013)에 따르면, 영국 블레어 정부의 1998년 '창조산업 테스크포스(Creative Industry Task Force)'는 창조산업을 기존의 문화산업에 건축, 광고 등을 포함시켜 이해했다.

7) 빌 게이츠(Bill Gates)는 사회적 인정(recognition)과 평판(reputation) 등을 이윤 이외의 시장 인센티브로 활용하는 '창조적 자본주의(creative capitalism)'를 주창했다(킨슬리, 2011).

구체적으로는 혁신적 기술과 창의적 아이디어를 부가가치 창출 요소로 삼아 생산성 증가를 이룬다는 성장전략으로 이해되므로, 사실상 기존의 '혁신주도 성장체제'와 다른 점을 찾기 어렵다.

'창조경제론'이 암묵적으로라도 근거하고 있을 것으로 추측할 수 있는 여러 가지 이론적 논의 가운데, 가장 많은 지적 자산을 가지고 있는 것은 '지식기반경제(knowledge-based economy)론'일 것으로 판단된다. 김어진(2013)은 '창조경제론'을 지식기반경제론의 변종이라고 평가했다. 그런데 지식기반경제론의 가장 큰 문제점은 지식기반산업의 범위를 확정할 수 없다는 데 있다.[8] 현재 국내에서는 주로 지식기반산업의 범위를 '지식자본'의 투입으로 부가가치를 향상하는 산업 정도로 설정하고 있다. 지식자본의 투입이라는 측정하기 쉽지 않은 기준이 충족된다 하더라도 기존의 산업 분류가 갖는 유용성은 현저히 약해진다.

앞에서 소개했듯이 취임사에서 박근혜 대통령은 '창조경제'의 개념에 대해, 패러다임의 전환을 의미하며 창의성을 경제의 핵심가치로 두고 과학기술과 정보통신기술(ICT) 융합을 통한 산업과 산업의 융합, 산업과 문화의 융합으로 새로운 부가가치를 창출하고 일자리를 만들어내는 것이라고 정의했다. 새 성장동력을 만들기 위한 '창조경제' 생태계 조성도 강조했다. "경제운용의 패러다임을 바꾸는 것"이라고 선언한 이상 '창조경제'는 특정 산업이나 업종, 기업을 선정하는 것과는 다른 것을 추구하는 것이고, 과거의 산업정책 경험과도 다른 것을 추구한다고 볼 여지가 있다.

이러한 성격은 시장에 대해서는 사업기회 발굴과 투자 참여를 모호하게 하고, 관료에 대해서는 예산을 세우고 재정을 투입할 대상을 선정하기 어렵

8) 자세한 내용은 김어진(2013) 참조.

게 만든다.

1) 사업기회의 모호성에서 오는 혼란

'창조경제'를 둘러싸고 벌어지는 혼란의 또 다른 부분은 새로운 사업기회를 기대하는 자본과 시장의 관점에서 오는 불만과 관련이 있다고 보인다. 구체적으로 어느 산업, 어느 업종, 어느 기업에 투자해야 돈이 되는지를 알고자 하는 욕구를 '창조경제'가 채워주지 못하고 있다는 것이다. 박근혜 대통령이 '창조경제'의 키워드로 정보통신기술(ICT), 과학기술, 창업, 벤처기업을 언급하자 증권가에서 정부의 예산이 흘러들 것으로 기대되는 수혜주의 가격이 급등하기도 했다. 그러나 김대중 정부 시기의 IT 벤처 붐은 "이번엔 테헤란이다!"라는 신호를, 이명박 정부에서는 "이번엔 건설업이다!"라는 신호를 시장과 자본에 던져주었던 것과 비교하면 최소한 공약이나 계획 차원에서는 차이가 있었다. 그러나 앞으로 '창조경제'도 시장의 요구에 예속되어 "이번엔 어디야!"라는 식으로 마무리될 가능성이 있다. 실제로 이런 식의 혼란은 방미 이후 동행했던 재벌들이 '창조경제'와의 관련을 내세워 기존의 여러 가지 투자계획을 수정 발표하면서 상당히 줄어들었다.

2) 관료의 과다 부담과 혼란

'창조경제'가 가지고 있는 경제 전체에 걸친 포괄성과 모호성은 정책을 구체적으로 담당하고 집행해야 할 관료의 입장에서 보면 분명히 어려움이 있다. 정책의 최종 목표를 설정하고, 성과를 측정할 방식과 지표를 정하고, 지표의 목표치를 달성하기 위한 하위 정책목표(중간 목표)들과 정책수단들을 설정해 실행의 우선순위를 정하는 과정을 진행하기 어렵다는 것이다. '창조경제 실현계획(안)'에서도 이 문제는 해결되지 않았다는 평가가 많았다.

'창조경제'가 표방하는 경제 패러다임의 변화(성장체제전환)가 특정 산업이나 업종을 선정하는 문제가 아니라 하더라도, 관료는 예산을 수립하고 재정을 투입할 대상을 선정하고(winner picking, 위너 피킹) 심사해야 한다. 즉, 특정 산업을 대상으로 하는 것이 아닌데 대상을 선정해야 하기 때문에 업무 수행상 어려움이 발생하게 되는 것이다. 이 긴장을 '창조경제'가 해소해주지 못하고 있다. 그 결과로 각 부처 입장에서는 이전부터 붙들고 있던 역점사업 앞에 '녹색'을 지우고 '창조'를 덧붙여서 보고서를 쉽게 끝내버렸다.[9] 창조농업, 창조유통, 창조금융, 창조국방 …… 온갖 창조가 난무하게 되었다. 이명박 정부에서 갖가지 녹색이 등장했고, 김영삼 정부 시기에는 온갖 세계화('globalization'이 아닌 'Segyehwa')가 등장했던 것과 유사한 과정이 반복되었다. 현 경제팀에 대해서 정책을 발표한 것으로 할 일을 다했다는 듯이 국회 처분만 기다리는 무기력한 태도를 보인다는 비판이 많았는데, 관료가 겪게 되는 업무상의 곤란과도 관련이 있을 것이다.

관료에 대한 과부하는 다른 편에서 반대되는 결과를 낳을 수 있다. 관료에게 정책의 비전과 목표는 물론이고 성과를 측정할 지표도 스스로 만들고, 그 지표의 측정과 평가도 스스로 하라고 하는 식이 되고 말았기 때문이다. 이렇게 되면 관료의 무기력증도 문제가 되지만, 예산을 집행할 대상의 선정과 지

9) 2013년 11월 27일 이상일 의원(새누리당)은 미래창조과학부와 녹색성장기획단에서 제출한 '2014년도 창조경제 사업 목록'과 '2013년도 녹색사업 목록'을 비교해서 박근혜 정부의 '창조경제' 사업 중 이명박 정부의 '녹색성장사업'을 그대로 옮겨온 것의 비율을 조사해서 발표했다. 이에 따르면 이름만 바뀌었을 뿐 유사한 사업으로 분류할 수 있는 사업의 비율이 사업 건수로 보면 33.6%, 예산 총액으로 보면 47.7%에 달한다. 그러나 이 수치도 세부사업별로 더 들어가면 과소평가되었을 것으로 판단된다.

원과정에서 관료의 자의성(자율성이 아닌)도 동시에 커진다.

4. '창조경제'와 경제민주화: '창조경제'의 특징과 변질

1) 성장정책으로서 '창조경제'의 특징

'창조경제'를 새 정부의 경제성장정책 기조를 대표하는 브랜드라고 한다면, 이전 보수정부의 성장정책과 차별적인 부분을 만들어낼 수 있었던 핵심 요소가 경제민주화이다. 대선에서 보수정당의 후보가 경제민주화를 수용한 것이 이전 보수 후보와의 가장 중요한 차별점이었다.

앞에서는 '창조경제'의 전개 과정을 공약 단계와 박근혜 대통령의 방미 이후 단계로 나누었다. 경제정책 기조의 줄기를 '창조경제'와 '경제민주화'로 모은 것이 공약 단계의 특징이다. 관련된 논란도 이 두 개념에 집중되었다.

'창조경제'를 이야기할 때 경제민주화를 떼고 말할 수 없는 이유는 공약 단계에서 경제민주화가 '창조경제'의 조건으로 제시되었기 때문이다. 취임사에서 박근혜 대통령은 "창조경제가 꽃을 피우려면 경제민주화가 이루어져야만 합니다"라고 했다. 이에 따라 실제로 출범 초기 짧은 기간에 나온 국책 및 민간연구소들의 '창조경제' 관련 보고서들은 경제민주화를 '창조경제'의 제도적 인프라[10]로 보는 견해가 많았다.

재벌체제, 대기업과 중소기업 간 불공정 거래, 가계소득과 기업소득의 불균형, 비정규직 사내하청 노동자에 대한 차별대우, 장시간 노동, 청년실업 및

---

10) 장윤종(2013) 참조.

노인빈곤, 양극화 등을 그대로 두고는 '경제운용의 패러다임 변화'라는 '창조경제'가 불가능하다고 보는 것은 논리적으로 자연스럽다.

그러다가 박근혜 대통령의 방미를 계기로 재계 쪽에서 재벌을 필두로 하여 나름대로 정책에 대한 해석과 호응을 내놓았는데, 큰 쟁점은 경제민주화와 '창조경제' 간의 관계를 어떻게 보느냐였다. 구체적으로 박근혜 대통령의 신년사처럼 경제민주화를 '창조경제'의 조건으로 볼 것이냐, 아니면 이 둘을 모순적인 것으로 볼 것이냐 하는 논란이 부각되었다. 모순적으로 보는 견해는 '창조경제'란 '창조적 파괴'와 그에 따라 불가피한 '실업', '도산', 고통스러운 '구조조정'을 감내할 수밖에 없는 성장정책이다. 기존의 업종을 새로운 업종으로 바꾸는 '고통의 과정'은 불가피하다. 그렇게 보면 경제민주화는 이 고통을 피하자는 것이므로 경제민주화를 강조하는 한 '창조경제'는 불가능하게 된다. 여기에는 경제민주화가 기업활동을 억제한다는 전통적인 관념이 큰 몫을 했다.

2013년 7월에 들어 박근혜 대통령이 경제민주화 관련 입법이 끝났다고 했고, 과감한 규제완화를 통한 투자환경 개선을 언급함에 따라 경제민주화는 국정철학이라기보다는 선거용 공약에 불과했다는 점이 분명해졌다. 이에 경제민주화가 '창조경제'의 조건이 되느냐 아니면 상충하느냐의 문제도 정리되었다. 집권 초 경제개혁을 이야기하다가 규제완화와 재벌의 투자 및 성장 지원으로 전환하는 비일관성의 문제는 언제나 경제철학의 부재가 원인이었다(변형윤, 1994: 270). 박근혜 대통령 방미 이후 2013년 7월부터 8월의 세제개편안 논란까지 이르는 시기는 박근혜 정부에서 복지 및 경제민주화를 경제활성화와 모순된 것으로 보는 시각[11]이 승리한 시기로 평가할 수 있다.

---

11) 이에 반해 '형평'을 다져 경제주체의 '참여'를 유발해 '효율'을 제고시키는 경제로 전환해야 한다는 것이 박근혜 후보가 경제민주화를 내세우기 전까지 나왔던 경제민주화 주장의

2) '창조경제론'의 변질과 한계

'창조경제론'의 변질은 경제민주화 정책의 변질이기도 하다. 경제민주화가 없다면 '창조경제'는 결국 규제완화와 기업활동의 자유를 통한 투자확대라는 기존의 보수 성장 담론으로 돌아가 버릴 뿐이다.

앞에서 공약상 '창조경제'가 한국 경제성장 모델의 전환과 관련해서 논의되어왔던 대안적 아이디어들의 종합이라고 표현했지만, 그 안에서 내용들 간의 관계가 불분명하고 상충하게 되면 그냥 섞어놓은 것일 뿐이고 결국 어느 한쪽으로 변질이 일어날 수밖에 없다. '창조경제'의 한계는 경제민주화를 어떻게 이해하는가와도 관련이 있다.

공약과 인수위 발표를 통해 현 정부가 이해하는 경제민주화는 '공정한' 혹은 '원칙이 바로 선' 시장경제질서 확립이라는 말로 제시되곤 했는데, 최종적으로 남양유업 사태를 거치면서 '기업상생과 공정거래질서 확립'을 의미하는 것으로 정리되었다.

결국 이명박 정부 시기였던 2010년 12월 대기업과 중소기업의 불균형 해소와 소상공인 보호를 목표로 하는 동반성장위원회가 출범할 당시의 내용을 벗어나지 못한다. 2010년 하반기에 '공정사회 만들기'가 별안간 정치적 의

특징이었다. 이것이 경제민주화 요구가 일관되게 추구하는 경제 패러다임의 변화이다.
"…… 현 정부의 경제정책은 성장을 지향하는 '효율'의 원칙이 기조를 이룬다고 할 수 있다. 그러나 '형평'의 제고를 통해 모든 경제주체의 자발적 참여를 이끌어내지 않고서는 사회적·경제적 불만만 증폭될 뿐 '효율'의 제고도 어려울 것으로 보인다"(변형윤, 1994: 276).
"만약 경제민주화를 ⓐ 민주적인 노조·농민조직·소비자조직 등의 결성 및 강화, ⓑ 실질적인 기업공개와 주식분산, ⓒ 독과점 및 경제력집중의 규제, ⓓ 금융자율화 등을 내용으로 하는 것으로 정의한다면, 결국 경제민주화의 달성이 곧 '효율'과 '형평'을 제고하는 경제개혁의 실현이라 할 수 있다"(변형윤, 1994: 279).

제로 등장했다. '경제적 갑과 을의 불공정한 관계'를 해소하려는 것이라 했으며, 대·중소기업 상생을 위한 대기업의 책임 문제와 친서민·친중소기업으로의 정책 전환이 강조되었다. 재벌도 사회적 역할이나 협력업체와의 상생에 관한 프로그램들을 대거 발표했다.

노무현 정부 시기였던 2005년에도 동반성장은 강조되었다. 같은 해 5월에 대통령 주재하에 '대·중소기업 상생협력 대책회의'가 열렸고, 8월에는 이에 호응해 전국경제인연합회가 「'대·중소기업 협력강화를 위한 정책개선'에 관한 의견」이라는 건의서를 배포했다. 2006년 3월에는 기존의 「중소기업의 사업영역보호 및 기업 간 협력증진에 관한 법률」을 대체해 「대·중소기업 상생협력 촉진에 관한 법률」도 제정되었다. 이 법률의 4장에는 해서는 안 되는 행위로 납품대금지급 문제나 기술 빼앗기 문제, 그리고 온갖 종류의 대·중소기업 간 불공정거래 행위들이 포함되어 있다.

따라서 2013년 남양유업 사태를 계기로 드러난 재벌과 대기업의 불공정·횡포 피해 사례는 당연히 그 대부분이 현행법에서 금지하고 있으며 처벌도 가능한 내용들이다. 무려 20여 년간 법률이 지켜지지 않았던 것이다. 박근혜 정부가 들어서면서 하도급 문제 등의 제도화에 일정한 진전이 있었던 사실은 평가해야 하지만, 또다시 '상생'이고 '공정'거래를 외치며 정치권의 법석과 몇 가지 법률의 제·개정, 정부 차원의 실태조사, 대기업의 참여 선언 등 과거의 패턴이 반복되고 있을 뿐이다. 언제나처럼 엄격한 법 집행도 강조되었다. 과거 정부에서의 실패에 대한 분석도 없이 경제민주화가 '공정'으로 격하되었으며, 박근혜 정부의 경제민주화는 사실상 별다른 내용을 갖지 못하는 것으로 평가받을 수밖에 없다.

박근혜 정부의 경제민주화가 공정거래 차원으로 격하되었다 하더라도, 재벌과 대기업의 불공정 거래가 반복되지 않을 실질적인 제도적 장치가 마련될 수 있다면, 이러한 범위 내에서 '창조경제'를 이전의 보수 성장정책과 다르게 볼 여지는 있다.

3) 경제정책의 결함: 노사관계

'창조경제'와 경제민주화로 대변되었던 새 정부의 경제정책 중 빠진 부분에 대해서는 다양한 논의가 있을 수 있다.[12] 여기서는 노동정책, 특히 노사관계정책의 결여가 갖는 문제점을 지적하고자 한다. 공약과 국정과제 등에서 파악되는 새 정부의 노동정책은 일자리정책에 무게중심이 두어져 있고, 노사관계 부분은 추상적인 언급에 그치고 있다. '일자리 늘리고, 지키고, 질 올리기'와 고용률 70%로 요약되는 일자리정책은 충분치는 않더라도 근로시간단축이나 공무원의 단계적 증원, 정년연장, 비정규직 문제해결 등 긍정적으로 평가되는 부분이 있고, 앞으로 그 성과를 기다려보아야 할 부분도 있다.

그러나 노사관계에 대해서는 공약 차원에서 보더라도 결여된 부분이 있다. 공약을 보면 노사관계정책의 목표는 '대화와 상생의 노사관계(혹은 노사문화) 정착'이고, 관련된 수단으로는 노사정위원회의 개편을 통한 사회적 대타협이나 노동위원회 기능의 강화가 제시되었다. 국정과제에서는 법질서 준수가 추가되었다. 사회적 대타협은 김대중 정부 이래 이전 정부들에서 반복적으로 강조해왔던 내용을 다시 반복하고 있을 뿐, 그 성과의 공과에 대한 평가에 바탕을 둔 구체적인 방향이나 정책수단이 없어서 정부의 의지를 의심받고 있다. 현 상태라면 사회적 대타협과 엄격한 법질서에 대한 강조는 이전처럼 노동정책 부재를 합리화하는 면피수단으로 전락하고, 오히려 노사관계개

---

12) 특히 금융부문과 교육, 노사관계정책이 결여되어 있다는 지적이 많다.

혁을 가로막는 장애물이 될 수 있다(김유선, 2013).

노사관계 문제는 논리적으로 경제민주화와 '창조경제'의 연결고리로서 양자를 성공적으로 현실화하기 위한 절대적 필요조건이다. 따라서 노사관계가 소홀히 다루어지고 있는 것은 현 정부 경제정책의 결정적 결함이라고 할 수 있다.

먼저 경제민주화 측면에서 보자. 경제민주화의 핵심 취지는 자본주의 시장경제체제가 자신이 만들어낸 위기와 사회적 갈등으로 파국을 맞기 전에, 시장경제 메커니즘을 통해 스스로 해결할 수 없는, 아니 오히려 키우기만 하는 시장경제 내부의 문제와 갈등 요인을 민주주의적 방법으로 해소해보자는 것이다.

사회경제적 갈등을 풀어나가는 데 집권 세력이 무능하고 무책임하다는 평가는 박근혜 정부의 출범에 반대표를 던졌던 쪽에서만 나오는 이야기가 아니다. 재계의 대표적인 경제연구기관들은 한국 사회의 갈등이 사회가 감내할 수 있는 수준을 넘어섰다고 누차 경고했고, 주류 언론들도 우리 사회의 갈등 증폭 현상을 과학기술의 발전이나 상품개발보다 훨씬 더 중대한 과제라고 인식한 지 오래되었다.

그런데 바람직한 갈등 해소와 조정의 방법은 좌와 우라는 정치적 입장과 무관하게 누구나 알고 있다. '갈등 당사자들 상호 간에 그리고 갈등 당사자들과 조정기관(정부) 간에 신뢰관계를 쌓아야' 하고, '자율적으로 대화와 협상을 통해 대안을 찾아내도록 해야' 하며, '이해관계자의 실질적 참여와 공정성, 개방성, 절차적 정의 등이 보장되어야' 한다는 등등, 다시 말하기 진부할 정도이다. 이것이 경제 문제에 적용된 것이 경제민주화이다. 대표적 정의에 따르면 경제민주화란 "주요 경제 문제에 있어서 의사결정의 분권화와 자율적 개인의 의사결정 참여"(변형윤, 1992)를 말한다. 구체적으로 노사관계에 적용하는 것은 아래를 참조할 수 있다.

> 산업민주주의라 함은 시장경제에 민주주의 원리를 도입하는 것으로, 노사 간의 교섭 불평등을 교정하는 노동3권의 보장 및 생산과정에서의 종속·소외를 교정하는 노동자 경영참가보장이 그 주된 내용이다. 따라서 단체교섭에서 노사 대등의 교섭이 이루어지고, 기업의 위계적 상하관계에서 노사공동결정이 보장되는 것이 산업에서 민주주의 원리가 구현되는 것이라 할 수 있다(조우현, 1995: 13).

자본주의 시장경제 내부의 가장 중요한 갈등과 대립은 노동-자본 관계에서 나온다. 따라서 산업민주화 혹은 노동민주화는 원론적으로 경제민주화의 핵심 의제일 수밖에 없다. 미국의 뉴딜정책과 유럽의 사민주의, 일본의 경제민주화 등 이전의 경험에서도 산업민주화는 경제민주화의 핵심 과제였다. 독점자본주의 단계에서 노동의 힘을 강화시키는 산업민주화는 시장 내부에 거대자본에 대한 견제와 균형의 대항력을 만든다는 의미를 갖는다. 이렇게 시장 내부에 견제력이 존재하면 국가가 직접 개입할 필요성과 정치적 부담이 줄어든다. 자본과 노동 간에 대등한 관계를 형성시켜 양자 간에 민주적 타협이 가능하도록 하기 위해 노동3권의 실제적 보장, 공권력의 계급 중립적 위치 입법화, 노조운동의 활성화, 노동을 대변하는 정치세력의 형성 지원, 독점금지법 등 자본집중 억제 입법, 산업민주주의 기반 조성, 노동자 재산 형성 지원, 노동자 지주제의 대폭적인 확대와 이에 기반을 둔 노동의 경영 참여권과 이윤균점권 확보 기반을 형성하는 등의 조치가 시행되었다.

그러나 현재 한국은 재벌체제라는 특수한 상황 때문에 노동민주화가 가려져 있으며, 이렇게 된 데는 노동계의 분열과 약화가 원인으로 작용하고 있다. 또한 경제민주화를 주장하면서도 실제적인 내용을 채우지 못하고, 심지어 왜

곡하는 정부의 접근 또한 원인이다.

다음으로 '창조경제'의 측면에서 보자. 인수위원회 제안과 대통령 취임사를 바탕으로 '창조경제'를 적극적으로 해석하면 창조경제의 기본은 개인의 창의력이다.

> 이제 한 사람의 개인이 국가의 가치를 높이고, 경제를 살려낼 수 있는 시대입니다(2013년 2월 25일 박근혜 대통령 취임사).

여기서 '개인'은 누구일까. 김대중 정부의 신지식인으로 등장했던 영화감독일까. 최근 일순간에 세계적 스타가 된 가수일까. 아니면 우리 사회의 다수를 구성하는 평범한 사람들일까. 전자라면 몇 명이 다수를 먹여 살리는 방식이 될 것이므로 '창조경제'는 대다수 국민의 삶을 변화시키는 패러다임의 전환이 될 수 없다. 몇몇 대기업집단의 성장에 국민경제의 성장을 목매고, 일반 국민의 삶은 이들 대기업의 성과로부터 나오는 낙수효과(trickle down effect)로 개선된다는 과거의 성장모델에서 벗어나지 못하는 것이다.

패러다임을 바꾼다는 것은 '창조경제'는 지금까지처럼 소수 중심의 성장으로는 안 된다는 것을 의미한다. 따라서 '창조경제'의 기본을 이루는 개인은 특출하거나 성공을 운에 맡겨야 하는 몇몇이 아닐 것이다. 바로 평범한 보통 사람들이며, 국민의 대다수가 다양하게 생각하며 다양하게 시도하고 다양하게 실패하면서 그 속에서 새로운 것이 등장하는 사회일 것이다. 그리고 보통 사람은 대다수 노동자이다. 한국에는 자영업자가 많다고 하지만, 서구의 기준에서 보면 이들 자영업자는 사회서비스업으로 흡수되었어야 할 노동자의 다른 이름에 불과하다.

앞으로 '창조경제'가 어떻게 해석되고 전개되든지 그 기반은 지식(기반)경제일 수밖에 없다. 지식기반경제라고 불릴 정도로 선진 경제는 노동자의 지식에 의존하는 정도가 높은 수준에 와 있다. 현 정부는 한국도 이제 그 초입에 들어섰다고 믿고 있다. 노동자의 창의력과 지식이 생산과정에서 그 능력이 제대로 발휘되기 위해서는 생산과정에 대한 노동자의 참여가 필수적이다. 무슨 일이든 몰두해야 나오기 마련인 아이디어는 그 일에 대한 헌신에 달려 있다. 실업의 위협과 노동자 간의 무한경쟁을 통해 생산성을 높이는 방식으로는 안 된다는 것이 '창조경제'의 요체가 되어야 한다. 내일의 삶에 불안해하는 노동자로부터 참여와 헌신을 끌어내기는 너무나 어렵다.

그런데 지금까지 제시된 '창조경제'에는 창조의 주체로서 노동이 없다. 노동과 자본이 대등하고 공정한 파트너십을 구축하고 상호 인정을 하지 않으면서 어떻게 격화되는 사회적 갈등을 억제할 수 있을 것이며, 이미 한국경제 전체를 장악하고 있는 것이나 마찬가지인 재벌의 경제력을 시장에서 '자율적으로' 어떻게 관리할 것이며, 사회적 갈등과 경제력집중의 관리 없이 어떻게 안정적인 경제운영을 달성할 수 있을지, 그에 대한 방안이 없다(인수위 보고서에 따르면 안정적 경제운영이 경제민주화와 함께 창조경제의 또 하나의 핵심 조건이다).

보통 평범한 다수 국민의 삶에 창조적 열의와 새로운 것에 대한 도전정신, 실패를 통해 배우는 의지를 부여하기 위해서는 당연히 교육이 바뀌어야 한다. 하지만 교육은 이미 신분상승 기회로서도 기능을 잃어버리고, 부의 대물림 수단으로 전락하고 있다. 게다가 학창시절 민주주의를 통해 갈등을 해결하는 방법을 배우고 친구를 함께 문제를 풀어가며 도움을 주고받아야 할 동료로 생각할 기회마저 박탈하고 있다. '창조경제'에는 이를 풀기 위한 공교육 개혁정책이 보이지 않는다.

5. '창조경제'가 합리적일 조건

새 정부가 회피할 수 없는 시대적 과제로서 경제민주화를 인정하고, 공약으로나마 수용하지 않을 수 없었던 것처럼, '창조경제'도 한국경제의 과제를 포착한 용어라고 본다면 그것이 갖는 잠재적인 합리적 부분은 찾아볼 만하다.

자본주의 국가의 최상위 과제는 체제의 안정성과 지속가능성을 확보하는 것이다. 그것은 시장경제의 지속가능한 작동을 의미하며, 그러기 위해서는 자본과 노동의 재생산이 위협받지 않을 만큼 적절한 이윤과 임금이 확보되어야 한다. 무엇보다도 그 체제의 구성원들이 체제에 대해 느끼는 적대감이나 불신이 낮아야 한다.

자본주의 체제로서 한국경제의 위기는 첫째, 현재의 재벌구조를 그대로 두고서는 시장경제가 제대로 굴러갈 수 없다는 점에서 발생한다. 이는 한 산업부문에 대한 독점적 지배력만이 문제가 아니라 경제의 거의 모든 부문에 걸쳐 시장경제의 장애 요인이 되었다. 시장경제의 정당성을 이념적으로 확보해줄 경쟁의 효율성이 죽어간다. 둘째, 시장경제의 장점인 혁신의 원천이 봉쇄당하고 있다는 점에서 위기이다. 개인 창업자나 벤처기업의 아이디어가 싹을 틔울 수 없는 것이다. 셋째, 중소기업과 노동자가 재생산을 지속할 수 있을 만큼의 이윤과 소득을 시장에서 얻을 수 없는 부분이 증가했기 때문에 위기이다. 넷째, 경제주체들 가운데 점차 더 많은 숫자가 체제에 느끼는 적대감과 불신을 표하고 있기 때문에 위기이다. 기득권층에게 느끼는 적대감과 불신이 정도를 넘어서고 있다.

이러한 위기 요인들이 경제민주화를 보수 대통령 후보가 수용할 수밖에 없었던 이유이다. 이에 따라 복지, 재벌 규제, 비정규직의 정규직화 등이 제시되었다.

그러나 경제민주화와 복지 같은 과제를 충실히 수행한다 해도 충분하지 않다. 실제로 경제민주화와 복지의 전범(典範)이라는 유럽이 성장의 한계에 부딪친 지 오래이다. 이전에 하던 방식으로 요소 투입을 늘리거나 투자를 확대하는 것은 더 이상 안 된다 해서 나온 게 혁신에 대한 강조였고, 그것이 지식주도경제라는 수사로 표현되었다. '지식주도경제'라는 수사는 1990년대 초반부터 동아시아 신흥공업국 사이에서 회자되기 시작했다. 지식의 생산, 지식의 적용, 지식의 상품화를 통해 지식을 생산요소로 만들어 생산성을 높이자는 것이다. 일찍부터 지식혁명에 대한 강조는 세계은행과 경제협력개발기구(Organization for Economic Cooperation and Development: OECD)의 단골 화두가 되었다.[13] 미국, 네덜란드, 스웨덴 등 각국 정부 차원에서 무수한 고민과 아이디어를 프로젝트나 보고서로 만들어왔다. 그나마 '창조경제'라 이름 붙인 것에 내용을 채울 만한 기존의 틀이 있다면 이 부분이다. 그런데 그 내용들은 어차피 '녹색성장'에서도 검토했을 내용이고, 그 이전 정부의 '혁신체제'에서도 검토했을 내용들이다. 그래서 기존 사업이나 보고서의 제목에 '창조'를 덧붙이기는 별 의미 없는 일일 수 있다. 패러다임의 변화나 시스템의 변화라는 것은 본래 그 목표가 미리 결정되어 있을 수 없는 것이며, 반면에 관련 정책을 수행할 관료는 명확한 목표를 주어야 자율성을 갖고 창의적으로 움직일 수 있다. 이것이 현 정부 '창조경제론'의 정책적 모순이다. 그래서 매우 강한 수준의 경제민주화로 경제 곳곳에 숨 쉴 공간, 중소기업과 노동자의 창의성이 움직일 수 있는 공간을 만드는 데 집중하는 것이 필요하다.

이 글에서는 '창조경제'가 모호해진 큰 이유로 공약으로서의 그것이 성공적으로 야권의 공약들을 무력화시킨 결과를 꼽았다. 또 정책으로서의 '창조

---

13) World Bank(1997, 1998) 참조.

경제'에는 기업생태계의 세대교체가 한국경제의 절박한 과제라는 인식이 없다는 점을 문제로 제기하고, 기업상생의 문제를 단순히 거래관계의 공정성 문제로만 보지 말고 새로운 산업, 기업 구조의 비전과 연결시켜야 한다고 제안했다.

그러려면 거의 해체에 가까운 재벌구조의 개혁이 있어야 한다. 그래야 주역이 바뀔 수 있다. 주역이 바뀌는 동안의 혼란을 어떻게 관리할 것이냐는 질문과 거꾸로 지금 이대로 가면 살길이 있느냐라는 질문은 서로 맞물려 있다. 그 혼란을 줄이기 위해서는 자본과 노동의 전 사회적 협조와 파트너십이 필수적이다. '창조경제'의 본래 이름이 '스마트 뉴딜'이라고 했다. 미국의 뉴딜 정책을 '당시의 대규모 기업집단을 해체에 가까울 정도로 개혁하고 노동권을 획기적으로 강화함으로써 노동생산성을 높인 것'으로 해석할 수 있다면, '창조경제'의 길이 보일 수도 있다.

참고문헌

관계부처 합동. 2013. 「창조경제 실현계획(안)」(2013.6).

김어진. 2013. 「'지식기반경제론'의 모순과 실제」. '발전, 체제, 정치경제학의 최근 동향과 한국 사회', 경제학 3개 학회 공동학술대회(2013.11.22).

김유선. 2013. 「박근혜 정부 노동정책의 방향과 과제」. 서울사회경제연구소 엮음. 『박근혜 정부 경제·복지정책의 방향과 과제』. 파주: 한울아카데미.

변형윤. 1992. 「경제민주화의 의의와 과제」. 학현변형윤박사 정년퇴임기념논문집간행위원회. 『經濟民主化의 길』. 서울: 비봉출판사.

_____. 1994. 「경제개혁과 한국경제학의 과제」. 한국경제학회. ≪경제학연구≫, 제42권 제1호.

_____. 2012. 『경제정의와 경제민주화』. 파주: 지식산업사.

장윤종. 2013. 「창조경제론의 성장 패러다임 구조와 정책 보완과제」. ≪KIET산업경제≫, 통권175호.

새누리당. 2012. 『세상을 바꾸는 약속, 책임 있는 변화: 제18대 대통령선거 새누리당 정책공약집』. 서울: Jammy.

유종일. 2013. 「창조경제 실험의 조건과 전략」. '창조경제를 묻는다', 참여사회포럼, 참여연대 부설 참여사회연구소 및 경제민주화와 재벌개혁을 위한 국민운동본부(2013.7.4).

유철규. 2013a. 「창조경제론 논란의 내용과 실체」. '창조경제를 묻는다', 참여사회포럼, 참여연대 부설 참여사회연구소 및 경제민주화와 재벌개혁을 위한 국민운동본부(2013.7.4).

_____. 2013b. 「경제민주화 공약과 박근혜 정부: 중간평가와 대안적 과제」. 한국사회과학연구회. ≪동향과전망≫, 2013년 가을·겨울호(통권 89호).

_____. 2014. 「노동 없는 창조경제, 민주화되지 못한 경제민주화」. 참여사회연구소. ≪시민과세계≫, 제24호.

정태인. 2013. 「사회적 경제와 경제민주주의」. 민주화운동기념사업회 기획. 『사회경제 민주주의의 경제학: 이론과 경험』. 파주: 돌베개.

제18대대통령직인수위원회. 2013. 「박근혜정부 국정비전 및 국정목표」. 청와대.

조우현. 1995. 「신노동자 경영참가론」. 조우현 엮음. 『세계의 노동자 경영참가』. 서울: 창작과비평사.

주상영. 2013. 「진보적 성장 담론의 현황과 평가」. 한국사회경제학회. ≪사회경제평론≫, 제41호.
킨슬리, 마이클(Michael E. Kinsley). 2011. 『빌게이츠의 창조적 자본주의』. 김지연 옮김. 파주: 이콘출판.

World Bank. 1997. *World Development Report: The State In A Changing World.*
______. 1998. *World Development Report: Knowledge for Development, The State In A Changing World.*

제2장

박근혜 정부 금산분리정책의 평가와 전망

이동걸 | 동국대학교 경영대학 초빙교수

1. 머리말

이 글은 불가피하게 정치적 해석과 평가에 많이 의존할 수밖에 없다. 금산분리정책과 관련해서 박근혜 정부가 실제로 한 것이 별로 없어, 경제학적인 분석으로 할 수 있는 말이 많지 않아 추측만이 가능할 뿐이기 때문이다. 박근혜 정부의 금산분리정책이 앞으로 어떻게 진전될 것인가의 예측과 전망 부분 역시 순수한 경제적 분석보다는 오히려 정치적 또는 정치·경제적 분석이나 심리적 분석의 영역에 해당한다고 할 수 있다. 그리고 구체적인 정책 내용은 별로 많지 않고 이와 관련된 토론이나 검증도 별로 없었던 데 비해 '한다, 안 한다' 하는 주변적인 말들만 많았을 뿐이고, 또 경제학적 논쟁이 무의미할 정도로 야당이든 여당이든 좋아 보이면 다 하고 좋지 않아 보이면 '나는 안 한다' 하는 정치적인 '따라 하기(me-too)' 전략, 안 하면서도 한다고 하는 우기기 전략, 달면 삼키고 쓰면 뱉는 감탄고토(甘呑苦吐) 전략이 난무하는 상황에서 모두 다 비슷한 언행을 하기 때문에 여·야의 구분조차 하기 힘든 경우가 많았다.

이런 상황으로 본다면 사실 박근혜 정부의 경제민주화와 금산분리정책은 경제가 아니라 정치라고 보는 것이 타당할 수도 있다. 필자는 이러한 점을 염두에 두고 박근혜 정부의 금산분리정책을 검토해보고자 한다. 이 글의 구성은 다음과 같다. 우선 2절에서는 박근혜 정부가 금산분리정책에 대해 무엇을 약속했고 지금까지 무엇을 했는지를 정리하면서 그 의미를 분석해보았다. 3절에서는 박근혜 정부의 금산분리정책을 종합적이고 다각도로 분석하기 위해 네 가지 관점으로 나누어 평가해보았다. 첫째로는 과연 적절한 정책을 선택했는지의 여부를 평가해보았고, 둘째로는 이데올로기 측면에서 금산분리정책과 정책 집행자인 박근혜 정부의 보수 이데올로기가 충돌하는지, 충돌이 있었다면 조화롭게 잘 해소되었는지, 그리고 그 영향은 어떠한지 정리해보았다. 셋째로는 박근혜 정부가 과연 금산분리의 당위성(및 중요성)에 대해서 제대로 인식하고 있는지 그리고 실천의지는 확고한지를 평가해보았고, 넷째로는 금산분리정책을 수행하면서 맞닥뜨릴 수밖에 없는 현실적 장벽과 기득권 집단의 반발과 저항에 얼마나 타협하는지를 평가해보았다. 그리고 마지막 4절에서는 박근혜 정부의 금산분리정책이 앞으로 남은 임기 동안 어떻게 될지 전망해보고 시사점을 제시했다.

2. 박근혜 정부 금산분리정책, 무엇을 약속했고, 지금까지 무엇을 했나

박근혜 정부가 약속한 금산분리정책은 네 가지에 불과하다. 이는 2012년 11월 대선 과정 중 발표한 '경제민주화 정책'에 포함된 경제민주화 5대 분야,

35개 실천과제 중 '금산분리 강화' 분야의 4개 실천과제이며, 그 내용은 다음과 같다.

① 산업자본의 은행지분 보유한도를 축소(9%에서 4%로 축소)

② 금융·보험회사 보유 비금융계열사 주식에 대한 의결권 상한을 단독금융회사 기준으로 향후 5년간 단계적으로 5%까지 강화

③ 현재 은행과 저축은행에 대해서만 시행되는 대주주 적격성 유지심사를 모든 금융회사로 확대

④ 일반 지주회사의 금융자회사 보유를 허용하되, 일정 요건 충족 시 중간금융지주회사 설치 의무화

이 중에서 지금까지 이행된 것은 '산업자본의 은행지분 보유한도 축소(9%에서 4%로 축소)'의 「은행법」 개정뿐이며, 나머지 세 가지는 미이행 상태이다. 이 세 가지는 현재 관련 법이 국회에 계류 중이지만, 언제 국회를 통과할지, 최종적으로 어떤 모양으로 통과할지는 아직 미지수이다.

이 정책들은 상대적 중요도가 서로 다르고 또 그 안에 어떤 내용이 담기느냐에 따라 중요도가 다시 천차만별로 차이 날 수 있다. 이뿐만 아니라 관련 법이 개정되었다 하더라도 그 실제 효과가 어떻게 나타날지 또한 크게 다를 수 있어 일률적으로 평가할 수 없으므로 박근혜 정부 금산분리정책의 종합 성적표를 매기기는 쉽지 않다.

그러나 전체 관련 법안 대비 이행된 개정법의 숫자만을 기준으로 계산한 단순 이행 비율로 보더라도 네 가지 중에 한 가지, 즉 25%에 불과하므로 박근혜 정부 1년의 금산분리정책 공약 이행 성적표는 초라하기 그지없다.1)

정책의 상대적 중요도를 감안해 이행률을 평가하면 성적표는 더욱 초라해

〈표 2-1〉 경제개혁연구소의 박근혜 정부 금산분리정책 공약 이행 평가

	배점	단순 이행 평가	실효성 평가
은행지분 보유한도 축소	2	2	1
금융·보험회사 보유 비금융계열사 주식 의결권 축소	5	0	0
대주주 동태적 적격성 심사 확대	5	0	0
중간금융지주회사 설치 의무화	3	0	0
합계	15	2	1

자료: 경제개혁연구소(2013).

진다. 예를 들면, 경제개혁연구소는 경제민주화 관련 정책의 중요도를 기준으로 공약 과제마다 배점을 달리하고, 또 이행된 경우에도 실효성을 감안해 평가한 바 있는데, 이에 의하면 금산분리정책의 실천 비율은 단순 이행 기준으로는 13.3%, 실효성 기준으로는 6.7%로 아주 낮게 평가하고 있다(<표 2-1> 참조).

은행지분 보유한도는 이명박 정부가 4%에서 9%로 상향 개정했던 것을 박근혜 정부에서 다시 4%로 낮춰 원상회복한 것인데, 이 「은행법」 개정은 상징적 차원에서는 어느 정도 의미가 있는지 모르겠지만 현실적인 효과 발생 차원에서 보면 이제는 거의 의미가 없는 조치라고 평가해도 과언이 아니다. 실제 은행지분을 4% 이상 보유하고 있던 산업자본 대주주가 법 개정으로 인해 그 초과분을 매각해야 하는 일이 발생한 것도 아니고, 또 이명박 정부에서 은행지분 보유한도를 9%로 올렸음에도 어느 재벌도 4%를 초과하여 보유하지 않았던 것은 은행을 직접 지배할 매력이 작아졌기 때문이다.[2]

1) 경제정의실천시민연합은 단순 이행률 기준으로 공약 이행을 평가한 바 있다(경제정의실천시민연합, 2013).

한국에서는 거대 재벌들이 이미 보험, 증권, 카드사 등 제2금융권의 주요 금융기관들을 소유·지배하고 있고, 또 그동안 시행된 각종 규제완화로 국내 금융시장에서는 은행과 제2금융권의 차이가 점점 더 작아졌다. 따라서 한국의 재벌들은 금융을 지배함으로써 얻을 수 있는 혜택을 (낮은 감시상태에서) 이미 충분히 향유하고 있기 때문에 은행지분을 늘려 얻을 수 있는 추가적인 실질혜택은 별로 크지 않다.[3] 이에 반해 아직 우리 사회에서는 재벌의 은행지배에 대한 우려와 반대가 심한 편이라서 은행을 지배할 경우 오히려 투명성 요구 및 지배구조에 대한 감시의 부담만이 가중되어 득보다 실이 많을 가능성이 크다. 이러한 판단하에 재벌들은 이명박 정부가 은행지분 소유한도를 9%로 상향시켰음에도 실제 은행지분을 추가 확보하지 않았을 것으로 보인다.[4]

---

2) 같은 이유로 경제개혁연구소도 이 부분에 낮은 배점을 주고, 또 실효성도 낮게 평가한 것으로 판단된다.

3) 은행 소유·지배에 가장 강한 집착을 보였던 삼성그룹의 경우 이미 삼성생명, 삼성화재, 삼성증권, 삼성카드 등 12개 금융계열사를 보유하고 있으며, 특히 제2금융권의 모든 주요 권역에서 부동의 1위로 지배적인 지위를 확보했다. 삼성그룹 계열금융사의 규모는 삼성생명 187조 원, 삼성화재 48조 원, 삼성증권 20조 원, 삼성카드 16조 원 등 네 곳만 합쳐도 271조 원에 달해 한국 최대 은행인 국민은행의 규모 268조 원을 능가하고 있다(총자산 기준, 2013년 9월 말 현재). 여기에 삼성자산운용의 펀드설정액 129조 원을 합하면 삼성그룹이 관리하는 금융자산은 모두 400조 원에 달한다. 이와 같이 삼성그룹은 이미 국내 최대의 금융그룹이 되었고, 또한 금융계열사를 이용한 지배구조가 확립되었으며, 증권사의 지급결제업무를 허용하는 「자본시장법」 개정 등으로 계열증권사를 통한 은행업무 우회진입이 가능하다. 따라서 삼성그룹의 경우 은행의 소유·지배에 대해 과거와 같이 큰 매력을 느끼지 않을 것으로 판단된다.

4) 한국의 재벌들은 어떤 편법을 쓰더라도 자신에게 이익이 되는 일은 반드시 성사시키려고 하는 강한 속성을 보였다. 그러한 관점에서 판단하면 (은행업에 진출할 수 있는 거대 재벌의 경우에도) 재벌들이 은행업에 진출을 하지 않았던 것은 그들 스스로 판단하기에 부담만 많고 별로 실익이 없다고 결론 내렸을 것이기 때문이라고 해석할 수 있다. 동양그룹, 두산그룹 등이 대부업에 진출했던 것은 은행업에 진출하는 것보다 (금전적·비금전적) 부담은 적은 반면 감시가 소홀해 그룹의 이익을 위해 이용하기 편했기 때문이라고 할 수 있다.

반면에 아직 이행되지 않고 있는 나머지 세 가지 과제는 앞으로 어떻게 실행되느냐에 달려 있기는 하지만, 만약 철저하고 엄격하게 실시되기만 하면 상당히 효과가 있을 수도 있는 정책들이다. 즉, 그 안에 구체적으로 담기는 내용에 따라서 상당한 파급력을 가질 수 있는 정책들이다.

예를 들면, '금융·보험회사 보유 비금융계열사 주식에 대한 의결권 상한 축소'와 '대주주 동태적 적격성 심사 확대'는 그 기준이 충분히 강해지고 위반 시에 대한 제재조치만 충분히 확보되면, 경우에 따라서는 금융계열분리명령까지 내포한 강한 조치가 될 수도 있다. '중간금융지주회사 설치 의무화'의 경우도 설치 의무기준만 충분히 엄격하게 만들어지고 중간금융지주회사에 소속된 금융계열사와 중간금융지주 밖에 있는 비금융계열사 간의 관계만 잘 차단할 수 있게 제도를 구비하면, 완전한 계열분리까지는 아니더라도 어느 정도 효과를 볼 수도 있는 조치가 될 수 있다. 경우에 따라서는 지배구조와 자금거래 등에서 금융계열사와 비금융계열사 간에 완전히 차단된 형태로서 지금보다 진일보한 투명한 지배구조를 만들 수도 있고, 그렇게까지는 아니라도 금융·비금융계열사의 상호지배를 이용한 경제적 지배력 확장을 어느 정도 완화할 수 있는 의미 있는 조치가 될 수 있다.

물론 이것은 이들 세 가지 정책과제에 대해 사전적으로 그 잠재적 가능성에 대해 평가해본 것에 불과하며, 사후적으로 그렇게 실천될 가능성이 있다는 말은 결코 아니다. 후술하겠지만 현실적으로 볼 때 아직 이행되지 않은 세 가지 과제가 앞으로도 쉽게 실천되지는 않을 것으로 예상되며, 이행되더라도 그렇게 의미 있는 수준이 아니라 많이 희석된 형태로 이행될 것으로 예상된다. 어쨌든 잠재적 가능성까지 감안한 정책과제의 상대적 중요도로 평가해볼 때 박근혜 정부의 금산분리정책 실천과제 네 가지 중에서 '은행지분 보유한도 축소'가 가장 비중과 실효성이 낮은 정책과제임에는 틀림없다.

이는 집권 여당인 새누리당 내부에서도 그렇게 평가했음이 분명하다. 새누리당은 은행지분 보유한도를 축소하는 「은행법」 개정을 큰 비용을 들이지 않고(즉, 재벌들에게 실질적으로 부담이 되는 것이 없어 재벌의 저항과 보수층의 반발도 크지 않아) 정치적으로 쉽게 내줄 수 있는 희생타 정도로 치부했던 것으로 판단된다. 새누리당 내의 경제민주화실천모임에서도 "그 정도는 줘버려도 돼. 그리고 그 정도는 되어야 무언가 했다고 (선전)할 수 있지 않겠나"라고 말했다고 전해지고 있음에 비추어보면, 새누리당 내부에서조차 은행지분 보유한도 축소는 현실적인 실제 효과가 거의 없어 재벌·보수 집단뿐만 아니라 집권 여당 내부에서도 반발이 별로 없는 데 반해, 정치적으로 생색내기에만 좋은 것으로 생각했었음이 틀림없다.

반면, 나머지 세 가지 미이행 과제에 대해서는 정부와 여당이 매우 소극적이거나 또는 심지어 내부에서부터 적지 않은 반발이 있었다. 미이행된 세 가지 과제의 경우 박근혜 정부와 새누리당이 실천할 의사만 있다면 실천하지 못할 이유가 전혀 없으므로 결국 정부와 새누리당에서 실행을 지연시킨 것이고, 그 이유는 내부에서부터 그 잠재적 파급효과를 우려해 실천을 꺼리고 있다고밖에 해석할 수 없다. 물론 법안에 담기는 구체적인 내용에 대해서는 야당과 다툼이나 협상이 이뤄질 수 있겠지만 야당이 전면적으로 반대할 이유가 전혀 없고, 또 지난 1년간 양당이 그 내용에 대한 의미 있는 '밀고 당기기' 협상이 있었던 것도 아니라면 결국 국회 과반수를 차지하고 있는 집권 여당이 그 잠재적 파급효과에 상당한 부담을 느껴 실천하지 않았을 것이 분명하다.

물론 여기에는 박근혜 정부와 집권 여당에 대한 재벌들과 보수 언론 및 보수 지식인 등 재벌 추종 집단들의 로비와 압력도 한몫했음이 틀림없고,[5] 동

5) ≪미디어오늘≫, 2013년 4월 16일 자.

시에 재벌의 협조를 필요로 하는 박근혜 정부가 스스로 재벌 눈치 보기를 한 것도 한몫했을 수 있다. 박근혜 정부로서는 경제활성화와 창조경제 등을 추진하는 데 국정의 동반자로서 재벌들을 절대적으로 필요로 하고 있기 때문이다.[6)]

세 개의 미이행 과제가 비록 잠재성이 있는 과제이긴 하지만, 현재까지 알려진 내용에 의하면 그 기준이 매우 미약해서 어느 정도라도 의미 있는 효과를 보일 수준은 아니다(이에 대해서는 3절에서 자세히 서술하겠다). 그럼에도 재벌들과 그 주변의 재벌 지지 집단들[7)]이 금산분리정책(및 경제민주화정책)에 극력 저항하는 이유는, 한 발이라도 밀리기 시작하면 그것이 빌미가 되어 점점 더 밀릴 수 있다는 강박관념[8)]에 사로잡혀 자신들에게 조금이라도 불리할 수 있는 일은 싹을 잘라버려 사전에 미래의 우환을 제거한다는 전략을 구사하고 있기 때문이다. 이것이 우리 재벌들의 전통적인 대응전략이다.

한편, 그동안 박근혜 정부는 공약 후퇴를 예견하는 조짐을 많이 보였다. 이제까지 박근혜 정부의 공약 이행 실천이 만족스럽지 않았고, 앞으로도 만족스러운 공약 이행이 있을 것 같지 않다고 판단되는 이유다.

박근혜 정부의 경제민주화정책은 '대선 국민행복 10공약' 중 하나로 제시

---

6) 박근혜 정부 출범 이후 대통령과 재계의 회동이 있기 전이면 대통령 측에서는 으레 규제완화, 경제민주화 부담완화 등의 언급이 있었고, 재계 측에서는 이에 대해 투자확대, 고용확대 등을 약속하는 것으로 화답하고는 했다(예를 들면, ≪서울경제≫, 2013년 8월 28일자). 그러나 실제 약속대로 투자와 고용 확대를 집행했는지에 대해서는 많은 반론이 있다.

7) 여기에는 보수 언론, 보수 지식인뿐만 아니라 집권 여당 내부의 보수 정치인과 행정부 내의 보수적 공무원도 포함된다.

8) 미끄러운 비탈길에 한번 발을 들여놓으면 건잡을 수 없어 바닥까지 미끄러져 간다고 생각하는 '미끄러운 비탈길의 오류(또는 이론)(slippery slope fallacy)'는 일반적으로 보수 기득권층이 자신들의 기득권의 극히 일부라도 절대 포기하지 않으려는 속성을 잘 보여주고 있으며, 그 점에서 한국의 재벌들과 보수 집단도 예외는 아니다.

될 만큼 비중 있게 다루어졌고, 또 '경제민주화 공약 5개 정책분야' 중 하나로 금산분리정책을 제시하는 등 초기에는 박근혜 정부의 경제정책 분야에서 경제민주화와 금산분리의 비중이 상당히 컸다. 특히 경제민주화는 새누리당의 강령에 못 박을 정도로 명목상으로는 가장 중시하는 정책이라고 선전했음은 주지의 사실이다. 그리고 "오늘보다 더 나은 내일을 만든다"는 꿈을 실현하기 위해 경제민주화를 하고, 이는 "모든 국민들이 100% 행복한 나라를 위한 첫걸음"이라고도 했다.[9] 그러나 당선 후 대통령직인수위원회가 발표한 「박근혜 정부 국정비전 및 국정목표」(제18대 대통령직인수위원회, 2013)에는 경제민주화가 실종되었고,[10] 이와 함께 금산분리정책도 대폭 평가절하되었다. 비록 금산분리정책이 통째로 누락된 것이 아니라 세부 실천과제는 다른 항목 안에 포함되기는 했지만 그 비중이 현격히 낮아진 것을 부인할 수는 없다. 금산분리정책 세부 실천과제를 '원칙이 바로 선 시장경제 질서 확립'을 위한 세부추진과제인 '기업지배구조 개선' 항목에 포함시킨 것을 보면, 대통령 선거 이후 금산분리의 중요성을 그만큼 평가절하했다고 할 수 있다. 금산분리정책은 절대로 기업지배구조 개선 차원에서 다룰 가벼운 과제가 아니기 때문이다. 사실 금산분리정책이 가지는 현실적인 비중, 그리고 아직 이행되지 않은 세 가지 과제의 잠재적 폭발성이 박근혜 정부에 큰 심리적 부담이 되었을 수도 있고, 바로 그 이유 때문에 금산분리정책을 기업지배구조 차원의 문제로 평가절하해 순화시키려는(tone down) 것이며, 그것이 박근혜 정부의 '숨은 의도'라고 해석할 수도 있다.

9) 새누리당(2012).

10) 박근혜 정부는 경제민주화가 빠진 것이 아니라 '원칙이 바로 선 시장경제 질서 확립'에 포함되어 있다고 주장하고 있으나, 대선 이후 박근혜 정부가 경제민주화라는 용어를 자주 사용하는 것을 꺼렸던 것만은 사실이다.

이뿐만 아니라 박근혜 정부 쪽에서 경제민주화 자체에 제동을 걸려는 시도도 많이 있었다. 박근혜 대통령이 재계의 우려를 반영해 본인이 직접 "경제민주화 법안, 무리 아닌지 걱정"이라는 말을 했다고 전해짐으로써 입법 전에 새누리당에 사실상의 지침을 주는 것 아니냐는 논란이 일기도 했다(≪경향신문≫, 2013년 4월 16일 자). 또한 청와대 비서진의 입을 통해 "박 대통령이 경제민주화 '과잉입법'에 대한 우려를 같이하고 있다"고 메시지를 전하기도 했다(≪프레시안≫, 2013년 6월 13일 자).

이는 어느 정도 예견되었던 일이다. 새누리당이 대통령 선거를 준비하면서 경제민주화를 강령에 포함하네, 마네 하는 부산을 떨었던 그 시점에도 새누리당 내의 한쪽에서는 경제민주화에 대한 강력한 반대 의사를 표명하는 등 당 내부에서 경제민주화를 둘러싼 심각한 논쟁이 일었다. 그럼에도 박근혜 당시 당대표 겸 대선 후보는 이 논쟁을 전혀 정리하지 않고 경제민주화 반대론자들의 목소리를 용인했으며, 이는 박근혜 대통령이 당시부터 경제민주화에 대해 이중적인 태도를 갖고 있었음을 보여준다고 할 수 있다.

그리고 새누리당 내의 경제민주화실천모임도 대선 기간 중에는 선거 홍보 효과를 감안했는지 활발한 활동이 용인되었다. 그러나 경제민주화실천모임이 의욕을 가지고 만든 경제민주화 관련 4개 법안은 대선 후 새누리당이 모두 폐기하거나 새누리당 안에 희석해 흡수함으로써 무력화시켰다. 아울러 경제민주화가 경제활성화와 창조경제에 밀려 대폭 후퇴하면서 금산분리정책도 집권 여당의 관심에서 멀어졌다.

이상을 종합해서 요약하면, 박근혜 정부의 금산분리정책은 네 가지의 공약 과제 중 가장 중요성과 실효성이 낮아서 큰 의미가 없는 한 가지를 골라 이행한 데 불과하다. 따라서 박근혜 정부의 성적표는 금산분리정책에 관한 한은 전혀 안 한 것보다(즉, 0점보다) 약간 나은 수준에 불과하다고 평가된다.

이렇게 낮게 평가할 수밖에 없는 것은 지금까지의 이행도 대단히 미흡하지만 앞으로 어떻게 될지를 가늠할 정책 실천의지도 강하게 의심할 수밖에 없을 정도로 시행하기도 전에 여러 가지 후퇴 조짐과 비일관적인 태도를 보여왔기 때문이다. 나머지 세 가지 미이행 과제에는 정책의지만 있으면 많은 것을 담을 수 있고, 그것의 정책효과 및 파급효과가 매우 클 수 있지만, 지금 상태에서는 기대하기가 거의 불가능할 것으로 판단된다. 그리고 경제민주화와 금산분리정책은 대통령 선거, 대통령직인수위원회, 정부 출범 후 등 시간이 지날수록 점점 더 축소, 약화되는 경향을 보이고 있다. 이들 정책은 시간이 지남에 따라 정책 우선순위에서 점점 더 밀리고 있는 것이다. 이런 추세가 반전될 것이라고 기대할 수 있는 조짐은 어디에서도 볼 수 없다.

3. 박근혜 정부의 금산분리정책에 대한 평가

1) 정책의 적절성에 대한 평가

산업자본의 금융지배와 직접·간접으로 관련된 정책에는 많은 규제정책이 있다. 예를 들면, 소유, 조직구조, 대주주의 자격 및 지배구조, 구조적 교정, 행태규제와 관련된 것 등이다.[11] 이외에도 금융감독기구가 금융사 및 대주

11) 소유와 관련된 규제로는 전면적 소유제한(또는 금지) 또는 제한적 소유제한(또는 의결권 행사제한)이 있고, 조직구조와 관련해서는 금융지주회사, 중간금융지주회사 제도에 대한 규제가 있으며, 대주주의 자격과 관련해서는 설립 시, 인수 시, 또는 자격 유지를 위한 요건 및 위반 시의 제재조치, 대주주에 대한 검사 및 정보요구 등이 있다. 지배구조와 관련해서는 이사와 감사의 선임 및 해임, 이사회의 구성과 역할과 관련된 규제가 있으며, 구조적 교정과 관련해서는 (부실 또는 부실징후 시, 대주주의 불법행위 시 등에 발동할 수 있는) 금융계열분리명령제가 있다. 그리고 행태규제로는 대주주(이해관계자 포함) 및 계열사에

주에 대해서 행하는 검사 및 감독 등 제반 행정행위도 산업자본 대주주의 금융지배와 관련된 중요 규제제도에 포함될 수 있다.[12] 사실 명시적으로 구비된 제도적 규제 못지않게 정책 당국의 의지와 행정조치도 매우 중요하다.

이 중에는 이미 부분적으로 또는 어느 정도 시행되고 있는 것도 있기는 하지만, 금산분리정책의 본질적 목적을 달성할 수 있느냐 하는 가능성 차원에서 평가하면 어느 것도 만족할 만한 수준으로 시행되고 있지 않다.

이런 다양한 조치들 중에서 어떤 것을 어떻게 어느 정도 수준으로 집행할 것이냐 하는 문제, 그리고 이러한 정책을 특정 금융권에만 실행할 것인가, 아니면 전 금융권에 대해 실행할 것인가, 전 금융권에 실행할 경우에 금융권역별 특성을 인정해 차등을 둘 것인가 말 것인가, 차등을 둔다면 어떤 기준에 의해서 얼마나 차등을 둘 것인가 하는 등의 문제는 그 나라의 전반적인 금융산업의 발전 정도와 금융시장의 상황, 그 나라가 처한 특수한 사정에 비추어 결정해야 할 대단히 중요한 문제이다.

한국의 경우 은행에는 과거 엄격한 소유제한을 유지한 덕분에 산업자본 문제가 없지만, 은행을 제외한 기타 부문에서는 문제가 매우 심각한 실정이다. 주요 재벌들이 증권, 보험, 투자신탁 등 제2금융권의 전 분야를 장악하고 있다고 해도 과언이 아닐 정도로 전 세계에 유례를 찾아볼 수 없을 만큼 산업자본에 의한 금융지배가 심각한 수준에 달해 있다. 이와 같은 재벌의 제2금융권 지배는 금융계열사를 사적 용도로 이용하는 문제, 그로 인해 발생하는 금융부문의 왜곡과 금융 소비자 보호 문제, 또 재벌 그룹의 지원에 의한 금융

대한 대출, 출자 관련 규제(제한 또는 금지)가 있다.

12) 대주주의 이해상충행위에 대한 금융법상의 제한 및 제재조치와 더불어 민형사상 조치(민사상 손해배상소송과 형사고발 및 소추 등)와 부실 및 부실징후 시 또는 불법행위 시 등에 행하는 금융사 및 대주주에 대한 검사 및 감독강화, 경영권 행사 제한 및 금지 등 행정조치 등을 예로 들 수 있다.

산업 내의 불공정경쟁 문제 등을 야기했다. 금산분리 문제가 한국 금융이 직면하고 하고 있는 가장 심각한 과제가 되고, 우리가 무엇보다 먼저 가장 시급하게 풀어야 할 숙제가 된 이유이다.

이러한 한국의 특수한 사정에 비추어볼 때 궁극적으로는 금융과 산업 재벌을 완전히 분리하는 것이 가장 바람직하고, 이를 위해서는 명시적인 금융계열분리명령, 또는 은행에 준하는 제2금융권의 소유제한제도 도입 등이 가장 적절한 정책이 되겠지만 이 정도로 강력한 정책을 지금 당장 실시한다는 것은 사실상 현실적으로 불가능하다. 재벌들의 정치·경제적 영향력과 이를 기반으로 하는 거센 반발은 엄연히 넘기 힘든 장벽이 될 것이고, 또 공적인 목적에 부합하더라도 지난 수십 년 동안 용인되어왔던 재산권을 일시에 포기하라고 강요하기는 쉽지 않다.

그렇다면 차선책으로 할 수 있는 정책은 금융부문에 보편적으로 인정되고 있는 합당한 기준을 설정하고 산업 재벌 대주주가 그 기준을 준수하도록 함으로써 점진적으로 산업 재벌의 제2금융권 지배 문제를 줄여나가거나, 또는 그 기준을 준수하지 못했을 경우 그것을 강제로 이행시킴으로써 문제를 해결하는 접근법일 것이다.

이러한 관점에서 보면 박근혜 정부의 금산분리 관련 정책 공약은 수없이 많은 금산분리 관련 정책 중에서 겨우 네 가지에 불과해 수적으로 태부족하기는 하지만, 산업자본의 금융지배 문제와 관련된 소기의 성과를 달성할 수 있느냐 하는 정책적 잠재성의 측면에서 결코 낮게 평가할 수는 없다. 특히 미이행된 세 가지 과제의 경우에 "하기에 따라서는", 즉 그 과제 안에 포함되는 구체적 내용과 집행의 기준이 어떻게 정해지느냐에 따라서는 상당한 임팩트가 있는 정책이 될 여지도 있는 반면, 반대로 공허한 정책이 될 수도 있다. 극과 극의 차이가 날 수 있다는 것이다.

예를 들면, 금융·보험회사 보유 비금융계열사 주식에 대한 의결권 축소나 대주주 적격성 강화의 경우, 기준만 충분히 강화하고 위반 시 제재 및 이행조치만 엄격히 실시할 수 있게 구체적인 수단을 잘 구비한다면 금산분리의 핵심이라고 할 수 있는 구조적 교정(제2금융권의 계열분리)까지도 가능한 정책수단이 될 수도 있다. 비금융계열사 의결권 축소는 의결권을 행사할 수 있는 상한이 충분히 낮게 설정되면 산업 재벌이 실질적으로 경영권을 행사할 수 없기 때문에 산업 재벌의 금융지배 문제가 해소될 수 있다. 대주주 적격성 기준 강화의 경우에는 업권 간 기준을 합리적으로 통일하고 법인 및 자연인 대주주의 부실가능성 또는 불법행위 등에 따라 대주주 자격이 실격될 경우 처분명령 등이 가능하다면 이는 실질적인 계열분리명령과 다름없다.

중간금융지주회사의 경우에는 조직구조상 금융계열사의 소유지배를 허용해주는 것이기 때문에 계열분리까지는 못 미친다 하더라도 중간금융지주회사를 의무적으로 설치해야 하는 실효성 있는 기준을 설정하고, 중간금융지주 소속사(금융계열사)와 중간금융지주에 속하지 않는 계열사(비금융계열사) 간에 교차지배를 엄격히 금지하는 등의 조치만 구비된다면, 일정 정도 유사하게 계열분리의 효과를 볼 수 있는 여지가 있다. 따라서 최선의 결과는 아니지만 적어도 지금보다는 진일보한 차선의 결과를 가져다줄 잠재성이 있다고 할 수 있다.

결국 잠재적 가능성을 감안해 정책과제의 적절성을 평가하면 박근혜 정부의 금산분리정책은 적어도 중상(中上) 정도로는 평가할 수 있을 것으로 판단된다. 그러나 이는 어디까지나 잠재성을 감안한 평가일 뿐이지 박근혜 정부가 제시한 구체적인 정책에 대한 평가는 아니다. 정책의 적절성에 대한 최종 평가는 정책에 담겨진 구체적인 실행 내용이 어떻게 되어 있느냐, 그것을 일관성 있게 강력히 추진할 의사가 있느냐 등을 모두 감안해서 내려야 할 것이다. 정책 안에 담겨진 구체적인 내용에 따라서, 그리고 법안이 통과된 후에도 정부가 그것을 얼마나 일관되게 또 강력하게 추진하느냐에 따라서 정책효과는 천양지차를 보이기 때문이다. 우리는 필요한 금융규제를 갖추지 못해 금융 문제를 방치했던 경험적 사례에 못지않게 필요한 금융규제를 만들어놓고도 정책당국이 그것을 제대로 집행하지 않아 금융 문제를 오히려 키웠던 사례도 많이 봐왔다.

박근혜 정부와 새누리당이 지금까지 보여준 언행과 관련 법안의 내용을 기준으로 판단해보건대 공약과제의 잠재적 가능성에도 박근혜 정부가 실제 의미 있는 수준의 적절한 금산분리정책을 집행할 것으로는 보이지 않는다.

우선 대주주 적격성 강화의 경우를 보면, 박근혜 정부가 과연 삼성그룹 또는 한화그룹에 대해 대주주 자격의 실격을 이유로 금융계열사 처분명령을 내릴 수 있을 정도로 충분히 강력한 정책을 할 수 있을지는 대단히 의문시된다. 한가지 예를 들면, 새누리당 내의 경제민주화실천모임이 2012년 9월 대주주 적격성 기준을 강화한 「금융회사의 지배구조에 관한 법」을 발표한 바 있는데, 이 법안은 새누리당 내에서 폐기처분되는 '예정된' 운명을 맞았다. 이 법안은 상당히 강력한 내용을 담고 있었기 때문이다. 폐기처분된 이 법안은 횡령·배임 등으로 인한 재산상 이득이 5억 원 이상일 경우에 적용되는 「특정경제범죄 가중처벌법」에 의해 처벌을 받은 금융회사의 대주주는 대주주 자격을 상실해 퇴출되도록 하는 상당히 강력한 내용을 담고 있었다. 경제민주화실천모임 소속인 한 새누리당 의원의 설명에 의하면 "부도덕한 자본가는 금융업에 진출했더라도 퇴출시켜야 한다"는 것이 법안 발의의 취지였다(≪오마이뉴스≫, 2012년 9월 9일 자). 이 법안이 국회를 통과하더라도 소급효가 금지되므로 한화그룹의 김승연 회장은 유죄 판결을 받아도 대주주 자격을 박탈당하지 않겠지만, 추후 김승연 회장이나 다른 재벌 총수들이 이와 같은 범죄

행위를 다시 하게 된다면 한화생명이든 다른 무엇이든 금융계열사의 대주주 자격을 박탈당해 금융업에서 퇴출된다는 취지이다. 산업자본의 금융지배 폐해를 방지하거나 해결할 수 있는 상당히 강력한 내용이다.

금융·보험사 보유 비금융계열사 주식의 의결권 축소의 경우에도 이것이 실효성 있는 의미 있는 정책이 되려면 이 정책이 집행됨으로 인해 지배권에 실제 영향을 받는 재벌이 있어야만 한다. 예를 들어 단도직입적으로 말하면, 금융·보험사를 지배구조 확립과 경제력집중의 수단으로 활용하고 있는 삼성그룹의 지배권에 실질적으로 영향을 줄 수 있는 수준까지 의결권을 축소해야만 한다. 실제 아무도 영향을 받지 않는 법안이라면 그것을 해야 할 이유가 전혀 없다.

그렇다면 과연 박근혜 정부는 삼성그룹에 영향을 줄 수 있을 만큼 비금융계열사 주식의 의결권을 축소할까? 지금까지 알려진 내용에 의하면 절대 그렇지 않고, 자세히 후술하겠지만 박근혜 정부의 성향과 언행으로 판단해보건대 앞으로도 절대 그럴 것 같지는 않다. 우선 공약에서 밝힌 내용에 의하면 의결권 상한을 "단독금융회사 기준으로 향후 5년간 단계적으로 5%까지 강화"하겠다고 되어 있다. 그러나 이 정도의 수준으로는 삼성그룹의 지배권에 전혀 영향을 미치지 못한다. 그렇게 법 개정을 해봐야 삼성그룹의 경우 삼성전자에 대해 행사할 수 있는 의결권은 삼성생명, 삼성화재를 합쳐 14.97%가 되므로, 모든 계열사를 합쳐서 15%까지 의결권 행사가 가능한 「공정거래법」 상의 규정이 그대로 유지되는 한 삼성전자에 대한 의결권은 겨우 0.03% 낮아지는 것에 불과하기 때문이다.[13] 이 정도면 효과도 없을 뿐만 아니라 다른 비금융계열사에서 언제라도 지분을 추가 확보할 수 있기 때문에 전혀 실효성

13) 경제개혁연대(2013.2.25).

이 없다. 더욱이 이 보잘것없는 0.03%에 해당하는 것마저도 "5년간 단계적으로" 하겠다는 약속이라면 그 약속은 없는 것과 마찬가지라고 할 수 있다.

실제 한국에서 금융계열사를 이용한 지배력 확장의 중심에는 삼성그룹이 있기 때문에, 삼성그룹에 실질적인 영향을 미치지 못하는 정책은 지금 우리 현실에서 전혀 무의미한 것이 된다. 이 정책을 의미 있는 수준까지 강화하려면 단독 회사 기준 상한을 대폭 낮추고, 그룹 전체에 대한 상한도 하향 조정해야 한다. 예를 들면, 단독 회사 기준 3%까지, 그리고 그룹 전체로는 현행 15%에서 10% 또는 그 이하로 낮추어야 실효성이 있는 정책이 될 것이다.

중간금융지주회사의 경우에도 중간금융지주회사 설치 의무 요건을 낮추고 중간금융지주회사의 비금융계열사 지배를 금지하는 등, 제한적이나마 금융과 비금융 간의 교차지배를 정리할 수 있으면 어느 정도 효과가 있을 것이다. 그러나 중간금융지주 형태로 전환하는 데 많은 비용이 소요되는 재벌 그룹의 경우 저항이 심할 것이며, 이때 기존 지배구조를 계속 유지할 수 있게 선택권이 주어진다면 중간금융지주제도는 '해도 그만, 안 해도 그만'인 무의미한 제도가 될 것이다. 이 역시 시금석은 박근혜 정부가 과연 삼성그룹 등 주요 그룹에 의미 있는 중간금융지주회사를 설치하도록 압력을 줄 만큼 할 수 있겠느냐 하는 것이 되겠다.

정책을 평가하려면 형식적으로 평가해서는 안 되고 법안에 담긴 구체적인 정책 내용, 집행의 일관성, 추진의지라는 3대 요소를 모두 종합해서 판단해야 한다. 박근혜 정부의 금산분리정책은 수적으로는 몇 가지 안 되어도 잠재적 가능성 측면에서는 과소평가할 수 없다. 그러나 앞에서 설명한 바와 같이 정책에 담긴 구체적인 내용이 극히 빈약하고 정책 집행의 일관성과 추진의지도 미약해 실제 의미 있는 금산분리정책이 실행될 것으로 기대하기는 어려울 것 같다. 다시 말해서 박근혜 정부의 금산분리정책은 잠재적 가능성 측면에서는 중상 정도로 적절했다고 평가할 수 있지만, 구체적인 내용 및 현실적인 실효성 측면에서는 지난 1년이 넘는 기간 동안 대단히 부적절했고 앞으로 남은 임기 중에도 비슷할 것으로 예상할 수밖에 없다.

잠재성이 있는 정책과제를 공약으로 선택했다는 것은 정치적 효과를 극대화하기 위한 전략적 목적을 위해서였을 것이며, 실제 지난 대선 기간 중 경제민주화와 금산분리정책 등을 이용해서 정치적인 효과는 최대한 누렸던 것 같다. 하지만 그 이후 태도가 급변한 것을 보면, 다음 4절에서 다시 자세히 후술하듯이 박근혜 정부의 경제민주화와 금산분리정책은 위장된 철학하에 철저하게 정치적 계산에 의한 접근이었다고 보는 것이 타당할 것이다. 그렇다면 앞으로도 금산분리정책이 구체적으로 의미 있는 효과를 야기할 만큼 적절한 수준으로 집행되리라고 기대하기는 어려울 것 같다.

2) 이데올로기 측면에서의 평가

경제민주화와 금산분리정책은 보수 집단의 전통적인 이데올로기와 상치한다. 보수 집단은 거의 무제한적인 규제완화, 재벌집단의 자율성 무한 허용, 그리고 재벌의 금융지배 등을 당연한 것으로 또는 필수적인 것으로 받아들이기 때문에 보수 집단의 전통적 경제철학하에서는 경제민주화와 금산분리가 용납될 수 없다. 따라서 박근혜 정부의 경제민주화와 금산분리정책이 제대로 실행될 것이라는 신뢰를 주려면 박근혜 정부의 기존 정책철학과 기조가 경제민주화와 금산분리에 걸맞게 바뀌었음을 확인할 수 있어야 한다. 박근혜 정부가 기존의 보수 집단과 다르다는 것 또는 달라졌다는 것을 보여주어야 하는 것이다. 반면, 박근혜 정부의 정책 기조가 기존의 보수 이데올로기를 그대로 답습하고 있는 것이 분명하다면 박근혜 정부하의 경제민주화와 금산분리정책이 제대로 실천될 리가 없다. 선거에서 표를 얻으려는 정치편의적 목적을 위해 차용된 허구성 위장 정책으로 판명될 가능성이 크다.

결론부터 말하면, 박근혜 정부의 정책적 변신은 결코 철학과 정책 기조가 바뀐 진정한 변신이 아니었다고 판단된다. '새누리라고 당명을 바꾼다', '강령에 경제민주화를 못 박는다', '당의 색깔을 빨간색으로 바꾼다' 등 당 쇄신을 단행하고 경제민주화, 금산분리, 복지확대 등 진보적인 공약을 과감하게 내걸었던 것은 당시 한나라당의 지지율이 급락해 총선과 대선에서 패배할 위험이 커지는 등 절체절명의 위기에서 행했던 살고자 하는 기회주의적 변신이었지 결코 진정한 변화는 아니었다. 과거의 '줄·푸·세' 등을 답습하고 선거 후 경제민주화에 대한 태도가 돌변한 점 등을 보면 정책 기조와 철학이 변했다고 보기는 어려우며, 따라서 박근혜 정부에서 진정성 있는 경제민주화 및 금산분리의 추진을 기대하기는 어려울 것으로 예상된다. 공약이 번복될 가능성이 농후하며, 이행된다 하더라도 '하는 척'만 하는 형식적·미온적인 이행이 될 것이다. 특히 잠재적 임팩트가 큰 정책의 경우에 실질적으로 약속을 뒤집을 가능성이 더 커질 수밖에 없다.

'줄·푸·세'는 2007년 한나라당(현 새누리당) 경선 때부터 지금까지 줄곧 박근혜 대통령의 변함없는 정책철학이었다. 지금은 은행 소유제한을 다시 강화해야 한다고 번복했지만, 2007년 당시에는 반대로 은행 소유제한을 과감히 풀어야 한다고 주장했던 것이다. 이는 이명박의 주장과 똑같았는데, 그 이유는 바로 '푸(규제는 푼다)'로 한국 재벌들을 역차별하는 불필요한 규제를 과감히 풀어야 한다는 것이었다. 당시 박근혜 후보는 "금산분리정책처럼 국내 기업을 역차별하는 규제들은 한국 금융산업 경쟁력을 높이기 위하여 재검토하겠다"고 했다.[14] 금산분리가 우리 금융산업의 경쟁력 저해 요인이라고 보는 재벌의 전형적인 주장을 앵무새처럼 그대로 되뇌고 있다. 이런 모습은 재벌의 사고방식과 논리를 그대로 답습하고 있음을 보여주고 있다.

2012년 대선 과정에서도 경제민주화 공약과 '줄·푸·세'가 어떻게 같이 갈 수 있느냐는 비판이 일자 박근혜 후보는 "당시의 줄·푸·세는 지금의 경제민주화와 철학이 같다"는 해괴한 주장을 하기도 했다. 이 말이 과거의 잘못된 생각에 대한 궁색한 변명이라면 그나마 다행이지만, 정말 '줄·푸·세 = 경제민주화'라고 생각한다면 지난 대선 기간 중의 그 많던 화려한 수사에도 박근혜 정부의 경제민주화와 금산분리정책에서 우리가 기대할 수 있는 것은 거의 없을 것이다. 그간의 박근혜 정부의 언행으로 미루어보건대 박근혜 정부는 정말 '줄·푸·세 = 경제민주화'라는 잘못된 경제 인식을 갖고 있음이 분명하다.

사실 경제민주화와 관련된 잡음과 갈등은 그동안 새누리당 내부에서도 줄곧 존재해왔다. 예를 들면, 2012년 대선 당시 박근혜 후보가 '비상대책위원회를 만든다', '경제민주화 정책을 만든다' 하면서 한참 부산을 떨고 있던 그 시점에도 같은 당의 원내대표라는 중책을 맡은 이한구 원내대표가 "경제민주화는 포퓰리즘"이라고 경제민주화를 강하게 비판한 바 있다(≪경향신문≫, 2012년 9월 5일 자). 당시 당내에서 무소불위의 절대 권한을 행사했던 박근혜 후보는 경제민주화를 둘러싼 당내의 불협화음을 깔끔하게 정리하지 않고 양쪽의 소리가 모두 나오도록 의도적으로 용인했던 것으로 보인다. 그 이유는 보수와 진보 양편의 표를 모두 의식해 경제민주화를 강하게 긍정도 부정도 하지 않는 어정쩡한 입장을 견지했기 때문이라고 판단된다. 같은 정치적 이유에서 경제민주화실천모임도 대선 기간 중에는 이용하고 대선이 끝난 후에는 실질적으로 폐기처분한 것이라고 판단된다. 대선 기간 중에는 상당히 강력한 정책을 내놓을 수 있도록 경제민주화실천모임에 자유로운 활동을 용인

14) 박근혜 후보 규제개혁 기자간담회 연설문(2007.4.16).

하더니, 대선이 끝나고 정부가 출범한 이후 새누리당 지도부를 동원해서 무력화시킨 것을 보면 그렇게 해석할 수밖에 없다(≪이데일리≫, 2013년 6월 3일 자).

박근혜 정부와 새누리당은 그들이 가진 근본적인 보수 이데올로기와 정책 철학을 포기하지 않는 한 경제민주화와 재벌개혁, 금산분리정책과 양립할 수 없다. 박근혜 정부와 새누리당이 선거를 위해 약속한 것이 내심의 생각과 상치하는 데도 그것을 제대로 이행할지는 미지수이다. 금산분리는 경제민주화의 핵심 과제 중 하나이며, 경제민주화가 후퇴하면 금산분리정책의 후퇴도 피할 수 없을 것이다. 박근혜 정부 출범 이후 경제활성화, 민영화, 재벌 규제 완화, 창조경제, 금융 경쟁력 강화 등이 주요 정책으로 대두되고, 경제민주화와 금산분리의 우선순위가 하락하고 있는 것은 어쩌면 당연한 결과라고 할 수 있다.

3) 금산분리의 당위성(또는 중요성) 인식 측면에서의 평가

금산분리와 경제민주화는 단지 경제정의를 실현하고 균형 잡힌 경제성장을 위해서만 필요한 것이 아니라 보수주의자들의 신념인 자유시장경제의 효율성을 위해서도 필수불가결한 요소이다. 그러나 한국의 보수 집단과 박근혜 정부는 정치적으로 수구 이데올로기에 매몰되어 있고 경제적으로는 기득권 지키기에 급급한 나머지 경제민주화와 금산분리가 한국에서 왜 꼭 실시되어야 하는지 그 당위성과 중요성을 인식하지 못하는 것 같다. 박근혜 정부는 이를 선거 목적으로만 활용하기에 바빴을 뿐, 그 중요성에 대한 철저한 인식이 부족해 실천의지도 결여될 수밖에 없다.

금산분리정책과 관련해서 깊이 검토해야 할 주요 쟁점인 금산분리가 왜 필요하고, 왜 꼭 해야 하는지, 어디까지 해야 하는지, 얼마나 강하게 해야 하는지에 대한 진지한 논의와 성찰이 대단히 부족한 채 선거 과정에서 관련 공약이 급조된 것도 결국 중요하기 때문이 아니라 선거에 필요하기 때문이라는 평가를 피할 수 없게 한다. 박근혜 정부가 생각하기에 경제민주화와 금산분리는 "금융회사의 고객 자산이 대규모 기업집단의 지배구조에 활용될 경우 고객이익 보호원칙과 상충될 가능성이 상존"하고 "저축은행 사태 등 대주주의 불법행위로 인한 금융부실의 재발을 방지할 대책 마련이 필요"하기 때문에 해야 한다는 정도이다.15) 물론 고객이익 침해나 금융부실 문제도 중요한 문제이기는 하지만 금산분리 문제는 이러한 차원을 훨씬 능가하는 본질적인 문제를 야기하는 쟁점이다. 산업재벌에 의한 금융지배는 자유시장경제의 근본원리를 훼손하고 대주주의 불법행위로 금융의 본질적 기능을 마비·왜곡시키기 때문이다. 이는 박근혜 정부와 새누리당의 금산분리 문제에 대한 인식의 천박함을 단적으로 드러내준다고 할 수 있다.

이와 같이 박근혜 정부의 금산분리정책이 철저한 신념에 근거하지 못한 정치적 목적의 산물이라면 이들 정책이 앞으로 어떻게 될 것인지도 현재로서는 미지수라고 할 수밖에 없다. 미래에도 역시 정치적 상황에 좌우될 것이기 때문이다. 그리고 정책은 명시적 법·규제 조항의 구체적인 문구뿐만 아니라 올바른 인식에 근거한 확고한 정책 추진의지 및 일관성도 중요한데, 철저하지 못한 신념하에서는 강한 추진의지와 집행의 일관성을 기대하기 어렵기 때문이다.

박근혜 정부가 추구하는 경제활성화와 창조경제·혁신경제를 위해서도 경제민주화와 금산분리정책은 필요하다. 그럼에도 이에 대한 인식이 부족한 탓에 경제민주화와 금산분리 공약을 후퇴시키려는 징후는 박근혜 정부가 출범

---

15) 새누리당(2012).

하면서부터 반복적으로 나타났다. 취임한 지 채 한 달 반 정도밖에 안 된 2013년 4월 대통령이 자신의 입으로 직접 "경제민주화 법안, 무리가 아닌지 걱정"이라며, 시작도 하기 전부터 경제민주화 관련 법안 개정 작업에 제동을 걸기 시작했다. 또 6월에는 비서진의 입을 통해 대통령이 "경제민주화 '과잉 입법' 우려"한다는 말을 전했다. 그리고 서로 입이라도 맞춘 듯이 청와대, 행정부, 새누리당, 심지어는 보수 언론에서까지 동시다발적으로 경제민주화 때문에 경제활성화가 지연되어서는 안 된다는 우려 표명과 함께 경제민주화와 경제활성화가 2 : 8이 되어야 하네, 3 : 7이 되어야 하네 하는 이해할 수 없는 주장들을 펴기 시작했다. 경제민주화를 축소 또는 포기할 명분을 찾던 박근혜 정부와 집권 여당이 경기침체를 빌미로 삼아 경제민주화 후퇴를 공론화시켰고, 경제민주화를 탐탁하게 생각하지 않던 보수 지식인과 보수 언론 등도 경제민주화와 경제활성화가 서로 충돌한다는 가정하에 경제민주화보다 경제활성화가 우선되어야 한다고 가세했다.

이는 마치 이명박 정부 시절 '성장 대 분배'를 상호충돌하는 구도로 보고 '성장 우선'을 주장했던 것과 같은 맥락에서 해석할 수 있다. 박근혜 정부도 성장을 우선해야 아래로 떨어지는 국물이 있다는 이명박 정부 시절의 구태의연하고 잘못된 '낙수효과 사고방식(trickle-down mentality)'에서 아직 벗어나지 못하고 있음을 보여준다. 경제활성화가 되어야 경제민주화가 되고, 경제민주화를 우선하면 경제가 침체될 것이라는 주장과 다름없다.

반면, 몇 개 안 되는 경제민주화 법안이 국회를 통과하자마자 새누리당은 '경제 살리는 경제민주화'를 새누리당이 했다는 현수막을 전국 곳곳에 달아 대대적으로 선전을 해대는 기회주의적이고 이중적인 태도를 서슴없이 보였다.

동양그룹과 두산그룹 문제[16]는 법규정이 다소 미비하더라도 정부가 확고한 실천의지만 갖고 있었다면 충분히 사전에 예방하거나 해결할 수 있는 문제였다. 즉, 규정의 문제라기보다는 중요성에 대한 인식의 문제이고 실천의지의 문제이다. 동양그룹 사태가 발생하고 나서 박근혜 정부가 보인 대응도 박근혜 정부가 이 문제를 얼마나 안이하게 보고 있는지를 단적으로 보여주었다. 새누리당 내의 경제민주화실천모임은 동양그룹 사태로 인해 "금산분리의 중요성이 다시 한 번 입증됐다"며 "금산분리를 제2금융권까지 확대"하고 산업자본의 금융지분 한도를 5%로 축소한 개정안을 발의했다(≪뷰스앤뉴스≫, 2013년 10월 8일 자). 그러나 박근혜 정부와 새누리당은 이러한 개혁적 법안을 무시한 채 '금융사를 통한 계열사 부당지원 차단'을 골자로 하는 유사 사례 재발방지 방안[17]을 발표하는 데 그쳤다. 금산분리 문제의 중요성에 대한 인식의 천박함을 단적으로 보여주는 매우 안이한 대응이라고 할 수밖에 없다.

그동안 경제민주화와 금산분리정책의 공약 파기 및 후퇴에 대해 많은 비판이 일었음에도 박근혜 정부는 이를 철저히 무시하거나, 했다고 또는 하고 있다고 우기는 전략을 일관되게 취해왔다. 박근혜 정부가 일견 후안무치할 정도로 그렇게 일관되게 행동할 수 있었던 것은 (물론 극우 보수화한 종편 등 보수 언론의 맹목적 지지에도 기인하고, 무력한 야당 탓도 있겠지만) 근본적으로 경제민주화와 금산분리에 대한 신념과 중요성에 대한 인식이 부족했기 때문이다. 박근혜 정부가 대선 과정에서 깊은 고뇌와 심적 부담 없이 가벼운 마음으

16) 두산그룹이 2009년 지주회사 체제로 전환하면서 공정거래법상 규정에 의해 금융자회사를 보유할 수 없게 되자 두산중공업과 두산인프라코어가 보유한 두산캐피탈 지분을 동일체와 다름없는 두산중공업아메리카와 두산인프라코어아메리카에 넘긴 탈법행위 사례를 말한다. 공정거래위원회는 현행법상 두산그룹을 제재할 규정이 없다는 이유로 두산그룹의 탈법 행위를 방치하고 있다.

17) 이 종합대책에는 투자자보호 강화, 금융사를 이용한 계열사 부당지원 차단, 기업 부실위험의 선제적 관리로 이루어져 있고, 이 중에서 금융사를 이용한 계열사 부당지원 차단을 위한 방안에 주주·계열사 우회 지배 및 지원 차단, 대기업계열 금융사 연결·종합감독, 계열사 간 금융거래 공시 강화 등이 포함되어 있다(금융위원회·금융감독원, 2013). 이 방안은 금산분리 이슈의 본질을 비껴가고 있다.

로 경제민주화와 금산분리에 쉽게 접근할 수 있었던 것은 신념과 철학이 결핍된 상태에서 '표'를 얻기 위한 정치적인 목적만이 있었으므로 크게 고민할 필요가 없었기 때문일 것이다. 이제 선거가 끝났으므로 굳이 그것을 열심히 이행해야 할 인센티브가 급감한 것은 지극히 당연한 귀결이다. 이는 비단 경제민주화와 금산분리 문제에만 국한된 현상은 아닐 것이다.

4) 현실(기득권 집단)과의 타협 측면에서의 평가

경제민주화와 금산분리정책을 이행하려면 재벌 등 기득권 집단과의 충돌을 피할 수 없는 것이 우리의 현실이다. 한국의 제2금융권은 이미 재벌에 의해 지배되고 있으며, 특히 핵심 거대 재벌의 경우 그룹체제를 지탱하는 지배구조를 유지하기 위해 제2금융권이 꼭 필요한 실정이다. 따라서 한국의 금산분리정책의 핵심은 제2금융권 문제이며, 금산분리정책을 의미 있게 추진하려면 재벌집단의 지배구조와 주요 사업영역에 영향을 미치지 않을 수 없다. 그리고 지배권과 주요 사업영역이 상당한 영향을 받게 된다면 재벌그룹은 온갖 수단을 동원해 극렬히 반대하고 저항할 것이 분명하다. 이러한 재벌의 극렬한 반대와 저항은 반드시 극복해야 할 장벽이다. 한국의 현실에서는 박근혜 정부든 어느 정부든 간에 기득권 집단과 타협하지 않고 이 장벽을 극복하기 위한 확고한 의지를 얼마나 강하게 갖고 있느냐 하는 것이 금산분리정책의 성공과 실패를 판가름하는 관건이 된다.

그렇다면 과연 박근혜 정부는 재벌 등 기득권 집단과의 타협의 유혹을 단호히 뿌리칠 만큼 확고하고도 강력한 의지를 갖고 있을까? 아니면 앞으로라도 가질 수 있을까? 앞에서 간략히 언급했듯이 박근혜 정부는 낡은 보수 이데올로기를 포기하지 못하고 있고, 경제민주화와 금산분리 문제의 중요성에 대한 인식도 부족한 상태라, 이러한 이유만으로도 재벌과의 싸움을 벌일 만큼 강력한 개혁의지를 가질 수 없는 태생적 한계를 갖고 있다.

더군다나 이에 그치지 않고 박근혜 정부는 현실적으로 재벌을 국정운영의 핵심 파트너로서 필요로 하고 있고, 또 재벌과 이해관계를 같이하기 때문에 서로 믿을 수 있고 협조하면서 호혜할 수 있다는 현실적·전략적 이유에 의해서도 재벌과 다툼을 벌일 수 없다. 이뿐만 아니라 박근혜 정부를 지탱해주는 전통적 보수지지층의 핵심 집단인 부자, 보수 언론, 고위공무원 등도 이미 재벌이익에 깊게 동조화되어 있으므로 이들로부터 강한 정치적 지원을 받기 위해서도 박근혜 정부는 절대 재벌이익에 반하는 일을 강하게 밀어붙일 수 없다. 즉, 박근혜 정부와 재벌은 '사상적 동지'일 뿐만 아니라 '실리적인 동업자'이므로 '같은 편'일 수밖에 없기 때문에 박근혜 정부는 심한 다툼을 벌이면서까지 재벌의 이익에 반하는 경제민주화와 금산분리정책을 실행할 수 없는 것이다.

몇 가지 예를 들어보면 이를 쉽게 알 수 있다. 주지하다시피 '경제활성화', '창조경제', '경제혁신 3개년 계획', '금융업 경쟁력 강화' 등은 앞으로 박근혜 정부의 정치적 사활을 판가름할 수 있는 중요한 간판 정책들이다. 정책 발표문의 형식적인 문구로는 중소기업이 중요하고 중소기업을 키운다고 말하지만 이와 상관없이 실제 내용을 들여다보면 많은 부분에서 재벌의 적극적인 역할이 필요함을 쉽게 알 수 있다.[18] 대통령이 기회 있을 때마다 규제완화를

---

18) 실체가 분명하지 않다고 아직까지도 비판을 받고 있는 '창조경제'도 결국 재벌의 적극적 R&D투자에 의존할 수밖에 없고, 중소기업에 혜택이 돌아가도록 하겠다는 정부의 공언에도 지금까지 그래왔듯이 정부의 R&D지원도 실질적으로 재벌 대기업에 귀착될 가능성이 크다. 박근혜 정부의 정책 패러다임하에서는 재벌 대기업의 적극적인 투자확대와 고용확대 없이 경제활성화와 일자리 창출은 거의 불가능하다. 금융업 부가가치 비율을 10년 안에 7%에서 10%로 증가시키겠다는 금융업 경쟁력 강화 방안도 결국 '금융업 외연확대' 등에 적극적으로 기여할 수 있는 재벌 대기업에 상당 부분 의존할 수밖에 없을 것이다.

강하게 주문하고 있는 것도 이 때문이다. 사실 박근혜 정부는 창조경제, 창조금융을 위해서도, 투자활성화와 일자리 창출를 위해서도 핵심은 규제완화라고 보고 있다.[19)]

이와 같이 재벌과의 타협이 사실상 예정되어 있고 규제완화를 모든 정책의 핵심이라고 보는 정부가 경제민주화와 금산분리정책을 실효성 있게 추진하리라 기대하는 것은 사실상 불가능하다. 이렇게 보면, 박근혜 정부가 경제활성화를 위해 공약을 파기·후퇴시키면서 경제민주화와 금산분리정책 집행을 축소 또는 중단한 것은 국정운영을 위한 불가피한 타협이라기보다는 오히려 포기를 정당화시켜줄 시의적절한 핑계를 찾았다고 보는 게 옳을 것이다. 경제민주화와 금산분리정책을 너무 쉽게 포기·후퇴한 것을 보아도 그렇게 해석할 수 있을 것이다. 앞에서 지적한 바 있듯이 박근혜 정부는 대통령 선거가 끝나고 정부가 출범하자마자 경제민주화와 금산분리정책을 미처 시작하기도 전에 곧바로 제동을 걸기 시작했다. 특히, 현실적으로 삼성이 굴복하기 전에는 의미 있는 금산분리정책의 실행 및 성과를 기대하기 어려운 상황에서 박근혜 정부에게 기대하는 것은 비현실적이라 할 수 있다.

5) 종합 평가

이제까지의 분석을 종합해보면, 박근혜 정부의 경제민주화와 금산분리정

19) 박근혜 정부는 모든 정책에서 규제완화가 핵심이라고 보고 있으며, 규제완화 이외에는 별다른 내용이 없다. 창조경제도 규제완화가 핵심이고, 창조금융도 규제완화가 핵심이라고 본다. 보건의료에도 규제완화, 관광에도 규제완화, 서비스산업에도 규제완화, 수도권에도 규제완화, 부동산에도 규제완화 등 박근혜 대통령 자신이 기회가 있을 때마다 규제완화를 주문하고 있다. "경제 재도약을 이루기 위해선 기업활동을 제약하는 각종 규제를 확 풀어야 한다"는 것이다(YTN, 2014년 2월 5일 자).

책은 '원칙 대 현실'의 갈등에서 원칙은 없고 현실만 있는 선택이었음이 분명하다. 경제민주화와 금산분리정책을 공약으로 선택한 것도, 그리고 포기·후퇴시킨 것도 원칙이 아니라 현실적인 이유 때문인 것으로 판단된다. 원칙을 세워 밀고 나가면서 현실과는 불가피한 선에서 최소한 타협한다는 '원칙과 현실'의 조화가 아니라 일방적인 현실적 타협만이 있었던 것으로 분석된다. 경제민주화와 금산분리에 대한 올바른 인식 및 이해, 일관성, 추진의지가 모두 결여되었던 점, 저축은행 사태를 겪었음에도 다시 동양그룹 사태와 두산그룹 문제에 미온적으로 대응하는 등 정책의지가 보이지 않았던 점 등도 모두 그로부터 연유된 박근혜 정부의 한계일 것이다.

한국은 전 세계에서 산업자본의 금융지배(제2금융권) 및 왜곡이 가장 심각한 나라이다.[20] 따라서 한국에서 금산분리정책이 실효성 있게 추진되려면 구조적 교정책이 반드시 필요하다는 것은 자명한 이치이다. 구조적 교정책이 없는 금산분리정책은 재벌들이 금융산업에서 획득한 기득권을 불법이든 합법이든 모두 인정해주는 것과 다름없다. 구조적 교정책 없이는 금산분리 문제에 대한 개선은 불가능하고 잘해야 개악만 막을 수 있을 뿐이다.

경제민주화정책에서 박근혜 정부가 신규순환출자만 금지하고 기존의 순환출자는 모두 인정하는 것도 구조적 교정을 포기한다는 선언과 같기 때문에 경제력집중 억제 문제의 개선은 실질적으로 불가능하다. 반면, 금산분리와 관련해서는 금융계열분리 명령 등 직접적인 구조적 교정책은 공약에 없지만, 다행히 비금융계열사 의결권 축소, 대주주 적격성 강화 등의 경우에는 제대

20) 2012년 상호출자제한 기업집단으로 지정된 63개 기업집단 중 농협, 미래에셋, 교보생명보험, 한국투자금융 등 금융업을 주된 업으로 하는 대기업집단을 제외한 29개 대기업집단의 금융보험계열사는 2008년 74개에서 2012년 112개로 51.4% 증가했으며, 생명보험, 손해보험, 증권 등 은행을 제외한 제2금융권의 거의 모든 영역에서 재벌계열 금융사가 지배적 위치를 점하고 있고 재벌계열의 시장점유율도 매우 높은 수준이다.

로 만들기만 하면 구조적 교정효과를 낼 수 있는 여지가 있어 금산분리문제의 개선 가능성이 전혀 없는 것은 아니다.

앞서 언급한 바 있듯이 박근혜 정부의 금산분리정책은 남은 세 가지 미이행 과제 안에 어떤 내용이 담기느냐에 따라서 극과 극의 차이가 날 수 있는 잠재성이 있다. 경우에 따라서는 매우 강력한 집행수단이 될 수도 있다. 그러나 대통령 및 정부·여당의 보수 이데올로기 부활(선거 기간 중 사용한 위장된 진보적 정책 기조의 폐기 및 번복), 금산분리의 당위성 및 중요성에 대한 인식 부족과 그로 인한 실천의지 결여, 기득권 집단과의 현실적 타협 및 동조화 등으로 미루어볼 때 실효성 있는 강력한 내용이 담긴 정책을 일관성 있게 실행될 것이라 기대하기는 어려울 것으로 판단된다.

이렇게 본다면, 박근혜 정부의 경제민주화와 금산분리정책은 잘못된 기득권을 사실상 모두 인정하고 전혀 건드리지 않음으로써 실질적 개선효과가 없는 (즉, 겉모양에 비해 정책적 내실이 없는) 정책적 허구에 불과할 뿐이다. 재벌들은 소나기를 피해가듯 잠시 쉬었다 가는, 그래서 다음번 규제완화기에 다시 금융지배를 강화하는 '가다 서다(stop-go)' 식의 전략을 취할 것이다. 이러한 '역진방지(톱니바퀴, ratchet)' 행태가 반복이 되는 한 개선은 영원히 불가능하며, 시스템이 붕괴할 때까지 개악만 지속될 뿐이다.

4. 박근혜 정부 금산분리정책에 대한 전망과 시사점

앞으로도 금산분리정책에 대한 전망은 그리 밝지 않을 것으로 예상된다. 박근혜 대통령 및 정부·집권 여당 인사들이 지금까지 한 언행으로 미루어 짐작할 때 앞으로 남은 박근혜 정부의 임기 중에도 실효성 있는 금산분리정책이 이행되리라 기대하기는 사실 불가능하기 때문이다.

박근혜 대통령은 규제완화에 모든 승부를 거는 '수준 낮은', 그러나 보수·기득권 집단의 이데올로기에 대단히 부합하는 국정운영에 매몰되어가는 양상을 보이고 있다.[21] 여기에 덧붙여 실효성보다는 지극히 정치적인 효과 위주의 정책[22]에 편향되는 성향도 강하게 보였다. 그리고 창조경제, 창조금융과 금융업 경쟁력 강화 방안 등도 재벌과 재벌계열의 대형금융사에 많이 의존할 것으로 예상되는바, 박근혜 정부가 금산분리정책을 이제부터라도 진솔하게 추진할 것이라는 기대는 사실상 불가능해 보인다. 박근혜 정부의 금산분리정책이 선거 후에 쓰고 버릴 정치적 선전 구호에 불과한 게 아니었다면 한 가지라도 제대로 실천해야 할 터이지만 정치적 수사만 남고 형해화한 형태로 전락할 우려가 매우 크다.

사실 금산분리정책이 모두 다 잘 실행되면 좋겠지만 한두 가지라도 제대로 실천되면 상당한 변화를 일으킬 수 있다. 그리고 정책은 구체적인 법안이나 이행수단 못지않게 실천의지가 중요하기 때문에, 정책이 다소 불비하더라도 정부의 실천의지만 있으면 현실은 상당히 개선될 수 있다. 동양그룹 사태나 두산그룹 문제도 정부의 엄격한 감시와 강력한 시그널만 있었으면 사전에 충분히 방지할 수 있었던 사안들이다.

그러나 박근혜 정부는 향후 필연적으로 재벌 의존, 관료 의존, 보수 언론(종편 등) 지원을 3대 버팀목으로 해서 국정을 끌고 가게 될 것이고, 또 이 관

---

21) 언론보도에 의하면 박근혜 대통령은 마치 규제완화가 모든 소원을 들어주는 소설 속의 '마법사의 주문'이나 되는 것으로 생각하는 것 같다고 할 정도로 최근 들어 부쩍 모든 일에 규제완화만을 주장하고 있다. 이는 보수 기득권 집단이 절대적으로 바라는 것이다.

22) 예를 들면, 박근혜 정부의 목돈 안 드는 전세, 국민행복기금, 국민행복주택 등의 정책은 실제 효과를 거의 기대하기 어려운 것으로, 정책이라기보다는 정치적 속임수라고 보아도 무방할 정도라고 판단된다.

료와 보수 언론이 강한 재벌 동조화 성향을 갖고 있으므로 박근혜 정부가 감히 재벌의 이익에 반하는 행동을 할 만큼의 강력한 의지를 갖는다는 것은 상상하기 어렵다. 더욱이 금산분리정책은 그 성격상 필연적으로 재벌 및 보수에 대한 개혁과 같이 가야 할 수밖에 없는데, 그렇다면 박근혜 정부에서 실효성 있는 금산분리정책을 기대하는 것은 더욱 불가능할 것이다.

다만, 심각한 경기 후퇴 및 양극화 심화로 인해 국민의 불만이 고조되거나 정치적으로 몰리게 되면 다시 한 번 더 경제민주화와 금산분리정책을 들고 나올 것이 분명하다. 지난 총선 및 대선 때와 같이 박근혜 정부는 앞으로도 필요하면 언제든지 경제민주화와 금산분리정책을 정치적인 목적하에 반복적으로 적극 활용할 것이기 때문이다. 다시 한 번 더 경제민주화와 금산분리정책을 명목상으로는 강력히 추진하는 모양새를 보일 수도 있다. 그러나 실제 효과에 대해서는 쉽게 낙관할 수 없다.

박근혜 정부의 남은 임기 중에 실효성 있는 강력한 금산분리정책이 추진되리라 기대하는 것은 어렵겠지만, 단 한 가지라도 제대로 실천된다면 그 파급효과는 상당할 수 있다. 그러나 현실적으로 박근혜 정부에게서 실천을 기대할 수 없다면 야당과 국민들이 함께 나서서 만들어나가야 할 것이다. 많은 것을 기대하지 말고 전략적으로 단 한 가지의 정책만을 선택해서 실효성 있는 수준까지 그것만 끝까지 끈질기게 밀고 나간다면 박근혜 정부의 허구적인 금산분리정책에도 불구하고 의미 있는 결과를 낳을 가능성이 있다. 이를 위해서는 야당의 노력과 함께 국민들의 감시와 강력한 비판 및 지원이 필요하다. 이러한 노력이 결실을 이룬다면 예상을 초월하는 결과를 얻을 수도 있다.

참고문헌

경제정의실천시민연합. 「박근혜 정부 경제민주화 공약이행 평가 결과」(2013.11.6).
경제개혁연구소. 2013. 「박근혜 대통령 공약이행 평가」. ≪경제개혁리포트≫, 2013-12호.
금융위원회·금융감독원. 2013. 「동양그룹 문제 유사사례 재발방지 종합대책」(2013.11.21).
새누리당. 2013. 『세상을 바꾸는 약속 책임있는 변화: 제18대 대통령선거 새누리당 정책공약집』. 서울: Jammy.
제18대 대통령직인수위원회. 2013. 「박근혜정부 국정비전 및 국정목표」(2013.2.21).

경제개혁연대. 2013.2.25. "박근혜 정부, 금융회사 의결권 제한 상식선에서 다시 생각해보라".
≪경향신문≫. 2013.4.16. "박 대통령 "경제민주화 법안 무리 아닌지 걱정"".
≪미디어오늘≫. 2013.4.16. "'경제민주화 반대' 일제히 칼 빼든 보수언론".
≪서울경제≫. 2013.8.28. "[박근혜 대통령·재계 총수 회동], 재계 "규제완화가 기업에 큰 힘 … 투자환경 조성해달라"".
≪이데일리≫. 2013.6.3. ""경실모 법안 전면수정" 칼 드는 새누리".
≪프레시안≫. 2013.6.13. "청와대 "朴대통령, 경제민주화 '과잉입법' 우려"".

제3장

박근혜 정부의 노동정책
예정된 파탄

윤진호 | 인하대학교 경제학과 교수

1. 머리말

2012년 대선 과정에서 박근혜 후보와 새누리당은 '경제민주화', '복지의 확대', '일자리 창출' 등 다양한 공약을 제시했는데, 이러한 정책 공약들은 그동안 보수 정치 세력의 단골 메뉴였던 '성장 우선, 토건 우선' 정책과는 크게 다른 내용이어서 많은 국민들에게 긍정적 평가를 받았다. 특히 노동 분야에서 박근혜 후보의 공약은 매우 파격적인 내용이었는데, 근로시간 단축, 공공부문 청년 일자리 확대, 정리해고 요건 강화, 비정규직 근로자의 정규직 고용, 복수노조 및 근로시간 면제제도 보완 등 노동계가 줄기차게 주장해왔던 내용의 상당 부분을 흡수한 '친(親)노동적' 노동 공약이라고 평가할 수 있었다.

그러나 박근혜 후보가 대선에서 승리하고 대통령으로 집권하자 경제민주화, 복지확대 등 다른 개혁 공약과 더불어 노동 관련 공약들도 큰 후퇴를 하게 된다. 그동안 제18대 대통령직인수위원회의 국정과제 발표(2013.2), 박근혜 정부의 국정과제 발표(2013.5), 고용률 70% 로드맵 발표(2013.6) 등을 통해 밝혀진 박근혜 정부의 노동정책은 대선 과정에서 국민들에게 약속했던 노동개혁 관련 공약 중 대부분의 항목에 걸쳐 삭제·축소·후퇴하는 내용이어서 노동자와 국민들에게 큰 실망을 안겨주었다.

그러나 무엇보다도 큰 문제는 노사관계정책에서 나타났다. 박근혜 후보는 대선 공약에서 '대화와 상생의 노사관계'를 정착시키겠다고 약속했으나 집권 뒤에는 반(反)노동적이고 경찰력과 법률적 제재에 의존하는 '밀어붙이기식' 노사관계정책으로 180도 바뀌었다. 이에 따라 박근혜 정부의 전국교직원노동조합(이하 전교조)과 전국공무원노동조합(이하 공무원노조)에 대한 압박, 철도 민영화와 관련한 최장기 철도파업의 야기, 전국민주노동조합총연맹(이하 민주노총)에 대한 철저한 배제와 압박, 한국노동조합총연맹(이하 한국노총)의 노사정위원회 불참 선언, 공공부문 개혁정책을 둘러싼 공공부문 노조와의 갈등 등이 발생하면서 박근혜 정부하의 노사정 관계는 최악의 상황으로 치닫고 있다.

이러한 박근혜 정부의 노동 관련 정책 공약의 후퇴와 실종은 결코 우연한 일은 아니라고 생각한다. 박근혜 정부가 애초부터 가지고 있었던 '반노동적' 이념, 참여와 대화보다는 법과 질서를 앞세우면서 일방통행식으로 밀어붙이는 '불통(不通)의 정치', 그리고 일자리 창출을 제외한 다른 노동 분야에 대한 '무(無)투자' 정책 등이 기조가 된 박근혜 정부에서 '개혁적' 노동정책은 처음부터 모순덩어리이고 실행이 불가능한 정책이었기 때문이다. 이러한 '반(反)·불(不)·무(無)'의 노동정책은 앞으로도 노동시장의 양극화와 노사정 갈등의 심화를 촉진함으로써 심각한 사회적 비용의 증대를 가져올 것으로 우려된다.

2. 박근혜 정부의 노동 관련 공약과 그 후퇴

1) 박근혜 후보의 노동 관련 대선 공약

박근혜 후보는 대선 과정에서 그동안 보수 정치 세력이 단 한 번도 시도하지 않았던 '개혁적' 노동 공약들을 발표했다. 이는 그 방향성 면에서 야당과 노동계가 주장해왔던 내용들을 상당 부분 반영한 것일 뿐만 아니라 내용에서도 노동시장, 근로조건, 노사관계 등의 여러 분야를 풍부하게 망라했다는 점에서 국민들로부터 긍정적인 평가를 받을 수 있는 것들이었다. 그 주요 내용을 정리하면 <표 3-1>과 같다.

〈표 3-1〉 박근혜 정부의 노동 관련 대선 공약과 그 후퇴 과정

대선 공약 (2012.11)	인수위원회 국정과제 (2013. 2)	박근혜 정부 국정과제 (2013. 5)	고용률 70% 로드맵 (2013. 6)	평가
근로시간 단축 및 일자리 나누기	**장시간 근로 개선 및 정년연장으로 함께 일하기**	**(좌동)**	**일하는 방식과 근로시간 개혁**	대선 공약으로부터 대폭 후퇴
- 대기업과 공공부문에서 근로시간 단축 - 초과근로시간 한도 지키기, 휴일근로 초과근로시간 산입, 교대제 개편 - 2020년까지 연평균 근로시간을 OECD 평균수준으로 단축	- 근로기준법 개정 추진 - 휴일근로 연장근로 한도에 포함하되 연착륙 방안 병행 추진(초과근로시간 한도 지키기는 **삭제**) - **탄력적 근로시간제 단위기간 확대** 및 근로시간 저축계좌제 도입 - 2020년까지 연평균 근로시간을 OECD 평균수준으로 단축	- 단, 근로시간제도 개편 시 **'노사간 합의 추진'**	- 2017년까지 1,900**시간** 이하로 단축 - 휴일근로를 연장근로한도에 포함(단 **예외적 연장근로 한도 확대** 등 산업현장 부담 최소화) - **초과근로 규제, 교대제 개편 등은 삭제**	

			양질의 시간제 일자리 창출, 확산 - 공공부문에서 '양질의 시간제 일자리' 창출 선도 - 민간부문으로 확산 - 생애주기별 시간제근로 권리 보장(법 개정) - 유연근무 확산(1개월, 1년 단위 탄력적 근로시간제)	노동시장 유연화제도 신규 도입
공공부문에서 청년층 일자리 확대 - 교육, 안전, 복지 관련 공무원 단계적 증원 - 공공부문 청년층 채용을 공공부문 평가에 반영	**청년 친화적 일자리 확충 기반 조성** - 교원, 경찰, 소방, 복지, 고용 분야 일자리의 단계적 확대 및 청년채용실적으로 경영평가에 반영	**청년 취업-창업 활성화 및 해외진출 지원** - 내용은 좌동	**공공부문 청년 일자리 확대** - 4대 사회서비스 분야 공공부문 일자리 확대(2017년까지 '**2만 명** 이상') - 공공기관 정원의 3% 이상을 청년으로 고용하는 의무고용제 추진(2014~2016년간 한시)	대선 공약으로부터 후퇴
경기변동에 대비한 고용안정 및 정리해고 요건강화 - 정리해고 전 기업의 해고 회피 노력 의무 강화 - 근로시간 저축계좌제도의 도입 - 근로기준법상 정리해고제도 관련 규정 개정	**경기변동 대비 고용안정 노력 및 지원 강화** - 업무재조정, 무급휴직 등 판례상 해고회피 노력 인정 사유 명문화 - 근로시간저축계좌제도 도입 - **(삭제)**	**(좌동)** - (내용은 좌동)	**(언급 없음)**	대선 공약으로부터 대폭 후퇴 내지 포기
대규모 정리해고 시 고용재난지역 선포	**(상동)** (항목 축소, 통합)	**(좌동)**	**(언급 없음)**	대선 공약으로부터 후퇴

- 대규모 정리해고 발생 시 '고용재난지역' 선포 - 고용보험, 지자체 예산, 정부지원 집중 투입 - 예산지원 규정 신설	- 고용촉진특별구역 지정기준 완화 및 신속 지원 - 관계부처 합동 특별지원과 지역고용활성화 패키지 제공(기존 제도 활용) - **(언급 없음)**	- (단, 고용재난지역 선포제도 신설 등 대선 공약 일부 되살림)		
정년연장 및 중장년층 교육 훈련 확대 - 임금피크제와 연계하여 60세 정년 법제화 - 장년층 직업능력 개발 프로그램 신설 및 예산지원	**(상동)** (항목 축소, 통합) - 2017년부터 임금피크제와 연계하여 **기업규모별로 단계적 정년연장** - 중장년층 취업아카데미 등 맞춤형 직업훈련 및 취업지원	**(좌동)** - 정년 60세 연장 의무화, **2016년부터** 기업규모별로 단계적 시행 - 일정 규모 이상의 기업에게 중장년층 전직지원 의무 부과	**(항목 재편)** - 60세 정년제의 조기정착을 지원(2016년 300인 이상 → 2017년 300인 미만 사업장) - 임금직무 개편 지원 등	대선 공약 실행 (단 단계적 도입)
상시·지속적 업무 정규직 고용관행 정착 - 상시적이고 지속적인 업무 담당하는 비정규직 근로자 실질적 고용안정 - 공공부문에서 2015년까지 정규직 전환, 대기업 정규직 전환 유도 - '기간제 및 단시간 근로자 보호에 관한 법률' 개정	**비정규직 차별해소 및 근로자 생활보장** - **(시한 명시 없이)** 공공기관의 상시 -지속적 업무 수행하는 비정규직의 정규직 전환 추진 - '비정규직 고용안정 및 정규직 전환 가이드라인' 제정 - **(삭제)**	**(좌동)**	**차별 해소를 통한 고용의 질 제고** - 공공기관별로 상시 -지속적 업무에 대하여 정규직(**무기계약직**)으로 전환 추진(2015년까지 연차적) - 비정규직 근로조건 개선 및 차별 해소 - **고의성 현저, 반복적 차별에 대한 징벌적 금전보상제도 도입 위해 관련 법 개정 추진**(2013년)	대선 공약으로부터 대폭 후퇴
사내하도급 근로자 보호	**(상동)** (항목 축소, 통합)	**(좌동)**	**사내하도급 근로자 보호 및 불법파견 근절**	대선 공약으로부터 일부 후퇴

- '사내하도급 근로자 보호법' 제정 - 원청업체 정규직 근로자와 차별적 처우 금지 - 법원에서 불법파견 판결받은 사업장 특별근로감독 실시 - 사업주 교체 시 근로자 고용보호 - 불법파견 확인 시 원청업체 직접고용	- '사내하도급 근로자 보호법' 제정 추진 - 동종·유사업무의 원·하청 근로자 간 불합리한 차별 금지 - 불법파견 판정을 받은 사업장에 대해 특별근로감독 실시 - **(삭제)** - **(삭제)**		- 원청의 책임 확대, 원·하청 근로자 간 불합리한 차별 시정('사내하도급근로자 보호등에 관한 법률안')(의원입법) 국회 계류 중 - 사내도급 다수 활용 사업장, 불법파견 판정 사업장 근로감독 강화	
비정규직 근로자 사회보험 적용 확대	**(상동)** (항목 축소, 통합)	**(좌동)**	**(언급 없음)**	대선 공약으로부터 대폭 후퇴
- 비정규직 근로자 사회보험 지원사업 확대 - 월급여 130만 원 미만 비정규직 근로자 고용보험·국민연금 보험료 100% 정부지원(200만 명)	- 비정규직 근로자 고용보험·국민연금 보험료 50% **지원**(기존 1/3~1/2 차등 지원)	- 비정규직, 저임금근로자 고용보험·국민연금 보험료 지원사업 확대 추진(**지원수준, 대상근로자 명시 삭제**)		
특수고용직 근로자 산재보험 및 고용보험 가입 확대	**(상동)** (항목 축소, 통합)	**(좌동)**	**특수형태 업무종사자의 합리적 보호**	대선 공약으로부터 대폭 후퇴
- '산재보험법'을 개정하여 특수고용직 근로자 적용대상에 포함 - 특수고용직 표준계약서 작성 의무화 - 특수고용직근로자 현실에 맞는 고용보험제도 신설	- 실태조사 및 의견수렴 등을 거쳐 특수형태업무종사자의 산재·고용보험 적용 확대방안 마련·추진		- 엄격한 전제조건 설정(전속성·종속성 강한 업종 중심, 실태 분석 후, 사회적 공감대 형성 등을 토대로 사회보험 적용방안 마련)	
최저임금 인상기준 마련	**(상동)** (항목 축소, 통합)	**(좌동)**	**최저임금 등 법정 근로조건 준수**	대선 공약으로부터 대폭 후퇴

- 최저임금 결정 시 경제성장률 + 물가상승률 + 소득분배조정분 더하도록 최저임금 인상 기준 마련 - 최저임금제도 이행 확보 위해 근로감독 강화, 반복적 위반 사업주에 대해 '징벌적 배상제도' 도입 - '최저임금법' 개정	- 합리적인 최저임금 최저인상률 가이드라인 마련 - 중장기적인 적정 최저임금 수준 목표치 설정 - **(근로감독 강화, 징벌적 배상제도 삭제)** - **(최저임금법 개정 삭제)**	- 최저임금 인상률에 대한 합리적 기준 및 중장기적인 적정 최저임금 수준달성을 위한 단계적 로드맵 마련	- 최저임금 인상률의 합리적 기준: 경제성장률 및 물가상승률 '고려' - 최저임금 위반 사업주에 대한 경제적 제재 강화, 고의반복적 체불사업주에 대한 과징금제도 도입(징벌적 배상제도 도입 포기)	
대화와 상생의 노사관계 정착	**대화와 상생의 노사문화 구축**	**(좌동)**	**일자리를 위한 사회적 연대와 책임 강화**	대선 공약으로부터 대폭 후퇴 및 법질서 준수로의 전환, 노동의 책임성 강화 등
- 정부의 공정한 조정중재자 역할 강화 - 일자리 만들기, 비정규직 보호, 노동기본권 강화 등 노사관계 주요 쟁점들에 대해 노사정위원회에서 사회적 대타협으로 해결 - 대통령이 정기적으로 노사 대표와 만나 노동현안에 대해 논의	- 참여주체 확대, 논의의제 다양화 등 노사정위원회 개편 - **경제사회 전반의 이슈**를 포괄하는 사회적 대타협 추진 - **'법-질서 준수'**, '신뢰와 타협' 가치를 존중하면서 노사 자율 해결 기조 실천 - **(삭제)**	- 좌동 - 고용률 70% 달성을 위한 **'일자리 노사정 대타협'** 추진 - **불합리·불법행위 근절 및 위반 시 법에 따라 엄정 조치**	- 노사정 '일자리 협약' 체결 (2013. 5. 30.). - **고임금 임직원 임금인상 자제 및 임금인상분을 재원으로 비정규직 근로자 처우 개선**	
복수노조 및 근로시간 면제제도 합리적 보완	**(항목 삭제)**	**(좌동)**	**(언급 없음)**	대선 공약 대폭 후퇴 내지 포기
- 노사정위원회에서 근로시간면제제도, 복수노조제도 보완방안 논의		- 복수노조·근로시간면제제도 시행상황 평가 및 필요 시 노사정 간 논의를 거쳐 합		

- 노사정위원회 합의 시 '노동조합 및 노동관계조정법' 개정		리적 보완방안 모색		

자료: 새누리당(2012), 제18대 대통령직인수위원회(2013), 관계부처 합동(2013a, 2013b).

아래에서는 이를 간단히 살펴보기로 한다.

(1) 일자리정책: 늘 · 지 · 오, 고용률 70% 달성

'고용률 70% 달성'은 박근혜 대통령이 후보 시절 내세운 대선 공약 가운데서 가장 중요한 공약 중 하나였다. 박근혜 대통령은 이를 위해 이른바 '일자리 늘·지·오'를 공약으로 제시했는데, 즉 일자리를 늘리고, (기존) 일자리를 지키고, 일자리의 질을 올린다는 것이었다. 일자리 늘리기에 포함된 공약으로는 근로시간 단축, 공공부문 청년층 일자리 확대, 공무원 단계적 증원 등이 있고, 일자리 지키기에 포함된 항목에는 정리해고 요건 강화, 정년연장, 중장년층 교육훈련 확대 등이 있으며, 일자리 질 올리기에는 상시·지속적 업무 정규직 고용관행 정착, 사내하도급 근로자 보호, 비정규직 근로자 사회보험 적용 확대, 특수고용직 근로자 산재보험 및 고용보험 가입 확대, 최저임금 인상으로 근로자의 기본생활 보장 등을 포함했다.

이러한 공약은 과거 이명박 대통령의 '747 공약', 혹은 노동정책에서의 '법과 원칙 준수', '고성장과 일자리 창출을 통한 분배' 등의 보수적 공약과 비교해볼 때 확실히 진일보한 공약이었다. 그러나 노동정책의 각 분야가 갖는 고유한 특성과 문제해결 영역을 무시하고, 그 모두를 '일자리정책'을 위한 수단으로 여긴 것은 박근혜 대통령 측의 노동 문제에 대한 인식의 한계를 확실히 보여준다 하겠다. 이처럼 모든 노동정책 분야를 일자리정책의 하위

범주 내지 고용률 70% 달성을 위한 수단으로만 여김으로써 상당한 자원배분의 왜곡과 문제해결 방식의 곤란함이 발생할 수밖에 없다는 것은 이미 충분히 예상되고 있었다. 예컨대 노동시간 단축의 1차적인 목적은 노동자들의 노동과 삶의 질을 개선하기 위한 것임에도 불구하고 이를 오로지 일자리 늘리기의 수단인 것처럼 인식함으로써 수단과 방법을 가리지 않고 일자리를 늘리는 방식의 노동시간 단축이 정책목표가 되었으며, 그 결과 기존 노동자의 노동시간 단축보다는 단시간 노동자의 확대를 통해 노동시간 단축을 달성하고자 하는 정책으로 귀결되었던 것이다. 또한 노사정 간 사회적 대타협 역시 국정운영의 방식을 사회적 합의주의(사회적 코포라티즘)에 의거함으로써 정치적·경제적·사회적 영역에서 발생하는 사회적 갈등을 예방하고 민주주의를 더욱 실질적으로 진전시킨다는 목표를 가지고 있음에도 이를 '일자리를 위한 노사정 대타협' 정도로만 인지하는 매우 협소한 문제 인식 수준을 보여주었다. 자원배분 면에서도 일자리 창출 분야에만 자원이 집중됨으로써 노동시간 단축, 비정규직 해소, 사회보험 확대, 노사갈등 해소 등 다른 분야의 노동정책은 소외될 수밖에 없게 되었고, 이는 문제해결을 가로막는 중요한 요소로 작용했다.

(2) 노사관계정책

일자리정책에 비해 노사관계정책에 관한 대선 공약은 상당히 부실한 편이었다. 후보 시절 박근혜 대통령은 노사관계 분야에서 '대화와 상생의 노사관계 정착'과 '복수노조 및 근로시간 면제제도의 합리적 보완'을 공약으로 내세웠는데, 이는 모두 합리적인 내용이긴 하지만 구체성이 결여된 추상적인 공약들이었다.

특히 박근혜 대통령은 대선 과정에서 정책에 대한 질의응답을 할 때 상당히 보수적인, 심지어 반노동적인 입장을 보였다. 예컨대 노조활동에 대한 손배·가압류 제한과 업무방해죄 적용금지 요구 등에 대해 반대 입장을 명확히 했으며, 복수노조 교섭창구 단일화 강제제도 및 전임자 임금지급 금지 폐지 등에 대해서도 반대했고, 교사·공무원의 노동기본권 및 정치기본권 보장에 대해서도 부정적 입장을 밝혔다. 박근혜 대통령은 이미 대선 후보 시절부터 반노동적인 입장을 갖고 있었지만 이를 대선 공약에 명시하지 않았던 것에 불과했다.[1] 즉, 박근혜 후보의 노사관계정책은 무(無)정책이라기보다는 반노동정책에 가까운 것이었다.

2) 박근혜 정부의 노동정책 후퇴 과정

박근혜 정부는 집권 후 몇 차례 노동 관련 정책을 발표한 바 있는데, 그 가운데 중요한 것은 대통령직인수위원회가 발표한 국정과제(제18대 대통령직인수위원회, 2013)(국정과제 1)와 이를 토대로 약 1개월의 검토를 거쳐 정부에서 발표한 국정과제(관계부처 합동, 2013a)(국정과제 2), 그리고 일자리정책을 보다 구체화한 고용률 70% 로드맵(관계부처 합동, 2013b)(로드맵) 등이 있다. 이들 노동 관련 정책의 변화 과정은 한마디로 말해서 '노동 관련 대선 공약의 후퇴·포기 과정'이었다고 할 수 있다. 대선 공약집에 포함되어 있던 달콤한 약속들은 막상 집권하자마자 후퇴·포기되었고, 그 대신 노동시장의 유연성 제고와 노동배제정책이 전면에 등장했다. '하늘이 두 쪽이 나도 국민들과의 약속은 지킨다'던 박근혜 대통령의 약속은 적어도 노동 분야 공약에서는 관철되지 않았다. 이제 박근혜 대통령이 후보 시절에 내놓은 공약을 항목별로

---

1) 따라서 일부에서는 대선 후보들의 공약을 평가할 때 공약집뿐만 아니라 기자회견 등 보도에서 밝힌 입장도 중요한 평가대상이 되어야 한다고 지적하고 있다.

자세히 살펴보기로 한다.

(1) 근로시간 단축 및 일자리 나누기

박근혜 후보의 대선 공약은 근로시간 단축 및 일자리 나누기의 구체적 수단으로서 대기업과 공공부문에서 근로시간을 단축하고, 초과근로시간 한도를 지키도록 하며, 휴일근로를 초과근로시간에 산입하고, 교대제를 개편하는 등의 방법을 통해 2020년까지 연평균 근로시간을 OECD 평균수준(2012년 기준 연간 1,765시간)으로 줄인다는 내용이었다. 그러나 국정과제 1에서는 휴일근로를 연장근로 한도에 포함하되 부작용을 최소화할 수 있는 연착륙 방안을 병행·추진하는 것으로 내용이 일부 수정되었고, 초과근로시간 한도 규제 및 교대제 개편 등의 항목은 삭제되었다. 또한 대선 공약에는 없던 탄력적 근로시간제 단위기간 확대 등 노동시간을 유연화하기 위한 항목이 새로 삽입되었다. 더 나아가 국정과제 2에서는 근로시간제도 개편 시 '노사 간 합의'를 추진하겠다고 밝혔다. 사용자 측이 근로시간 단축을 반대하고 있는 상황에서 노사 간 합의를 추진하겠다는 것은 결국 추진을 지연시킬 수밖에 없는 요인으로 작용하므로 근로시간 단축에 대한 정부의 의지가 의심되는 대목이다.

로드맵에서는 근로시간을 2017년까지 1,900시간 이하로 단축한다는 내용으로 수정했는데, 2012년 현재 OECD 평균 근로시간이 1,765시간임을 감안할 때 이는 대폭적인 공약 후퇴라고 볼 수 있다. 사실 OECD 기준으로 본 한국의 2012년 평균 근로시간이 2,092시간이므로 매년 38시간씩만 단축하면 2017년까지 1,900시간을 달성할 수 있다. 이 정도의 근로시간 단축은 기존의 장시간 초과근로 단축 없이도 단시간근로의 도입 확대로 얼마든지 달성할 수 있다.

실제로 박근혜 정부가 기존의 장시간 초과근로 단축에는 그다지 관심이 없음을 알 수 있는 결정적 계기는 이른바 '양질의 시간제(파트타임) 일자리 창출·확산' 제도를 신규 도입하겠다는 로드맵에서의 발표였다. 이 제도는 시간제로 일하기를 원하는 국민의 시간제 선택권을 확보하기 위해 시간제 일자리를 대폭 늘리되 개인의 자발적 수요에 따라 차별이 없는 일자리를 제공하고, 기본적 근로조건을 보장하는 등 양질의 일자리를 제공하겠다는 것이었다. 이를 위해 정부는 공공부문에서 양질의 시간제 일자리 창출을 선도하는 한편, 이를 민간부문으로 확산시키기 위해 지원을 강화한다는 것이다.

박근혜 정부는 이를 통해 시간제 일자리를 2012년의 149만 개로부터 2017년에는 242만 개로 거의 100만 개나 늘릴 것을 목표로 하고 있다. 그러나 정부가 제시하는 일자리가 결코 양질의 일자리가 아니며 오히려 저임금 노동을 확산시킬 것이라는 비판이 거세지자 정부는 이를 '시간선택제'로 이름만 바꾸어 부르는 마술을 발휘했다. 이른바 시간선택제에 대해서는 첫째, 이미 존재하고 있는 149만 명에 달하는 파트타임 노동자들이 저임금, 고용불안정, 사회보험으로부터의 소외 등에 시달리고 있는 현실에 대해 아무런 처방책을 제시하지 않은 채 새로운 형태의 파트타임 노동자 창출만을 제시하고 있고, 둘째, 정부가 새롭게 창출하고자 하는 시간선택제 일자리가 과연 '양질의 일자리'인지 의문이 가며(특히 풀타임 근로로의 전환가능성에 대한 의문), 셋째, 이것이 새로운 일자리를 창출하기보다는 기존의 정규직 일자리를 대체함으로써 일자리의 질을 떨어뜨리는 것은 아닌가 하는 의문(실제로 공공부문에서는 기존의 정규직 채용 계획을 시간제 고용으로 대체하고 있음) 등이 제기되고 있다. 결국 노동자 삶의 질 향상을 위한 근로조건 개선의 일환으로 제기되었던 근로시간 단축 공약은 애초의 의도를 상실한 채 일자리의 질을 떨어뜨리는 '시간선택제'로 전락하는 결과를 가져왔다.

또한 로드맵에는 근로시간 단축에 따른 산업 현장의 부담을 최소화하기 위해 초과근로 법정한도 12시간을 넘어서는 '예외적 연장근로' 한도의 확대를 추진하겠다는 내용도 담겨 있는데, 이는 「근로기준법」의 입법 취지를 정면으로 위반하는 그야말로 초법적인 발상으로서 애초의 근로시간 단축 공약을 정면으로 뒤집는 정책이라 하겠다. 그밖에도 초과근로 규제, 교대제 개편 등을 삭제함으로써 이를 추진할 뜻이 없음을 명확하게 밝혔다.

(2) 공공부문에서 청년층 일자리 확대

박근혜 후보는 대선 공약에서 청년실업 문제를 해소하기 위해 교육·안전·복지 관련 공무원을 단계적으로 증원하고 공공부문 청년층 채용실적을 공공부문 평가에 반영하겠다고 약속했다. 국정과제에서도 교원·경찰·소방·복지·고용 분야 등의 일자리를 단계적으로 확대하겠다고 밝혔지만, 구체적 시기나 증원 규모에 대해서는 아무런 언급도 하지 않았다. 로드맵에서는 2017년까지 4대 사회서비스 분야의 공공부문 일자리를 2만 개 이상 늘리겠다는 내용으로 구체화하고, 공공기관 정원의 3% 이상을 청년으로 고용하는 의무고용제를 2014~2016년의 3개년간 한시적으로 적용하도록 추진하겠다고 밝혔다. 이는 대선 공약을 정면으로 어긴 것은 아니지만 청년실업자가 공식적으로 31만 명, 사실상 실업자[공식실업자+취업준비자+구직단념자+쉬었음(중대한 질병이나 장애는 없지만 조기퇴직·명퇴 등으로 인해 쉬고 있는 사람)+17시간 이하 취업자 합계]까지 합치면 100만 명이 넘는 심각한 상황에서 겨우 2만 명을, 그것도 4년간에 걸쳐 늘리겠다는 것이어서 너무도 기대에 못 미치는 정책이라 할 수 있다.

사실 '공공부문 청년층 일자리 확대'라는 대선 공약을 보고 겨우 2만 명 증원을 기대했던 사람은 거의 없었을 것이다. 노동계와 청년층에서 지속적으로 요구해왔던 청년고용의무제를 도입한 것은 긍정적이지만, 이를 2014~

2016년에만 한시적으로 도입했고, 구체적인 고용형태나 근무조건 등을 제시하지 않았으며, 청년고용의무제를 위반한 사용자에 대한 벌칙조항이 분명하지 않아 기업들이 파트타임이나 비정규직 형태로 청년을 고용하거나 아예 이를 어길 가능성이 충분히 있다.

(3) 경기변동에 대비한 고용안정 및 정리해고 요건 강화

박근혜 후보의 대선 공약 가운데 가장 눈길을 끌었던 것은 정리해고에 관한 요건을 강화하겠다는 약속이었다. 이는 그동안 이명박 정부는 물론 김대중·노무현 정부에서도 끊임없이 시도해왔던 노동시장 유연화 정책과 정면으로 배치되는 정책이었기 때문이다. 대선 공약에는 정리해고 전(前) 기업의 해고회피 노력 의무를 강화시키기 위해 「근로기준법」을 개정하겠다는 내용이 있었다. 그러나 이 역시 '공약(空約)'으로 끝나고 말았다. 국정과제에서는 단순히 '판례상' 해고회피 노력이 인정되는 사유를 명문화하겠다는 정도로 후퇴하고, 가장 핵심적인 공약이라 할 수 있는 「근로기준법」상 정리해고 요건 강화를 위한 법 개정 약속은 무산되어버렸다. 로드맵에서는 이조차도 전혀 언급하지 않음으로써 이 공약을 추진할 뜻이 없음을 드러냈다.

(4) 대규모 정리해고 시 고용재난지역 선포

박근혜 후보는 대선 공약에서 쌍용자동차 사태처럼 특정 지역에서 대규모 정리해고가 발생할 경우 '고용재난지역'으로 선포하고 고용보험, 지자체 예산, 정부지원 등을 집중 투입하며, 이를 위해 예산지원 규정을 신설하겠다고 약속했다. 그러나 국정과제 1에서는 '고용재난지역' 선포가 기존의 제도인 '고용촉진특별구역'[2)] 지정기준을 완화하겠다는 내용으로 대체되었으며, 정부 지원을 집중 투입하는 대신에 기존 제도를 활용(관계부처 합동 특별지원, 지역고용활성화 패키지 등)하는 것으로 축소·후퇴되었다. 예산지원 규정 신설 항목은 삭제되었다. 국정과제 2에서는 '고용재난지역 선포'라는 용어가 다시 부활했으나 그 구체적 내용은 국정과제 1과 마찬가지였다. 로드맵에서는 아예 이 항목에 대한 언급 자체를 하지 않고 있다.

(5) 정년연장 및 중장년층 교육훈련 확대

박근혜 후보의 노동 관련 대선 공약 중 그나마 가장 잘 지킨 것이 바로 정년연장 공약이다. 대선 공약에서는 60세 정년을 법제화하되 이를 임금피크제와 연계하며, 장년층 직업능력 개발 프로그램의 신설 및 예산지원 등을 약속했다. 국정과제 1에서는 2017년부터 기업규모별로 단계적 정년연장을 추진할 것을 약속했다. 그리고 국회는 2013년 4월 「고용상 연령차별금지 및 고령자고용촉진에 관한 법률」을 통과시킴으로써 정년이 60세 이상으로 의무화되었다. 이는 기업규모별로 단계적으로 실행되는데 공공부문(공공기관, 지방공사, 지방공단)과 종업원 300인 이상 기업은 2016년부터, 그리고 국가, 지자체와 300인 미만 중소기업은 2017년부터 정년을 60세 이상으로 설정해야 한다.

그러나 이 법은 "정년연장 시 노사가 임금체계 개편 등 필요한 조치를 취해야 한다"는 문구를 삽입함으로써 앞으로 노사 간 상당한 갈등이 생길 것이 불가피한 실정이다. 노측은 임금삭감 없는 정년연장을 주장하고 있는 반면, 사측은 정년연장 시 반드시 임금피크제 등이 도입되어야 한다는 입장이기 때

2) 고용촉진특별구역은 고용 사정이 현저히 악화되었거나 악화될 우려가 있는 지역을 고용안정과 일자리 창출을 위해 고용특구로 지정하고 고용보험이나 예산으로부터 각종 지원을 행하는 제도이다. 그러나 엄격한 지정기준과 지원예산의 미흡, 사업주 중심의 지원 등으로 인해 지금까지 평택과 통영 등 단 두 곳만 고용특구로 지정되는 등 충분한 성과를 올리지 못한 것으로 지적되고 있다.

문이다.

노사가 임금체계 개편에 합의하지 못할 경우 노동위원회의 조정서비스를 받도록 되어 있지만 노동조합이 없는 사업장에서는 노동자들에게 일방적으로 불리한 방향으로 취업규칙 등이 바뀔 가능성이 충분히 있으며, 사업주가 법을 어길 경우 구체적으로 어떠한 벌칙이 부과되는지도 분명하지 않다. 물론 해당 노동자는 60세 정년연령 이전에 해고될 경우 이를 법원에 제소할 수는 있겠지만, 해고사유에 대한 논쟁과 법적 절차에 소요되는 시간과 비용 등을 생각하면 지금보다 더 효율적인 법 시행방안이 제시되어야 할 것이다.

(6) 상시 · 지속적 업무에 종사하는 비정규직 근로자의 정규직 고용전환

박근혜 후보의 대선 공약에서는 상시적이고 지속적인 업무를 담당하는 비정규직 근로자의 실질적 고용안정을 위해 공공부문에서는 그들을 2015년까지 정규직으로 전환하고 대기업에 대해서도 비정규직의 정규직 전환을 유도하며, 이를 위해 「기간제 및 단시간 근로자 보호에 관한 법률」을 개정하겠다고 약속했다. 그러나 이 공약 역시 내용 면에서 큰 후퇴를 했다.

국정과제에서는 시한과 방법을 명시하지도 않은 채 공공기관에서의 상시·지속적 업무에 종사하는 비정규직의 정규직 전환을 '추진'하겠다고만 언급했으며 민간부문에 대해서는 아무런 언급도 하지 않았다. 또 비정규직 관련 법 개정 약속은 사라지고 그 대신 '비정규직 고용안정 및 정규직 전환 가이드라인'을 제정하겠다고 밝혔는데, 가이드라인은 아무런 법적 실효성이 없는 것이다. 로드맵에서는 더욱더 크게 후퇴해 '정규직(무기계약직)'이라고 명시함으로써 비정규직을 진정한 의미의 정규직이 아니라 또 다른 비정규직 형태인 무기계약직으로 전환할 뜻임을 밝혔다. 다만 공공부문 비정규직 전환 시기를 2015년으로 구체적으로 밝힌 점, 고의성이 현저하고 반복적으로 비정

규직에 대한 차별행위를 하는 사업주에 대해 징벌적 금전보상제도를 도입하기 위해 관련 법의 개정을 추진하겠다고 밝힌 점은 대선 공약의 일부를 회복한 것으로 평가할 수 있다.

현재 다수의 비정규직 관련 법률 개정안이 국회에 계류 중이지만 여·야 간 이견으로 어느 하나 제대로 추진되고 있는 것은 없다. 그러한 가운데 로드맵에서는 "국회에 계류 중인 기간제법·파견법 개정안(의원입법안) 신속 처리에 협조"라고만 밝힘으로써 정부가 앞장서서 이 법 개정을 추진할 적극적인 의사가 없음을 밝혔다.

(7) 사내하도급 근로자 보호

박근혜 후보의 대선 공약에서는 사내하도급 근로자의 보호를 위해 사내하도급 근로자 보호법 제정, 원청업체 정규직 근로자와의 차별적 처우 금지, 법원에서 불법파견 판결을 받은 사업장에 대해 특별근로감독 실시, 사내하도급 사업주 교체 시 사내하도급 근로자의 고용보호, 불법파견 확인 시 원청업체 직접고용 등 사내하도급 근로자 보호를 위한 다양한 방안을 약속했다.

사내하도급 근로자 보호 공약은 산업현장에서 광범하게 확산되고 있는 불법파견을 오히려 합법화시켜줄 우려가 있다는 점에서 노동계와 시민사회단체로부터 많은 비판을 받았던 공약이지만, 일단 사내하도급 근로자에 대한 보호 의지를 밝혔다는 점에서는 긍정적으로 평가할 여지도 있었다(김유선, 2013a). 그러나 이 역시 국정과제에서는 내용이 대폭 후퇴되었다. 즉, 사내하도급 사업주 교체 시 사내하도급 근로자의 고용을 보호하겠다거나 불법파견이 확인될 경우 원청업체에 직접 고용시키겠다는 약속 등은 모두 국정과제에서 삭제되었다. 로드맵에서는 사내하도급 근로자 보호법의 제정 약속 역시 관련 법률안이 의원입법안으로 국회에 계류 중이라는 이유로 정부 입법 추진을 포기했다.

(8) 비정규직 근로자 사회보험 적용 확대

비정규직 근로자에 대해 고용보험, 국민보험 등 사회보험의 적용을 확대하겠다는 공약도 상당 부분 후퇴되었다. 즉, 박근혜 후보의 대선 공약에서는 비정규직 근로자의 고용보험과 연금보험 보험료 전액을 정부가 지원하겠다고 약속했으나 국정과제에서는 50% 지원으로 후퇴했다. 이미 10인 미만의 사업장에서 종사하는 월평균 보수 110~130만 원 미만의 근로자에 대해서는 보험료의 3분의 1을, 110만 원 미만의 근로자에 대해서는 2분의 1을 지원하고 있으므로 국정과제에서 밝힌 방안은 개선된 내용이라고 보기 어렵다. 비정규직 근로자 사회보험 적용 확대와 관련해 공약 후퇴에 대한 비판 여론이 높아지자 국정과제 2에서는 아예 지원수준과 지원대상 근로자에 대한 명시적 언급을 삭제했으며, 로드맵에서는 이 항목 자체에 대한 언급을 하지 않았다. 이러한 가운데 고용노동부는 '10인 미만' 사업장에서 일하는 월평균 보수 130만 원 미만 근로자에 대해 보험료의 50%를 정부가 지원하는 방안을 확정하고, 2013년 4월부터 시행하고 있다.

(9) 특수고용직 근로자에 대한 산재보험 및 고용보험 적용 확대

박근혜 후보의 대선 공약에 명시되었던 특수고용직 근로자에 대한 「산재보험법」 개정 및 고용보험제도 개편 등은 국정과제에서는 삭제되고, 그 대신에 실태조사 및 의견 수렴을 거쳐 특수고용직 근로자에 대한 산재보험, 고용보험 적용 확대방안을 마련하겠다는 '한가로운' 표현이 등장했다. 이미 노사정이 수년간 실태조사 및 의견 수렴을 거친 사안에 대해 또다시 실태조사, 의견 수렴을 되풀이하겠다는 것은 결국 제도 개혁을 미루거나 아예 포기하려는 의사가 아니겠는가? 로드맵에서는 다시 전속성·종속성이 강한 업종을 중심으로 실태 분석 후 사회적 공감대 형성을 토대로 사회보험 적용방안을 마련하겠다고 밝힘으로써 매우 엄격한 전제조건을 설정했다.

(10) 최저임금 인상 기준 마련

박근혜 후보의 대선 공약에서는 최저임금 인상률을 결정할 때 경제성장률 및 물가상승률을 기본으로 반영하고 그 위에 소득분배개선율(이른바 +α)을 반영하겠다고 약속했다. 그리고 최저임금제도의 이행 확보를 위해 근로감독을 강화하고, 반복적으로 위반하는 사업주에 대해서는 '징벌적 배상제도'를 도입하겠다고 약속했다. 또한 이를 위해 「최저임금법」도 개정하겠다고 약속했다.

그러나 국정과제에서는 최저임금 인상률에 대한 '합리적 기준' 및 중장기적인 적정 최저임금 수준달성을 위한 단계적 로드맵을 마련하겠다는 것으로 바뀌었다. 또 위반사업체에 대한 징벌적 배상제도를 도입하겠다는 약속 역시 포기했으며, 「최저임금법」의 개정 약속도 슬그머니 사라졌다. 로드맵에서는 한 걸음 더 후퇴해 최저임금 인상률의 합리적 기준으로서 경제성장률 및 물가상승률을 '고려'하겠다고 밝혔고, 최저임금 위반 사업주에 대해서는 경제적 제재를 강화하되 '고의반복적 체불사업주'에 대해서는 과징금 제도를 도입하겠다고 밝혔다.

(11) 대화와 상생의 노사관계 정착

애초부터 노사관계에 대한 대선 공약은 워낙 취약해 단 두 조항에 그쳤다. 그 가운데 대화와 상생의 노사관계 정착 공약은 국정과제에서 크게 후퇴한 내용으로 바뀌었다. 대선 공약에서는 정부의 공정한 조정중재자로서의 역할을 강조하고 일자리 만들기, 비정규직 보호, 노동기본권 강화 등 노사관계 주요 쟁점들에 대해 노사정위원회에서 사회적 대타협으로 해결하겠다고 약속했으나 국정과제 1에서는 경제·사회 전반의 이슈를 포괄하는 사회적 대타협이라는 추상적 문구로 바뀌더니, 다시 국정과제 2에서는 고용률 70% 달성을 위한 '일자리 노사정 대타협'을 추진하겠다는 것으로 크게 축소되었다.

그 대신 대선 공약에는 없던 노사관계에서의 '법·질서 준수'를 강조하고 '불합리·불법행위 근절 및 위반 시 법에 따라 엄정 조치'한다는 내용이 추가되었다. 이는 사회적 합의주의가 아니라 정부가 이른바 법과 질서에 의거해 일방적으로 노사관계를 끌고 가겠다는 선언이나 다름없다. 그런가 하면 대선 공약에서 대통령이 정기적으로 노사 대표와 만나 노동 현안에 대해 논의하겠다는 약속 역시 국정과제에서는 삭제되었다. 로드맵에서는 다시 일자리를 위한 사회적 연대와 책임 강화라는 명목 아래 고임금 임직원의 임금 인상 자제 및 임금 인상분을 재원으로 비정규직 근로자 처우를 개선하는 방안 등 노동계에 책임을 돌리는 내용이 포함되었다.

(12) 복수노조 및 근로시간 면제제도 합리적 보완

복수노조 및 근로시간 면제제도 보완은 노동계의 숙원정책이었는데, 박근혜 후보의 대선 공약에서는 노사정위원회에서 근로시간면제제도와 복수노조제도 보완방안을 논의하고 합의가 이루어질 경우 「노동조합 및 노동관계조정법」을 개정하겠다고 약속했다.

그러나 국정과제 1에서는 아무런 설명 없이 이 조항을 슬그머니 삭제했다가 비판 여론이 일자, 국정과제 2에서는 다시 복수노조와 근로시간 면제제도의 시행상황을 평가하고 '필요한 경우' 노사정 간 논의를 거쳐 합리적 보완방안을 모색하겠다는 내용으로 바뀌었다. 그러나 이처럼 정부가 소극적인 태도를 보이고 있기 때문에 이 항목에 대한 정부의 적극적인 추진은 기대하기 힘든 형편이다. 로드맵에서는 다시 이 항목이 삭제되고 말았다.

전체적으로 볼 때, 후보 시절 박근혜 대통령의 노동 관련 대선 공약은 집권 후 대폭 후퇴하거나 포기되었으며, 이러한 현상은 갈수록 심해졌다는 것을 알 수 있다. 특히 사용주에게 부담을 주는 제도, 정부의 예산 투입이 필요한 제도 등은 대부분 포기하거나 대폭 축소된 반면, 노동시장 및 노동시간의 유연화 방안이나 법·질서 준수, 노동조합의 책임성 강화 방안 등이 새로 도입되었다.

3. 박근혜 정부의 노동정책 성과

1) 고용

잘 알려진 바와 같이 박근혜 정부는 '고용률 70% 달성'을 국정목표의 우선순위로 삼고 이를 위해 다른 정책목표들을 희생하면서까지 집중적인 재원 배분을 해왔다. 과연 그 실적은 어떠한가?

<그림 3-1>에서 보면 2013년 전체 평균 고용률은 59.5%로 전년대비 0.1%포인트 상승이라는 미미한 증가에 그쳤다. 취업자 증가율은 1.6%(38만 6,000명)에 그쳐 전년의 1.8%(43만 7,000명)보다 낮았지만, 그마저도 15세 이상 인구증가율이 1.3%에서 1.2%로 둔화된 것에 힘입어 고용률이 증가한 것이다. 즉, 박근혜 정부가 자랑스럽게 선전한 고용률 상승은 취업자 증가율의 상승보다는 15세 이상 인구증가율의 둔화에 힘입은 것이다. 어쨌든 2013년 취업자 증가 수 38만 6,000명은 박근혜 정부가 목표로 하고 있는 연평균 47

〈그림 3-1〉 고용률의 변화

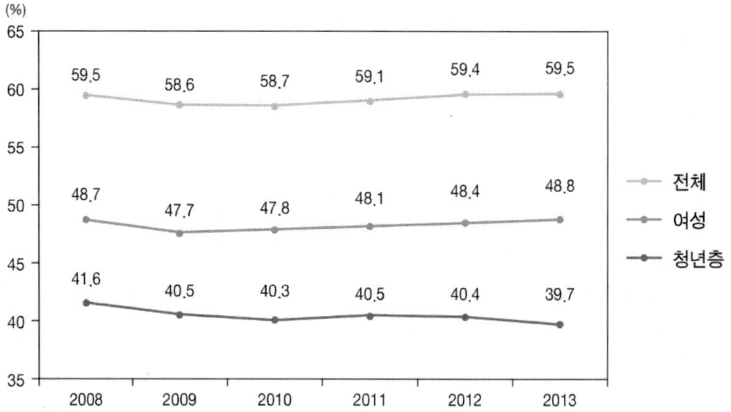

자료: 통계청(각 연도).

만 6,000명에 크게 못 미치는 것으로 향후 고용률 70% 달성이 쉽지 않을 것이라는 점을 보여준다.

고용률 70% 달성을 위한 두 정책목표 집단은 여성과 청년층이다. 여성 고용률은 OECD 평균에 비해 매우 낮은 수준인데, 2013년에는 전년 대비 0.4%포인트 상승한 48.8%를 기록했지만 여전히 낮은 수준에 머무르고 있다. 한편, 청년층 고용률은 2012년의 40.4%에서 2013년에는 39.7%로 하락해 사상 최저고용률을 기록했다.

그런데 사실 이 고용률 통계에는 함정이 숨어 있다. 박근혜 정부는 새로운 신규고용창출이 쉽지 않자 아예 파트타임 일자리를 늘림으로써 취업자 수가 증가한 것처럼 보이는 방법을 사용했다. <그림 3-2>에서 보는 바와 같이 주당 36시간 미만 근무하는 파트타임 노동자 비율은 2012년의 14.7%에서 2013년 18.8%로 급증했다. 특히 여성의 경우 파트타임 노동자의 비율이 2012년의 21%에서 2013년에는 25.3%로 급증했다. 즉, 여성

〈그림 3-2〉 파트타임 노동자 비율

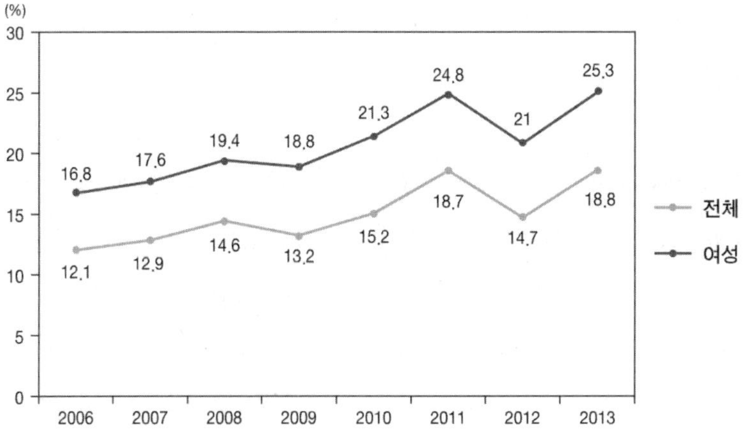

자료: 통계청(각 연도).

〈표 3-2〉 주당 40시간 근로로 환산한 취업자 수 변화

(단위: 천 명, %)

	2012년	2013년	증감
총 취업자 수(A)	24,681	25,066	385(1.6%)
주당 평균 취업 시간(B)	44.6	43.1	-1.5(-3.4%)
C=A*B	1,100,772	1,080,345	-204(-1.9%)
주 40시간 기준 취업자 (C/40)	27,519	27,009	-510(-1.9%)

자료: 통계청(각 연도).

취업자 네 명 중 한 명은 파트타임 노동자인 셈이다. 이에 따라 고용률은 자동적으로 상승하는 현상이 나타났다.

<표 3-2>에서는 법정기준인 주당 40시간 근로로 환산했을 때의 취업자 수 변화를 보여주고 있다. 이 표에서 보듯이 총 취업자 수의 증가에도 파트타임 근로자의 증가에 따른 주당 평균 취업 시간의 감소로 인해 맨아워(man-hour, 총 취업자 수 × 주당 평균 취업 시간)는 1.9% 감소했으며, 따라서 풀타임

으로 환산한 취업자 수도 51만 명(1.9%) 감소한 것으로 나타났다.

2) 비정규직

현재 비정규직의 개념에 대해서는 다양한 기준이 존재하는데, 어느 기준에 의해 통계를 산출하느냐에 따라 비정규직의 규모는 달라진다. 그런데 <표 3-3>에서 보는 바와 같이 어느 개념에 의하든 2012년 8월부터 2013년 8월까지 1년 사이에 정규직은 증가한 반면, 비정규직은 감소 혹은 미미한 증가세를 나타낸다. 따라서 일단은 2013년 중 고용구조는 전년에 비해 미미하나마 개선되었다고 할 수 있다. 그러나 <그림 3-3>에서 보는 바와 같이 비정규직 비율의 감소는 2004년 이후 일관되게 나타나고 있는 감소추세의 일환이지 특별히 박근혜 정부에서만 나타난 것은 아니다. 비정규직 비율의 추이는 앞으로 좀 더 지켜보아야 할 것이다.

〈표 3-3〉 비정규직의 증감

(단위: 천 명)

			2012.8.	2013.8.	증감
종사상지위별	상용		11,097	11,713	616(5.6%)
	임시		4,988	4,892	-96(-1.9%)
	일용		1,627	1,590	-37(-2.2%)
	근로형태별(1)	정규직	9,257	9,874	617(6.7%)
		비정규직	8,476	8,367	-109(-1.3%)
	근로형태별(2)	정규직	11,823	12,295	472(4.0%)
		비정규직	5,911	5,946	35(0.6%)

주: 근로형태별(1)=노동계(김유선) 기준에 의한 비정규직.
근로형태별(2)=고용노동부 기준에 의한 비정규직.
종사상지위별은 연간 평균, 근로형태별(1), (2)는 매년 8월 기준임.
자료: 통계청(KOSIS), 김유선(2013b).

〈그림 3-3〉 비정규직 비율(고용노동부 기준)

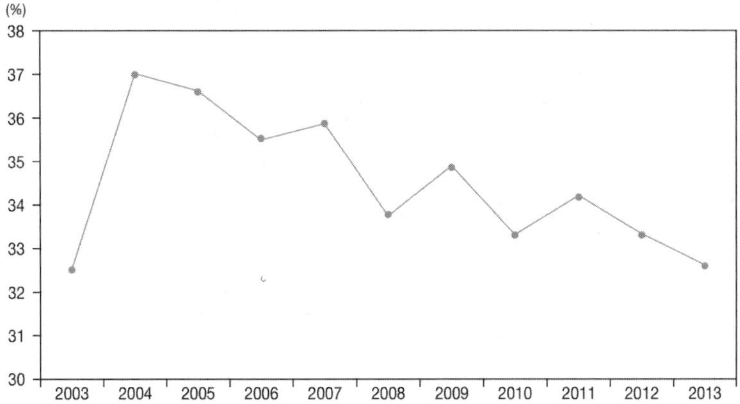

자료: 통계청(KOSIS).

〈표 3-4〉 비정규직 근로자들의 보호실태(적용 비율)

(단위: %)

		2012.8.	2013.8.	증감
사회보험	국민연금(직장)	39.0	39.2	0.2
	고용보험	43.3	43.6	0.3
근로복지	퇴직금	39.6	39.9	-0.3
	상여금	36.4	40.2	3.8
	시간외수당	23.2	24.9	1.7
	유급휴가	32.1	33.0	0.9
월평균 임금	정규직대비	56.6	56.1	-0.5
	주당취업시간	34.8	34.1	-0.7

자료: 통계청(각 연도).

한편 <표 3-4>에는 비정규직 근로자들의 사회보험, 근로복지, 임금 등 각종 보호실태 변화가 표시되어 있다. 이 표에서 보는 바와 같이 비정규직 근로자들에 대한 각종 보호조치는 2012년 8월부터 2013년 8월까지의 1년간 미약하게 개선된 것으로 나타났다. 그러나 이 역시 최근 수년간의 추세가 지속된 것으로 그 개선 속도는 매우 완만하며 정규직과의 격차는 아직도 매우 큰 편이다.

3) 노사관계

박근혜 정부는 대선 공약에서 '대화와 상생의 노사관계 정착'을 내세웠으나 집권 이후에는 쌍용자동차 사태나 현대자동차 불법파견 문제 등 장기 분규 사업장 문제의 해결에 거의 관심을 보이지 않았다. 또한 노사정위원회를 통한 사회적 대화에 대해서도 노사정 '일자리 협약' 체결(2013.5.30) 외에는 노사 간 이슈 해결에 별다른 노력을 기울이지 않았다. 박근혜 정부는 노사관계 주요 당사자의 하나인 민주노총과의 대화나 노사정위원회 참여 문제 등에 대해서는 외면하는 태도로 일관했다. 대통령이 정기적으로 노사 대표와 만나 노동현안에 대해 논의한다는 대선 공약 역시 전혀 지키지 않았다. 그러한 가운데 박근혜 대통령이 노사정과의 의견 조율을 거치지 않은 채 외국기업에 대해 통상임금문제 해결을 약속한다거나 시간선택제를 불쑥 제시하는 등 즉흥적인 정책을 제시함으로써 문제를 오히려 복잡하게 만들었다.

이처럼 노동 관련 대선 공약의 후퇴, 민주노총에 대한 무시, 노사정위원회의 무력화, 주요 분규 사업장에 대한 법·질서 위주의 관리 등으로 인해 대형 노사분규가 빈발했다. 2013년 상반기에는 주로 비정규직과 관련한 노사분규가 많았는데, 이를 나열하면 이마트 불법파견과 관련한 노사분쟁, 티브로드(케이블TV) 비정규직 불법파견과 관련한 노사분쟁, 인천공항공사 비정규직 노사분규, 현대자동차 사내하청노조 등의 고공농성, 삼성전자서비스의 협력업체 불법파견 논란 및 부당노동행위와 관련한 노사분규, 현대하이스코 비정규직 지회 분규, 현대제철 당진공장 사내하청업체 분규 등 수많은 비정규직 관련 노사분규가 발생했다(배규식, 2014).

2013년 하반기 들어서는 공공부문의 민영화·경쟁화·시장화와 관련한 대형 노사분규가 빈발했다. 이들 분규의 특징은 박근혜 정부가 먼저 노동조합에 대해 공격적인 정책을 취함으로써 야기된 경우가 많다는 점이다. 공무원노조 합법화 승인 거부(2013.8), 전교조의 법외노조화 통보(2013.10) 등은 매우 공격적인 노사정책이었다. 특히 공무원노조의 경우 실무 차원에서 그동안 합법화에 대한 논의가 상당이 진전되어 정부의 보완명령을 노동조합이 상당 부분 수용한 상태였고, 전교조의 경우에도 겨우 9명의 해고자가 조합원으로 있다는 이유로 6만 명의 조합원을 가진 노조를 불법화시키는 상식 밖의 행태를 보였다. 이러한 비합리적인 노사관계정책은 결국 박근혜 정부의 반노동적 노사관계정책의 신호탄을 쏘아올린 것으로 볼 수 있다.

더욱이 2013년 12월 수서발 KTX 자회사 설립을 둘러싼 민영화 논란으로 철도노조가 22일간에 달하는 최장기 대형 파업을 벌이면서, 경찰의 철도노조 체포영장 집행을 위한 민주노총 본부건물 강제진입, 철도노조 간부들에 대한 체포 사태, 한국노총의 노사정위원회 불참 선언 등으로 박근혜 정부의 노사관계정책은 완전한 파산을 맞게 되었다. 다행히 국회의 개입으로 철도산업 발전을 위한 소위원회가 구성되면서 철도노조 파업은 종료되었으나 이후에도 파업 참가자에 대한 대규모 징계 사태, 주요 노조간부에 대한 구속, 철도노조에 대한 손해배상소송 및 가처분 신청 등이 이어져 노사 간, 노정 간 대립은 현재도 진행되고 있다.

이뿐만 아니라 2014년 벽두부터 박근혜 정부는 "비정상의 정상화"를 외치면서 공공부문 개혁 방침을 밝혔고, 이에 반대하는 공공부문 노조에 대해 "개혁 방해 세력"으로 규정하면서 "반드시 책임을 물어야 할 것"이라고 위협했다.[3] 박근혜 정부와 새누리당 역시 당정협의를 통해 공공기관의 과도한 복지혜택에 대한 '노조 이면합의'를 고발하겠다는 방침을 밝혔다.[4]

결국 박근혜 정부의 노사관계정책은 노동조합, 특히 민주노총 및 공공부문 노조를 철저히 탄압해 약화·와해시킴으로써 철도, 보건의료 등 공공부문 서비스의 민영화·경쟁화·시장화에 대한 걸림돌을 제거하는 것이 목표임을 보여준다. 다른 한편으로는 한국노총을 허울뿐인 하위 파트너로 노사정위원회에 끌어들여 정당성을 확보하겠다는 전략도 함께 구사하고 있다. 그러나 노동조합 측은 이러한 박근혜 정부의 노동정책은 결국 공공부문의 민영화·시장화·경쟁화로 귀결될 것이라고 비판하면서 공공부문 노동조합의 연대를 통해 이를 저지할 것임을 밝혔다. 따라서 앞으로도 노정 간의 대립은 계속될 것으로 보인다.

4. 박근혜 정부의 노동정책에 대한 평가 : 반(反)·불(不)·무(無)의 노동정책

1) 반노동의 노동정책

박근혜 정부의 노동정책의 기조는 신자유주의(혹은 시장만능주의)와 박정희식의 개발독재주의가 결합한 것으로 볼 수 있다. 따라서 민영화·경쟁화·시장화를 통해 성장잠재력을 높여가되(시장만능주의), 이것을 시장의 힘에만 맡겨두는 것이 아니라 정부가 강력한 지도력을 발휘해, 이에 방해되거나 저항

---

3) "공공기관 노조, 개혁 저항땐 용납 안 해". ≪동아일보≫, 2014년 2월 10일 자.

4) "당정, 공공기관 '노조 이면합의' 고발키로". ≪동아일보≫, 2014년 2월 10일 자.

하는 세력은 이른바 법과 질서에 기초한 경찰, 사법적 제재에 의해 무력화시킨다는 것이다(성장독재주의). 이것이 노동 분야에 적용되면 필연적으로 반노동적 노동정책으로 귀결될 수밖에 없다. 즉, 한편으로는 노동시장의 유연성 증대를 추진하면서 다른 한편으로는 노동조합에 대한 압박을 통해 이를 약화·와해시키겠다는 것이다.

이러한 박근혜 정부의 노동정책은 영국의 마거릿 대처(Margaret Thatcher) 수상의 반노동적 노동정책과 상당히 유사한 측면을 가지고 있다. 1980년대 초 강력한 노동조합의 세력 과시에 대한 국민들의 불만을 등에 업고 총선에서 승리한 대처 수상은 노동조합을 '내부의 적'으로 간주하고 철저하게 적대적인 정책을 사용했다. 대처의 보수당 정부는 일련의 새로운 법률 도입을 통해 노조 세력의 약화를 꾀했는데, 즉 노조에 대한 법률적 인정의무의 철폐, 클로즈드숍(closed shop)의 금지, 노동쟁의 시 노조의 면책특권 제한, 불법파업 시 노조 기금의 압수, 파업 시 조합원의 사전 비밀투표 의무화, 피케팅(picketing)에 대한 제한 강화, 노조의 업무·재정에 대한 정부 감사, 노조의 불법행위에 대한 사용자 권리의 강화, 노조에 대한 노조원 개인의 권리 보호, 조합비 체크오프제(check-off) 철폐, 최저임금제 철폐, 불공정 해고 규제의 완화 등 광범한 분야에 걸친 것이었다. 그 결과 영국 노동조합의 조직률은 보수당 정부의 집권 기간 동안 거의 절반으로 하락했으며, 노동자들 역시 실질임금의 하락, 근로조건의 유연화와 악화 등으로 고통을 받았다(윤진호, 2006).

박근혜 대통령 역시 이미 대선 후보 시절부터 상당히 반노동적인 입장을 갖고 있음이 정책 질의응답 과정에서 드러난 바 있다. 다만 이를 대선 공약에 반영하지 않고, '대화와 상생의 노사관계 정착'을 내세웠을 뿐이다. 결국 노사관계에 대한 대선 공약은 박근혜 대통령의 기본적 입장과 조화될 수 없는 것이었으며 필연적으로 후퇴·파기될 수밖에 없는 것이었다고 보아야 할 것이다. 그것이 철도노조 파업과 공공부문 개혁방안 제시 과정에서 표면화되었을 뿐이다.

특히 박근혜 정부는 최근 공공부문 개혁과 관련해 이를 반대하고 있는 공공부문 노조에 대해 거의 '내부의 적'이나 다름없이 취급하면서 위협적 언술을 되풀이하고 있다. 설령 공공부문 개혁의 당위성을 인정하더라도 개혁의 목표(공공성과 효율성의 조화), 개혁의 방법과 절차(민영화·시장화·경쟁화가 최선의 방법인가? 이해관계자 혹은 국민들의 의사참여는 어떻게 할 것인가?), 개혁의 속도(조급한 개혁은 오히려 역효과를 가져올 수 있다) 등에 대해서는 당연히 노사정 등 이해관계 당사자와 광범한 국민들의 참여와 합의가 필요하다. 그러나 이를 무시하고 오로지 정부가 정한 목표, 방법, 절차, 속도만을 따르기를 강요하고 이에 반대하면 모두 '개혁 반대 세력'으로 규정하고 억압하겠다고 위협하는 것은 민주주의 사회에 걸맞지 않은 독선적인 태도이다.

2) 불통의 노동정책

박근혜 정부의 가장 큰 문제점으로 '불통의 정치'가 지적되고 있음은 주지하는 바와 같다.[5] 박근혜 대통령은 지난 1월 6일 신년 기자회견에서 소통문제에 대해서 독특한 견해를 피력했는데, 즉 "단순한 기계적 만남"이라든지 "국민의 이익에 반하는 주장들을 적당히 수용하거나 타협하는 것"은 진정한 소통이 아니라고 주장했다. 이것은 다시 말해서 자신이 정한 기준과 원칙에 맞을 경우에만 소통하고 그에 맞지 않을 경우 소통을 거부한다는 것이다. 소통의 진정한 의미가 자신과 의견을 달리하는 상대방과의 소통을 의미한다고

5) 심지어 여당의원조차도 "박근혜 대통령 불통논란에 대해 야당 주장이 옳다"고 수긍할 정도이다(≪한국일보≫, 2014년 1월 9일 자).

할 때 자신의 기준에 맞는 상대방과만 소통하겠다는 것은 곧 '불통'이라고 불러도 될 것이다.

이러한 박근혜 정부의 불통은 노사관계 관련 정책에서 더욱 여실히 드러나고 있다. 노사정위원회의 형식화, 민주노총의 배제, 노동현안 문제에 대한 소통의 부재 속에서 오로지 법과 질서만 강조하는 불통의 노사관계가 박근혜 정부가 보여주고 있는 노사관계정책의 특징인 것이다. 노사관계는 원래 관계 당사자들 간의 이해관계가 첨예하게 대립하는 경우가 많고, 법·질서만으로 해결되지 않는 부분이 많다. 따라서 다수의 유럽 국가들에서는 노사정이 참여하는 사회적 대화와 합의를 통해 주요한 경제·사회 문제를 해결하는 방식(코포라티즘)을 사용하고 있다. 한국에도 노사정위원회가 있기는 하지만 참여 주체의 문제, 의제의 문제, 실효성의 문제로 거의 형식화되어 있는 상태이다. 더욱이 철도파업을 계기로 한국노총마저 노사정위원회 불참을 선언함으로써 노사정위원회는 거의 기능 정지 상태에 빠진 셈이다.

그러한 가운데 결국 박근혜 정부에 남은 것은 법·질서를 앞세우면서 경찰력, 사법력에 의해 노동조합을 압박하고 무력화시키는 것밖에 없다. 이는 노사관계에서 최악의 상황이라 할 수 있으며, 권위주의 정부 시절의 노사관계로 회귀하는 것이나 다름없다. 대화와 참여 대신 대립과 충돌만이 존재하는 노사관계하에서 향후 공공부문 구조개혁을 둘러싼 갈등이 계속될 것으로 보이는데, 이는 커다란 경제적·사회적 비용을 초래할 수밖에 없을 것이다.

3) 무투자의 노동정책

박근혜 정부가 약속했던 수많은 노동 관련 공약들의 실현을 위해서는 막대한 재원 투입이 필요하다. 그러나 일자리 창출을 제외한 대부분의 노동 관

〈표 3-5〉 노동시장에 대한 공공지출의 대GDP 비율(2012년)

(단위: %)

	전체	적극적 프로그램	소극적 프로그램
덴마크	3.91	2.26	1.65
프랑스	2.34	0.93	1.40
독일	1.82	0.79	1.03
일본	0.62	0.27	0.35
한국	0.64	0.33	0.31
네덜란드	2.74	1.11	1.63
스웨덴	1.72	1.09	0.63
미국	0.71	0.14	0.57
OECD 평균	1.46	0.58	0.86

자료: OECD(2013).

련 공약은 재원배분의 우선순위에서 밀려남으로써 그 실현가능성이 어두워지고 있다.

<표 3-5>에서 보는 바와 같이 OECD 각국의 노동시장에 대한 공공지출이 국내총생산(Gross Domestic Product: GDP)에서 차지하는 비율을 비교해보면 한국은 겨우 0.64%로서 OECD 평균의 절반에도 못 미치며, 이 비율이 가장 높은 덴마크의 7분의 1 정도에 불과하다. 따라서 양극화 심화, 비정규직 문제 등 한국의 노동시장이 안고 있는 문제점을 해결하기 위해서는 획기적인 규모의 공공재원 투입이 불가피하다. 그러한 재원 투입 없이는 아무리 좋은 정책을 제시하더라도 '그림의 떡'이 될 수밖에 없다. 이러한 측면에서 박근혜 정부가 본격적으로 정책의지를 갖고 편성한 2014년도 예산안을 통해 우리는 박근혜 정부 노동정책의 진정성 여부를 평가할 수 있을 것이다.

<표 3-6>에서는 2014년도 보건·복지·고용 분야 예산안 현황을 2013년의 예산(추경예산)과 비교해보았다. <표 3-6>에서 보는 바와 같이 보건·복

〈표 3-6〉 보건 · 복지 · 고용 분야 예산 현황

(단위: 억 원, %)

	2013 추경예산	2014 예산안	증감	
			증감액	증감률
보건·복지·고용 전체	992,927	1,058,726	65,799	6.6
기초생활보장	87,761	88,234	473	0.5
취약계층지원	16,849	17,944	1,095	6.5
공적연금	331,382	364,034	32,652	9.9
보육·가족·여성	45,431	53,105	7,674	16.9
노인·청소년	45,034	65,198	20,164	44.8
노동	140,362	144,875	4,513	3.2
보훈	43,152	44,133	981	2.3
주택	187,679	182,623	-5,056	-2.7
사회복지일반	7,085	7,438	353	5.0
보건의료	20,254	18,404	-1,850	-9.1
건강보험지원	65,131	69,665	4,534	7.0
식품의약안전	2,804	3,073	269	9.6

자료: 국회예산정책처(2013b).

지·고용 분야 예산은 2013년도 예산 대비 6.6% 증가했는데, 이는 전체 예산 증가율 7.3%에 다소 못 미친다. 그 가운데서도 특히 노동 분야 예산 증가율은 겨우 3.2%에 머물러 다른 복지 프로그램 증가율보다 훨씬 낮은 수준이다.

다음으로 <표 3-7>에서는 고용노동부 소관 사업 중 예산이 가장 크게 증가한 사업을 증가액, 증가율별로 상위 5개씩만 나열했다. 이 표에서 보는 바와 같이 고용노동부 소관 사업 가운데 예산 증가액 혹은 증가율이 가장 큰 사업들은 대부분 고용창출, 직업훈련, 임금피크제지원 등 정부의 일자리 창출이나 고용유연화와 관련된 사업들이었다. 이들 사업은 사실상 노동자보다는 사업주 지원에 목적을 둔 '기업지원사업'의 성격이 강한 것들로서, 국회예산

〈표 3-7〉 고용노동부 소관 사업 중 5대 증액사업

(단위: 백만 원, %)

증가액이 가장 큰 5대 사업		증가율이 가장 큰 5대 사업	
고용창출지원사업	65,541	중소기업현장훈련지원	3,184.9
중소기업현장훈련지원	60,672	만성흡입독성시험시설 신축	564.0
취업성공패키지지원	54,940	사회공헌일자리지원	192.2
사업주직업훈련지원금	50,640	임금피크제지원금	154.9
국가인적자원컨소시엄지원	38,224	고용창출지원사업	137.5

자료: 국회예산정책처(2013a).

정책처는 이들 사업에 대해 "예산의 집행률과 실적이 부진하며", "신규 고용창출효과가 미흡하고", "사업 예산이 과다 편성되거나 유사한 사업이 분리 추진되어 사업효율성이 저하될 우려가 있으며", "사업주와 근로자 간 합의부족으로 예산불용이 예상"된다는 등의 평가를 내리고 있다(국회예산정책처, 2013a: 143).

반면에 근로시간 단축, 공공부문 청년층 일자리 확대, 고용재난지역에 대한 지원 강화, 정년연장, 비정규직의 정규직 전환, 비정규직 근로자 사회보험 확대, 특수고용직 근로자 사회보험 확대, 최저임금 인상 등 다른 대선 공약 혹은 국정과제들은 대규모의 예산이 소요될 것으로 예상됨에도 별다른 예산 증액이 없어, 이들 정책에 대한 박근혜 정부의 실현의지를 의심하게 만들고 있다.

5. 맺음말

2012년 대선 과정에서 박근혜 후보는 보수파 후보로서는 전례 없는 전향적이고 포괄적인 노동 공약을 발표함으로써 좋은 평가를 받았다. 그러나 집권 후 발표한 박근혜 정부의 노동정책은 많은 부분에서 대선 공약을 후퇴, 축소, 포기하는 내용이 많았다. 노동시장 분야에서는 일자리 창출에 올인하면서 노동시장 유연화와 파트타임 노동자 도입 등을 통해 겉보기에는 일자리의 수가 늘어난 것 같으나 사실은 일자리의 질을 악화시켰으며, 노동시간 단축, 비정규직의 정규직 전환, 정리해고 요건 강화 등 다른 공약들은 대부분 내용을 후퇴시키거나 포기했다. 노사관계 분야에서는 대화와 상생의 노사관계 정착을 내세웠지만 실제로는 법과 질서의 준수, 노동조합의 책임성 강화 등 정반대의 내용이 노사관계정책에서 강조되었으며, 실제로도 공무원노조와 전교조에 대한 공격적 대응, 철도민영화를 둘러싼 노동조합과의 갈등 등으로 대화와 상생의 노사관계는 파국을 맞게 되었다.

이러한 박근혜 정부의 노동정책 전환은 결코 우연한 일은 아니라고 생각한다. 즉, 박근혜 정부가 애초부터 가지고 있었던 반노동적 정책 기조, 불통의 정치, 노동정책에 대한 빈약한 투자 계획 등은 대선 공약에서 약속했던 개혁적 노동정책과 기본적으로 모순을 일으킬 수밖에 없기 때문이다. 박근혜 정부의 반·불·무 노동정책은 앞으로도 커다란 경제적·사회적 비용을 초래할 수밖에 없으며 그 궁극적 부담은 결국 전 국민이 지게 될 것이다.

참고문헌

관계부처 합동. 2013a.「박근혜정부 국정과제」.

관계부처 합동. 2013b.「고용률 70% 로드맵」.

국회예산정책처. 2013a.「2014년도 예산안 부처별 분석IV」.

국회예산정책처. 2013b.「2014년도 예산안 분석 종합」.

김유선. 2013a.「새 정부 노동정책의 방향과 과제」. 서울사회경제연구소 주최 '새정부 경제·복지 정책의 방향과 과제' 심포지엄 발표 자료(2013.5).

김유선. 2013b.「비정규직 규모와 실태」.한국: 한국노동사회연구소.

배규식. 2014.「2013년 노사관계 평가와 2014년 노사관계 전망」. ≪노동리뷰≫, 2014년 1월호. 서울: 한국노동연구원.

새누리당. 2012.『세상을 바꾸는 약속, 책임 있는 변화: 제18대 대통령선거 새누리당 정책공약집』. 서울: Jammy.

윤진호. 2006.「영국 노동시장정책의 변화와 시사점」. 정인수·윤진호·이상일.『1만~2만 불 시기 선진국 노동시장정책의 변화』. 서울: 한국노동연구원.

제18대 대통령직인수위원회. 2013.「제18대 대통령직인수위원회 제안: 박근혜정부 국정과제」.

통계청. 국가통계포털(KOSIS).

_____. 각 연도. 경제활동인구조사.

≪한국일보≫, 2014.1.9. "김무성, 박대통령 불통논란에 '야당 주장이 옳다'".

OECD. 2013. *Employment Outlook*.

제4장

박근혜 정부의 재정정책 평가
복지재정을 중심으로

강병구 | 인하대학교 경제학과 교수

1. 머리말

박근혜 정부가 집권한 지 1년이 지났다. 제18대 대선은 그 어느 대선보다도 진보와 보수 세력이 백중지세에 있었기 때문에 중산층의 표를 흡수하기 위한 경쟁이 치열했다. 전통적으로 보수의 가치를 주장하던 새누리당 박근혜 후보는 경제민주화와 복지를 내세워 집권에 성공했다. 그러나 집권 이후 박근혜 정부는 경제민주화는 물론 복지 공약을 줄줄이 폐기하거나 축소 또는 연기하고 있으며, 공약 이행을 위한 재원조달 방안도 제대로 실행하지 않고 있다. 조세정의는 지하경제의 양성화라는 좁은 틀에 가두고, 세출구조조정은 2014년 예산에 반영되지 않았으며, 비과세 감면제도는 오히려 증가하고, 공공부문 개혁만을 강조하고 있다. 따라서 '증세 없는 복지'는 2007년 제17대 대선에서 한나라당 박근혜 예비 후보가 강조하던 이른바 '줄푸세'의 연장선상에 있으며, 이명박 정부에서 세제개편의 기조였던 '넓은 세원, 낮은 세율'의 다른 표현에 불과한 것으로 판단된다.

그렇다면 왜 박근혜 후보는 신자유주의적인 '줄푸세(세금과 정부규모를 줄이고, 불필요한 규제를 풀며, 법질서를 세운다)'와 결합하기 어려운 '한국형 복지국가의 건설'을 핵심 공약으로 제시했을까? 한편으로는 복지확대에 대한 시대적 요구를 적극 수용한 것일 수도 있고, 다른 한편으로 정치공학적으로 복지 공약을 활용했을 가능성도 있다. 1990년대 이후 복지에 대한 사회적 욕구의 증대와 저급한 복지제도, 소위 '안철수 현상'으로 표현되는 정치체제의 불안정성은 보수 세력으로 하여금 중도좌파적 포퓰리즘(populism)에 대한 유혹을 증폭시켰다.

공약이 실천수단을 제대로 마련하지 않은 채 정치공학적으로 만들어질 경우에는 집권 후 조정 과정에서 커다란 사회적 비용을 치르게 된다. 사회적 합의에 대한 불신으로 국민들은 정치에 대해 냉소주의를 띠고, 그 빈자리를 이익집단이 차지해 예산낭비와 국가채무의 팽창을 초래할 수 있다. 더욱이 복지 공약의 후퇴로 사회안전망이 취약해질 경우 투자가 위축되고 미래세대의 조세부담은 더욱 증가할 수 있다.

이에 이 글에서는 박근혜 후보가 복지 공약을 전면에 내세우게 된 배경과 집권 후 공약의 이행과정을 분석해, 복지 공약이 시대정신의 반영인지 아니면 정치공학적 포퓰리즘의 결과인지를 평가하고, 한국형 복지국가 실현을 위한 대안적인 재정정책을 모색한다. 이를 위해 2절에서는 한국 재정구조의 특징을 살펴보고, 3절에서는 박근혜 정부의 복지정책과 재원마련 방안을 평가한다. 4절에서는 대안적인 재정정책을 모색하고, 5절은 맺음말로 정리한다.

2. 한국 재정구조의 특징[1)]

1) 재정구조의 국제비교

특정 시기의 재정정책을 평가하기 위해서는 개별 국가의 재정구조에 대한 이해가 선행되어야 한다. 재정구조는 개별 국가의 고유한 정치적·경제적·사회적 관계를 반영하고 있을 뿐만 아니라 역사와 문화의 산물이기 때문에 세계 각국의 재정구조를 유형화하기는 쉽지 않지만, 여기에서는 OECD 국가들을 스칸디나비아형, 서유럽형, 앵글로색슨형, 남유럽형, 동아시아형으로 구분해 재정구조의 특성과 성과를 비교한다.[2)] 남유럽형과 동아시아형을 제외하면 이러한 복지국가의 구분은 노동력의 탈상품화를 유형화의 기준으로 적용한 에스핑 안데르센(Esping-Andersen, 1990)의 앵글로색슨형(자유주의), 서유럽형(조합주의), 스칸디나비아형(사민주의) 복지국가와 대체로 일치한다.[3)]

한국은 조세부담률과 재정지출이 모두 작아 전형적인 '저부담·저복지' 상태를 보이고 있지만, 국가채무 또한 낮은 수준이어서 재정이 비교적 건전한 것으로 평가된다. <표 4-1>에서 보듯이 2011년 한국의 조세부담률과 국민부담률은 각각 19.8%와 25.9%로 OECD 회원국 평균보다 낮다. 또한 GDP 대비 일반정부의 총지출 비율은 30.2%로 OECD 회원국 평균(45.9%)에 비

---

1) 이 절의 내용은 강병구(2014a)를 참고해서 정리했다.

2) 동아시아형을 제외한 복지국가의 유형화는 캐슬스(Castles, 2004)에 근거하고 있다. 한국과 일본을 동아시아형으로 범주화할 수 있는가에 대해서는 김연명(2012) 참조.

3) 노동력의 탈상품화(decommodification)란 개인 또는 가족이 시장의 참여와 관계없이 사회적으로 수용할 만한 수준의 생활을 보장받을 수 있는 정도를 의미한다. 에스핑 안데르센의 실증분석에 따르면 복지제도의 특성을 양적으로 표시한 탈상품화지수는 사민주의 복지국가에서 가장 높고, 자유주의 복지국가에서 가장 낮다.

〈표 4-1〉 OECD 국가의 주요 재정지표(2011년)

(단위: GDP 대비 %)

	조세부담률	국민부담률	일반정부 총지출	공공사회 복지 지출	일반정부 총금융부채
스칸디나비아형	36.2	44.5	52.1	27.4	50.5
앵글로색슨형	25.8	29.3	43.5	20.7	77.1
서유럽형	26.3	41.2	51.0	27.8	88.7
남유럽형	23.7	35.1	49.2	25.8	125.3
동아시아형 (한국)	18.3 (19.8)	27.3 (25.9)	36.1 (30.2)	15.7 (9.1)	123.4 (36.2)
OECD 평균	25.0	34.1	45.9	21.7	78.5

주: 1) 일본과 터키의 공공사회복지 지출은 각각 2010년과 2009년 수치이다.
2) 앵글로색슨형(오스트레일리아, 캐나다, 아일랜드, 뉴질랜드, 영국, 미국), 스칸디나비아형(덴마크, 핀란드, 노르웨이, 스웨덴), 서유럽형(오스트리아, 벨기에, 프랑스, 독일, 네덜란드), 남유럽형(그리스, 이탈리아, 포르투갈, 스페인).

자료: www.oecd.org/statistics

해 크게 낮고, 공공사회복지 지출 비율은 9.1%로 OECD 34개 회원국 중 멕시코 다음으로 낮은 수준이다. 반면에 GDP 대비 일반정부의 총금융부채 비율은 36.2%로 매우 낮은 수준을 기록하고 있다. 그러나 국가채무의 가파른 증가율과 공기업 채무를 고려할 경우 한국의 재정건전성이 크게 양호하다고는 할 수 없다. 2000년 111.2조 원(GDP 대비 18.4%)에 불과하던 국가채무가 2012년 443.1조 원(GDP 대비 34.8%)으로 급격히 증가했고, 2012년 현재 공기업 채무는 일반정부 채무의 118.3%로 매우 높은 수준이다. 일반정부와 공기업 채무를 합산한 공공부문 부채비율은 2012년에 GDP 대비 75.2%에 달하고 있다.[4)]

재정지출구조는 공공자원의 배분에 대한 사회구성원들의 선호도를 반영

4) 자세한 내용은 강병구(2010), 조영무(2013) 참조.

〈표 4-2〉 일반정부의 기능별 재정지출(2011년)

(단위: %)

	일반행정	국방	공공질서	경제사업	환경보호	주택지역	보건의료	오락문화	교육	사회보호
스칸디나비아형	12.8	2.9	2.4	8.1	0.8	1.1	14.7	2.5	12.8	41.8
앵글로색슨형	11.8	5.9	4.8	10.4	1.3	1.8	17.8	1.6	13.3	31.3
서유럽형	12.9	2.3	3.4	9.6	1.8	1.5	15.5	2.4	10.9	39.7
남유럽형	17.9	3.2	4.0	8.3	1.5	1.1	13.5	2.0	9.9	38.6
동아시아형 (한국)	13.1 (15.1)	5.4 (8.6)	3.6 (4.2)	14.9 (20.1)	2.7 (2.4)	2.5 (3.3)	16.3 (15.2)	1.5 (2.2)	12.1 (15.8)	27.9 (13.1)
OECD 평균	13.6	3.5	3.8	10.4	1.6	1.5	14.4	2.7	12.4	36.0

자료: www.oecd.org/statistics

하지만, 그 자체로서 바람직한 상태를 의미하지는 않고, 복지국가의 발전과정에서 가변적일 수밖에 없다. <표 4-2>에서 보듯이 스칸디나비아형과 서유럽형 복지국가에서는 사회보호 관련 재정지출이 큰 비중을 차지하고 있지만, 앵글로색슨형 복지국가에서는 상대적으로 국방과 보건의료의 지출 비중이 크다. 한국의 사회보호 관련 지출은 OECD 회원국 평균의 3분의 1 정도에 불과하지만, 국방과 경제 및 주택·지역개발 관련 지출은 평균의 2배를 넘어서고 있다.

<표 4-3>을 보면, 공공사회복지 지출의 구성은 복지국가의 차이를 보다 뚜렷이 드러내고 있다. 서유럽형과 남유럽형 복지국가의 경우 소득대체형 사회복지 지출의 비중이 크지만, 스칸디나비아형과 앵글로색슨형 복지국가의 경우 사고대응적 사회복지 지출의 비중이 크다. 다만, 스칸디나비아형 복지국가의 경우 사회서비스의 비중이 크고 앵글로색슨형 복지국가에서는 빈곤완화와 보건에 사회복지 지출이 편중되어 있다. 또한 스칸디나비아형과 서유럽형 복지국가의 경우 적극적 노동시장정책 프로그램의 비중이 크지만, 앵글

〈표 4-3〉 공공사회복지 지출의 복지국가유형별 특성(2009년)

(단위: %)

	소득대체형 지출	사고대응적 지출			노동시장 지출		
		합계	빈곤 완화 보건	사회 서비스	합계	적극적 노동시장 정책	실업 급여
스칸디나비아형	43.6	48.1	36.1	12.0	8.3	3.6	4.7
앵글로색슨형	36.0	57.5	53.2	4.3	6.5	1.8	4.7
서유럽형	46.4	43.2	39.0	4.2	10.5	3.9	6.6
남유럽형	56.2	35.6	33.2	2.4	8.2	2.2	6.0
동아시아형 (한국)	40.1 (29.6)	52.3 (60.1)	43.7 (51.4)	8.6 (8.7)	7.7 (10.3)	4.1 (6.3)	3.6 (4.0)
OECD 평균	45.3	47.8	42.6	5.2	6.9	2.3	4.6

주: 소득대체형 지출은 노인 현금급여, 유족급여, 무능력 관련 급여로 구성되며, 빈곤 완화 및 보건 지출은 보건, 가족 현금급여, 주거 및 기타 지출로 구성, 사회서비스는 노인서비스와 가족서비스로 구성된다.

자료: www.oecd.org/statistics

로색슨형의 경우에는 OECD 회원국 평균을 밑돌고 있다. 한국은 소득대체형 지출 비중이 낮은 반면 사고대응적 지출 비중이 크다는 점에서 앵글로색슨형 복지국가에 가깝지만, 사회서비스와 적극적 노동시장정책의 비중이 크다는 점에서 차별성을 보이고 있다. 또한 한국의 적극적 노동시장정책은 직접적인 일자리 창출에 재정지출이 집중되어 있다.[5)]

한편 <표 4-4>의 조세수입 구조를 보면, 한국은 개인소득세, 일반소비세, 부동산세, 사회보장기여금의 비율이 낮은 반면 법인소득세와 금융자본거

5) 2009년에 한국의 적극적 노동시장정책 지출의 68.8%가 직접적 일자리창출 사업에 지출되어 OECD 회원국 평균(13.5%)을 크게 상회했고, 공공고용서비스, 직업훈련, 고용유인·지원사업에는 각각 2.1%, 14.5%, 14.4%가 지출되었다. 반면 스웨덴의 경우에는 공공고용서비스와 고용유인·지원사업에 각각 40.7%와 52.6%가 지출되었고, 직접적인 일자리창출사업에는 예산을 전혀 배정하지 않았다.

〈표 4-4〉 조세수입 구조(2011년)

(단위: GDP 대비 %)

	소득세		소비세		재산세		사회보장기여금	
	개인 소득세	법인 소득세	일반 소비세	개별 소비세	부동산세	금융자본 거래세	근로자	고용주
스칸디나비아형	14.8	4.9	9.0	3.8	0.8	0.3	2.4	5.6
앵글로색슨형	10.1	3.4	5.5	2.7	2.3	0.4	1.3	2.2
서유럽형	9.4	2.3	7.3	3.2	1.0	0.5	5.4	7.7
남유럽형	7.4	2.5	6.9	3.6	0.8	0.6	3.0	6.9
동아시아형 (한국)	4.6 (3.8)	3.7 (4.0)	3.6 (4.4)	2.6 (3.2)	1.5 (0.8)	1.1 (1.9)	3.9 (2.6)	4.0 (2.6)
OECD 평균	8.5	3.0	6.9	3.5	1.1	0.4	3.3	5.2
한국/OECD	45.0	134.6	64.3	90.6	74.1	466.3	77.2	51.1

자료: OECD(2011).

래세의 비율이 높다. <표 4-4>에서 보듯이 2011년 개인소득세는 3.8%로 OECD 회원국 평균(8.5%)에 크게 못 미치는 수준이지만, 법인소득세의 비율은 4.0%로 OECD 회원국 평균의 1.3배 정도이다. 소비세 중 일반소비세(부가가치세)는 4.4%로 OECD 회원국의 평균(6.9%)보다 낮지만 개별소비세의 비율은 평균에 근접한 수준이다. 재산세 중 부동산세의 비율은 OECD 회원국 평균 수준 이하지만, 금융자본거래세의 비율은 1.9%로 OECD 회원국 평균의 4.7배를 기록했다. 특히 사회보장기여금의 경우 근로자와 고용주 부담금은 각각 OECD 회원국 평균의 77.1%와 51.1%에 불과하다.

한국의 법인세수 비율이 높은 이유는 재벌 대기업으로의 경제력집중, 낮은 노동소득분배율,[6] 법인세율과 소득세율의 차이로 인한 법인 선호 등으로,

6) 1990년대 중반 이후부터 비정규직과 저임금 일자리의 비중이 높아지면서 국민소득에서 노동이 차지하는 비율인 노동소득분배율도 감소 혹은 정체되었고, 선진국과의 차이도

법인세 과세대상이 크기 때문이지 개별기업의 조세부담이 높기 때문은 아니다. 지방세를 포함한 법인세 최고세율을 보면 2013년 현재 24.2%로 영국(23.0%)과 스웨덴(22.0%)보다는 다소 높지만, 일본(37.0%), 미국(39.1%), 독일(30.2%), 프랑스(34.4%)에 비해서는 크게 낮다.

그리고 기업들이 부담하는 저수준의 사회보장기여금과 다양한 비과세감면혜택을 고려할 때 기업들의 총조세비용은 크게 떨어진다. 세계은행의 발표에 따르면 2011년 한국 기업의 이윤 대비 법인세와 사회보장기여금 부담률(총실효부담률)은 이윤 대비 29.8%로 OECD 회원국 평균(42.5%)은 물론 중국(63.7%), 일본(50.0%), 미국(46.7%), 독일(46.8%), 프랑스(65.7%), 스웨덴(53.0%) 등 주요 복지국가에 비해서도 크게 낮은 수준이다.[7] 더욱이 2012년 매출액 상위 10대 기업의 실효법인세율은 13.0%로 대기업 평균(17.3%)은 물론 중소기업 평균(13.3%)보다 낮은 수준이다. 특히 2010년 이후 상위 10대 기업의 실효법인세율은 최저한세율(14%)보다 낮은 수준을 기록했다.[8]

한국의 소득세수 비율이 낮은 것은 소득세 최고세율이 낮을 뿐만 아니라 적용 소득구간이 너무 높아 고소득자의 과세 비중이 작기 때문이다.[9] 또한 개발연대 이후 낮은 임금수준을 지원하기 위해 다양한 소득공제제도가 도입

10%포인트 정도 벌어졌다. 자세한 내용은 김정우(2005), 이병희(2013), 전병유 외(Cheon et al., 2013) 참조. 2011년 총부가가치액(Gross Value added)에서 한국의 피용자보수가 차지하는 비중 또한 50.3%로 OECD 회원국 평균(53.0%)에도 미치지 못하고 있다.

7) 총실효부담률은 기업 이윤에서 법인세와 각종 법정기여금이 차지하는 비율로 중견기업을 대상으로 조사한 수치이다. 자세한 내용은 International Finance Corporation and The World Bank(2013) 참조.

8) 자세한 내용은 강병구(2014b) 참조.

9) 2012년 한국 개인소득세의 최고세율(지방세 포함)은 41.8%로 OECD 회원국 평균 수준이지만, 최고세율이 적용되는 과세표준 3억 원은 평균 임금의 8.9배로 OECD 회원국 평균의 2배를 넘는 수준이었다. 자세한 내용은 강병구(2013a) 참조.

되어 비과세자 비중이 크고, 고소득 자영업자를 중심으로 탈세가 만연되어 있으며, 고소득자와 고액자산가에게 제공하는 비과세감면 혜택이 크기 때문이다. 높은 자영업자 비율과 낮은 노동소득분배율도 소득세수의 비율을 낮추는 요인이다. 고용주의 사회보장기여금 비중이 낮은 것은 전반적으로 고용률이 낮고, 근로소득자 가운데 사회보험 미가입자 비중이 높으며, 고용주에게 적용하는 사회보험료율이 낮기 때문이다.10)

2) 사회경제적 성과

스칸디나비아형과 서유럽형 복지국가는 보편주의적 복지제도와 사회보험제도를 근간으로 하면서 시장경제에 대한 개입주의적 특성을 공유하는 반면, 앵글로색슨형 복지국가는 잔여적 복지제도와 자유방임적 자유주의를 이념적 특성으로 하고 있다. 물론 시장경제에 대한 복지국가의 개입은 일정하지 않고 영역에 따라 그 정도가 달리 나타나지만, 일반적으로 노동력의 탈상품화 정도는 개입주의와 자유방임주의를 가르는 중요한 기준이다.

자본주의 시장경제에서 개인 또는 가족이 시장에의 참여와 관계없이 사회적으로 수용할 만한 수준의 생활을 보장받기 위해서는 1차적으로 시장에서 소득분배가 공평하게 이루어져야 하며, 2차적으로 국가가 시장소득의 불공평한 분배를 완화할 수 있어야 한다. <표 4-5>에서 보듯이 한국의 조세 및 이전지출을 통한 빈곤율 감소와 소득불평등 완화효과는 각각 13.9%와 9.1%

---

10) 2012년 15세 이상 65세 미만 인구의 고용률은 64.2%로 OECD 회원국 평균 65%보다 낮고, 2010년 8월 기준 임금근로자의 공적연금과 고용보험 미가입률은 각각 28.3%와 33.9%를 기록했으며, 2012년 고용주의 사회보험료율은 10.1%로 OECD 회원국 평균(16.9%)에 크게 못 미친다.

〈표 4-5〉 조세 · 이전지출의 재분배 및 빈곤율 감소 효과(2010년)

(단위: %)

	빈곤율			지니계수		
	시장소득	가처분소득	감소 비율	시장소득	가처분소득	감소 비율
스칸디나비아형	27.5	7.5	72.7	0.443	0.258	41.8
앵글로색슨형	30.4	12.2	57.8	0.497	0.337	31.7
서유럽형	30.9	8.4	72.6	0.476	0.281	40.7
남유럽형	32.2	13.5	58.1	0.514	0.335	34.9
동아시아형 (한국)	24.7 (17.3)	15.5 (14.9)	31.9 (13.9)	0.415 (0.341)	0.323 (0.310)	20.1 (9.1)
OECD 평균	28.5	10.9	60.0	0.470	0.307	34.4

주: 1) 빈곤율은 중위소득 50% 기준이다.
2) 지니계수는 소득불평등도 나타내는 지표로서 1에 가까울수록 불평등도가 크다.
3) 칠레, 아일랜드, 일본, 뉴질랜드, 스위스는 2009년 자료이며, 헝가리, 멕시코, 터키는 자료의 부재로 제외한다.

자료: www.oecd.org/statistics

로 OECD 회원국 평균은 물론 앵글로색슨형 복지국가에 비해서도 크게 떨어진다. 2010년 한국의 조세 및 이전지출의 빈곤율 감소 효과는 OECD 회원국 중 최하위이며, 소득불평등 완화효과는 칠레에 이어 두 번째로 낮은 수준이다. 그 결과 가처분소득으로 측정한 빈곤율은 14.9%로 OECD 회원국 평균 수준(10.9%)에 비해 상당히 큰 수준이다. 이러한 측면에서 한국 노동력의 탈상품화지수는 매우 낮은 것으로 판단된다.

한편, <표 4-6>에서 보듯이 스칸디나비아형 복지국가는 높은 수준의 조세부담률과 촘촘한 사회안전망을 기반으로 거시경제의 안정적 성장은 물론 공평한 소득분배와 재정의 지속가능성을 성취하고 있다. 반면에 노동력의 탈상품화 정도가 낮은 앵글로색슨형 복지국가의 경우 소득수준이 높고 재정건전성도 비교적 양호하지만, 소득불평등도와 빈곤율이 높다. 한국의 경우 1인당 소득수준은 OECD 회원국의 평균보다 낮고, 빈곤율과 소득불평등은 스칸

〈표 4-6〉 복지국가유형별 경제성과 비교

(단위: USD 달러 PPP, %)

	경제지표				사회지표		
	1인당 GDP	고용률	빈곤율	지니계수	출산율	자살률	행복지수
스칸디나비아형	36,625	72.8 (70.6)	7.5	0.258	1.92	12.48	54.4
앵글로색슨형	34,974	68.7 (64.1)	12.2	0.337	1.95	10.70	54.2
서유럽형	34,218	69.1 (64.1)	8.4	0.281	1.70	13.60	51.4
남유럽형	24,434	58.6 (51.0)	13.5	0.335	1.42	6.13	40.9
동아시아형 [한국]	29,157 [27,554]	67.5 (57.1) [63.8 (53.1)]	15.5 [14.9]	0.323 [0.310]	1.31 [1.23]	27.35 [33.50]	48.8 [45.4]
OECD 평균	30,564	64.8 (56.8)	10.9	0.314	1.74	12.70	47.0

주: 1) 1인당 실질GDP는 구매력지수로 환산한 2005년 불변가격 미국 달러이다.
2) 고용률은 15세 이상 65세 미만의 인구를 대상으로 하고 괄호 안의 수치는 여성 고용률이다.
3) 지니계수는 가처분소득 기준이다.
4) 빈곤율은 중위가처분소득 50% 이하인 가구의 비중이며, 칠레, 헝가리, 아일랜드, 일본, 뉴질랜드, 스위스, 터키의 빈곤율과 지니계수는 2009년 수치이다.
5) 캐나다와 칠레의 합계출산율(15~49세)은 2009년 수치이다.
6) 자살률은 인구 10만 명당 자살자 수이며, 벨기에, 캐나다, 칠레, 프랑스, 아이슬란드, 뉴질랜드는 2009년 수치이다.
7) 행복지수는 OECD의 Better Life Index의 11개 범주 24개 요소값의 원자료를 정규화해 구한 평균값이다.
8) 1인당 GDP와 고용률은 2011년, 행복지수는 2013년, 나머지는 2010년 자료를 기준으로 한다.
자료: www.oecd.org/statistics, www.oecdbetterlifeindex.org

디나비아형과 서유럽형 복지국가에 비해 높다. 더욱이 고용률과 출산율은 매우 낮아 복지재정의 지속가능성이 위협을 받고 있다. 그 결과 행복지수는 OECD 회원국 평균보다 낮은 수준을 기록했다.

3. 박근혜 정부의 복지정책과 재정

1) 생애주기별 맞춤형 복지

2007년 제17대 대선에서 한나라당 박근혜 예비 후보는 세금과 정부 규모를 줄이고, 불필요한 규제를 풀며, 법질서를 세운다는 이른바 '줄푸세'를 핵심 공약으로 제시했다. 그러나 박근혜 의원은 2010년 12월 20일 '사회보장기본법 전부 개정을 위한 공청회'를 개최하면서 복지에 대해 전향적인 태도를 나타냈다. 이 공청회의 목적은 한국의 상황에 맞는 새로운 사회보장정책의 비전과 미래지향적 발전방향을 제시하고, 21세기 사회경제환경하에서도 효과적이고 지속가능한 사회보장체제를 정립함으로써 건강한 '한국형 복지국가'를 구축하는 데 있었다.[11]

공청회에서 제시된 사회보장정책의 비전과 방향은 2011년 2월 14일 「사회보장기본법」 전부개정법률안에 반영되었으며, 2012년 새누리당의 제19대 총선 공약집과 제18대 대통령 선거 공약집에 실린 복지정책의 기본 틀을 제공했다. 따라서 2010년의 공청회는 박근혜 의원을 중심으로 결집된 보수층의 정권 재창출을 위한 정치적 시동으로 평가된다.[12] 2012년 제18대 대통령선거에서 새누리당 정책공약집(이하 대선 공약집)의 표제는 '세상을 바꾸는 약속 책임 있는 변화'였다. 대선 공약집에서 당시 박근혜 후보는 지역 공약을 제외한 20대 분야에 걸쳐 201개의 공약을 제시했으며, 이 가운데 '생애주기

---

11) 공청회 발표에서 안상훈(2010)은 새로운 복지국가 전략의 요체를 '소득보장'에서 '생활보장'으로의 개념적 전환에 두었다. 그에 따르면 새로운 생활보장국가는 예방적 프로그램들을 중심으로 인적자본을 선제적으로 향상시킴으로써 기회평등을 추구함과 동시에 경제성장에도 친화적인 복지국가를 지향해 궁극적으로 지속가능성을 높이는 전략으로 평가된다.

12) 박근혜 정부의 복지정책에 대한 평가는 제갈현숙(2013) 참조.

〈표 4-7〉 박근혜 정부 제18대 대선 주요 사회복지 공약

공약	주요내용
기초연금 도입	- 기초노령연금과 장애인연금의 기초연금화(2013년) - 65세 이상 모든 노인·중증장애인에게 현재의 2배(A값의 10%) 지급
4대 중증질환 진료비 전액 국가부담	- 4대 중증질환의 총진료비(비급여 진료비 포함) 건강보험 급여화 - 4대 중증질환의 보장률(비급여부문 포함) 2016년까지 100% 확대
저소득층 및 중산층 의료비 부담 경감	- 본인부담 의료비 현행 3단계에서 10등급 상한제로 구분 - 65세 이상 노인에 대한 임플란트 건강보험 적용 - 신체적 장애 치매환자의 노인장기요양보험 대상자 우선 편입 - 사회환경적 요인을 반영하는 노인장기요양보험 등급체계 도입
무상보육, 기타 아동 및 출산	- 0~5세 보육 및 유아교육 국가완전책임제 실현 - 17시까지 초등학생 온종일 돌봄학교 운영 - 22시까지 맞벌이 가정 초등학생 자녀 온종일 돌봄교실 운영 - 자녀장려세제·저소득층 자녀 수에 따른 세액공제 도입 - 셋째 아이부터 대학등록금 전액 지원 및 민영주택 다자녀 특별공급 확대
고등학교 무상교육, 대학생 반값등록금, 대학 재정지원 확대	- 2014년부터 매년 25%씩 확대, 2017년에 고교 전면 무상교육 실시 - 2014년 대학등록금 실질적 반값정책 완성 - 대학에 대한 정부 재정지원 규모를 GDP 대비 0.7%에서 1%로 확대
기초생활보장제도 사각지대 완화	- 부양의무자 기준 완화 및 재산의 소득환산제 합리적 개선(소요재원을 2014년 예산부터 반영) - 차상위계층 기준: 최저생계비 120%에서 중위소득 50%로 확대 (2014년부터 차상위계층에 대한 복지서비스 소요예산 반영 추진) - 통합급여체계의 맞춤형 급여체계 전환(2013년 급여체계 개편 추진, 소요재원을 각 연도 예산에 반영)
사회보험 지원 적용확대	- 비정규직 근로자에 대해 고용보험·국민연금 보험료 100% 정부 지원 (2013년 기준 월급여 130만 원 미만 비정규직 근로자) - 특수고용직 근로자 현실에 맞게 산재보험과 고용보험제도 설계 - 농어업인에 대한 안전재해보장 보험료 50% 이상 지원 - 농어업인에 대한 국민연금 기준소득금액 상향 조정 및 건강보험료 경감 - 실직자에 대한 건강보험료 임의계속가입기간 2년으로 연장
근로장려세제 확대, 근로유인형 급여체계	- 무자녀 중고령층 및 청년층에 대한 근로장려세제 적용 확대 - 차상위계층과 연계하여 총소득 기준·점증구간 및 점증률 상향 조정 - 대상자의 재산가액 산정 시 부채 반영 및 재산기준 완화
장애인	- 중증장애인 활동 지원 24시간 보장 - 장애인 이동권 보장 및 정보 격차 해소
임신 및 출산 지원	- 임신·분만 취약 지역에 대한 의료지원 확대

	- 저소득층가구의 12개월 영아까지 조제분유 및 기저귀 지원 - 만 12세 이하 아동에 대한 필수예방접종비 무상지원

자료: 새누리당(2012).

별 맞춤형 복지'로 표현되는 주요 복지 공약은 <표 4-7>에 정리된 바와 같다.

먼저 대선 기간은 물론 집권 이후까지 박근혜 정부에서 가장 많은 논란을 일으킨 공약은 기초연금의 도입이다. 대선 공약집에서 박근혜 후보는 현행 기초노령연금 및 장애인연금을 기초연금화하고 국민연금과 통합 운영함으로써 사각지대나 재정의 불안정성 없이 모든 세대가 행복한 연금제도로 개편할 것을 공약했다.[13] 기초연금은 도입 즉시 65세 이상 모든 노인과 중증장애인에게 현재의 2배(국민연금가입자 평균 소득의 10%)를 지급하기로 했다. 이를 위해 2013년에 「기초노령연금법」을 「기초연금법」으로 전환하며, 기초연금과 국민연금의 통합적 운영을 위한 「국민연금법」 개정을 추진하기로 했다.

다음으로 4대 중증질환(암, 심장, 뇌혈관, 희귀난치성질환)의 총진료비(건강보험이 적용되지 않는 비급여 진료비를 모두 포함)를 건강보험으로 추진하며, 현재 75% 수준인 4대 중증질환의 보장률(비급여부문 포함)을 2013년 85%, 2014년 90%, 2015년 95%, 2016년 100%로 확대하기로 했다. 또한 국민건강보험제도의 본인부담상한액을 소득수준에 따라 기존의 3단계 상한제에서 10

---

13) 이미 정부는 2007년 7월 「기초노령연금법」 1차 개정 시 2009년 1월 1일부터 수급자를 65세 이상 노인 인구의 70% 수준이 되도록 했고, 연금액은 2028년까지 단계적으로 국민연금 가입자 평균 소득(일명 A값)의 10%에 해당하는 금액으로 인상하기로 했다. 강남훈(2013)에 의하면 박근혜 후보의 기초연금 공약은 개별성·무조건성·동일성이라는 기본소득(basic income)의 세 가지 조건을 모두 충족시키기 때문에 노령기본소득으로 간주된다. 문재인 후보는 2017년까지 기초노령연금과 장애인연금을 2배(약 20만 원)로 인상할 것을 공약했다(민주통합당, 2012).

등급 상한제로 전환해 저소득층 및 중산층의 부담금을 낮추고, 65세 이상 노인에 대해 임플란트의 건강보험급여를 적용하며, 신체적 장애가 있는 치매환자를 노인장기요양보험 대상자에 우선 편입하고, 장기요양의 판정체계를 신체기능 외에 주거 및 가족 등 사회환경 요인을 반영하는 등급체계로 개편하기로 했다.[14]

또한 서민의 경제적 부담을 줄이기 위해 0~2세 영아 보육료를 국가가 전액지원하고 양육수당을 증액하며, 3~5세 누리과정 지원비용을 증액하고 중·저소득층 방과 후 비용을 소득수준에 따라 차등 지원하기로 했다. 그리고 유치원 교사의 처우개선과 민간시설의 보육 및 교육 서비스의 공공성과 질을 높이기 위한 예산을 안정적으로 확보하며, 17시까지 초등학생 온종일 돌봄학교와 22시까지 맞벌이 가정 초등학생 자녀 온종일 돌봄교실을 운영하기로 했다. 자녀장려세제, 저소득층 자녀 수에 따른 세액공제, 셋째 아이부터 대학등록금 전액 지원, 민영주택 다자녀 특별공급확대 등은 저출산대책과 관련된 주요 공약이다.[15]

그리고 고등학교 무상교육을 2014년부터 매년 25%씩 확대해 2017년에 전면 실시하기로 했고,[16] 경제적 능력에 관계없이 공부할 능력과 의지만 있으면 누구든지 대학교육을 받을 수 있도록 소득 하위 80%까지 대학등록금 부담을 절반으로 경감하기로 했다. 구체적으로 소득 1~2분위는 전액 무상, 3~4분위는 75%, 5~7분위는 50%, 8분위는 25%를 지원하고, 소득 9~10분

14) 문재인 후보는 의료비 100만 원 상한제, 비급여항목 대거 급여화, 입원진료 본인부담률 10%로 인하, 최하위 5% 건강보험료 면제, 중소 영세사업장 사용자 부담 건강보험료 지원, 공공의료 확충, 포괄수가제 확대 시행 등을 공약했다.

15) 문재인 후보는 국공립어린이집 확충, 0~5세 무상보육 전면 실시, 아동수당 실시, 종일 서비스와 기본 서비스로 보육시간 이원화 등을 공약했다.

16) 문재인 후보는 초등학교부터 고등학교까지 12년 무상교육을 공약했다.

위는 든든학자금 대출 자격을 부여해 2014년에 대학생 반값등록금정책을 완성하기로 했다. 또한 든든학자금과 일반상환학자금 이자율의 단계적 인하를 추진해 5년 내 물가상승률 반영 시 실질적 제로화를 추진하고 군복무 기간 중 대출이자를 면제하기로 했다. 나아가 대학에 대한 정부재정지원 규모를 GDP 대비 0.7%에서 OECD 국가 평균 수준인 1%로 대폭 확대하기로 했다.

또한 한국의 대표적 공공부조인 기초생활보장제도 부양의무자 기준을 완화하고, 기초공제 및 재산유형별 환산율 등 재산의 소득환산제를 개선해 기초생활보장제도의 사각지대를 해소하기로 했다. 이를 위해 2013년에 「국민기초생활보장법」 및 시행령 등을 개정하고 소요재원을 2014년 예산부터 반영하기로 했다. 또한 기초생활보장제도의 급여체계를 개편해 급여종류별로 선정기준이나 급여수준을 별도로 정하고, 개별 급여체계의 구축 및 확대에 필수적인 소요재원을 각 연도 예산에 반영하기로 했다. 나아가 차상위계층의 개념 및 기준을 OECD의 상대빈곤 기준에 해당하는 중위소득 50%로 확대해 잠재적인 빈곤위험 계층에 대한 빈곤예방 기능을 강화하고, 이를 위해 2014년부터 차상위계층에 대한 복지서비스 소요예산을 반영하기로 했다.[17)]

한편, 비정규직 근로자는 실업이나 재해 위험이 높고 노후대비도 취약하지만, 고용보험·국민연금 등 사회보험 가입률이 낮아 사회안전망의 사각지대에 놓여 있다.[18)] 2012년 공약 발표 당시 '두루누리 사회보험 지원사업'으로 10인 미만 사업장의 월급여 125만 원 이하 근로자에게 고용보험·국민연금 보험료 일부를 지원해주고 있었으나 여전히 미가입률이 높은 상태에 있었

---

17) 문재인 후보는 부양의무자 기준 완화, 최저생계비를 상대빈곤선으로 전환, 근로장려세제의 적용대상 확대 등을 공약했다.

18) 이병희(2011)에 따르면 2010년 8월 기준 비정규직 근로자의 공적연금과 고용보험 미가입률은 각각 50.5%와 58.3%에 달했다.

다. 이에 월급여 130만 원 미만(2013년 기준) 비정규직 근로자에 대해서 고용보험·국민연금 보험료를 정부가 100% 지원해 사회보험의 적용을 확대하기로 했고, 이를 통해 비정규직 근로자 200만여 명이 정부 지원의 혜택을 볼 것으로 추정했다. 또한 특수고용직 근로자들을 보호하기 위한 산재보험과 고용보험제도의 개편, 농어업인에 대한 사회보험료 지원, 실직자에 대한 건강보험료 임의계속가입기간 연장 등도 공약으로 제시했다.

노무현 정부에서 제도가 도입되고 이명박 정부에서 처음으로 시행된 근로장려세제는 근로빈곤층에 대한 효율적인 소득지원정책으로 평가되었다. 제도 시행 이후 근로장려금 적용대상을 무자녀 유배우 가구까지 확대했으나 일자리가 불안정하고 소득수준이 낮음에도 부양자녀가 없는 청년층 및 중고령층은 여전히 근로장려금의 대상에서 제외되어 있었다. 더욱이 엄격한 재산기준과 낮은 급여수준, 맞벌이 가구에 대한 급여체계의 개선 등이 요구되었다. 이에 근로빈곤층의 상당 부분을 차지하는 무자녀 중고령층 및 청년층에게 근로장려세제를 확대 적용하고, 점증구간 및 점증률을 각각 연간 1,000만 원 이상과 30%로 상향 조정하며, 대상자의 재산가액 산정 시 부채를 반영하고 재산기준을 완화하기로 했다.

2) 소요예산 및 재원마련 방안

<표 4-8>을 보면, 대선 공약집에서 발표된 공약 이행비용은 총 131.4조 원이며, 편안한 삶(28.3조 원), 교육(18.8조 원), 여성(22.5조 원) 등 사회복지 분야의 지출액이 전체의 74.6%를 차지했다. 그러나 이들 재원소요에는 지역공약 이행을 위한 재원소요 및 조달방안뿐만 아니라 4대 중증질환 진료비 전액 국가부담과 저소득층 및 중산층의 본인부담 의료비 경감을 위한 상한제 변

〈표 4-8〉 재원소요 및 재원조달 방안

(단위: 조 원)

재원소요			재원조달		
분야		지출	내역		수입
1	경제민주화	(예산소요 없음)	1	예산절감 및 세출구조조정	71.0
2	힘찬 경제	0.4			
3	편안한 삶	28.3			
4	지속가능 국가	2.3	2	세제개편	48.0
5	안전한 사회	2.1			
6	정부 개혁	1.3			
7	일자리	4.6	3	복지행정 개혁	10.6
8	교육	18.8			
9	여성	22.5			
10	농어촌	4.4			
11	정보통신	0.3	4	기타 재정수입 증대	5.0
12	주택	0.4			
13	문화	2.7			
14	창의산업	2.1	재원조달 소계 (1~4)		134.5
15	정치	(예산소요 없음)			
16	검찰 개혁	(예산소요 없음)			
17	장애인	0.9			
18	외교통일	(예산소요 없음)	(세출절감, 1+3)		81.5 (61%)
19	국민대통합	0.01			
20	국방안보	2.4			
대선 소계		93.6	(세입증가, 2+4)		53.0 (39%)
총선 소계		27.6			
지출 소계		121.2			
지방교부세		10.2			
총계		131.4	총계		134.5

자료: 새누리당(2012).

〈표 4-9〉 주요 사회복지 공약의 예산소요

(단위: 억 원)

공약	예산소요
기초연금 도입	146,672
고등학교 무상교육 실시	47,200
소득연계 맞춤형 반값등록금 지원	70,000
학자금 대출이자 실질적 제로화 추진	4,126
대학 재정지원 대폭 확대	20,000
0~5세 보육 및 유아교육 국가완전책임제 실현	168,187
어린이집 확대 및 맞춤형 보육서비스 제공	8,735
초등학교 온종일 돌봄학교 운영	19,762
자녀장려세제 도입	32,487
다자녀 가정에 대한 사회적 우대 확대	19,600
기초생활보장제도 사각지대 완화 및 맞춤형 빈곤정책 대상 확대	23,205
기초생활보장제도 급여체계 개편	46,410
장애인 활동지원 24시간 보장 및 장애인 이동권 보장	7,600
비정규직 근로자 사회보험 적용 확대	19,370
실직자의 건강보험료 부담 완화	8,000
근로장려세제 확대 및 근로유인형 급여체계 구축	18,200

자료: 새누리당(2012).

경, 65세 이상 노인에 대한 임플란트 건강보험 적용 등 건강보험 관련 추가비용은 포함되어 있지 않았다.[19)]

19) 조경엽·유진성(2013)에 따르면 제18대 대선 과정에서 새누리당이 발표한 대선 공약의 총 이행비용 중 복지와 관련된 비용은 73.6조 원(제19대 총선 공약 복지 관련 지출을 포함하면 93.7조 원)이었지만, 대선 공약 관련 복지 지출은 직접비용 고려 시 약 30조 원, 민간기업이나 공기업, 기타 기금 등 정부가 비용 부담의 주체가 아닌 간접비용 고려 시 약 83조 원 증가하는 것으로 추정되었다. 다만, 추가비용에는 대상자의 자연증가분으로 인해 발생하는 비용은 포함하지 않았기 때문에 실제의 비용은 더 증가할 수 있다.

<표 4-9>에서 주요 사회복지 공약의 예산소요를 보면, 0~5세 보육 및 유아교육 국가완전책임제 실현을 위한 예산이 16.8조 원으로 가장 많고, 기초연금 도입 예산이 14.7조 원으로 그 다음 순위를 기록했다. 반값등록금 지원과 고등학교 무상교육 실시, 기초생활보장제도 급여체계 개편도 비교적 많은 예산이 소요되는 공약이었다.

한편 대선 공약집에서 박근혜 후보는 공약 이행을 위해 재임 기간 동안 총 134.5조 원을 예산 절감 및 세출구조조정(71조 원), 세제개편(48조 원), 복지행정 개혁(10.6조 원) 및 공공부문 개혁(5조 원) 등을 통해 조달하겠다고 발표했다. <표 4-10>에서 예산절감 및 세출구조조정의 구체적 내역을 보면, 재량지출을 매년 7%씩 일괄적으로 축소하고, 사회간접자본투자 및 산업지원 등 경제개발예산을 지출 구조조정대상으로 지정해 매년 7%씩 추가 감축하며, 연구개발, 농림수산식품, 교육 및 국방 등 실효성 점검대상 분야의 예산을 2%씩 감축하기로 했다. 또한 연 30조 원의 재정융자를 이차보전방식으로 전환해 2014년부터 3년간 총 7조 원의 추가 세출재원을 확보하기로 했다. 세출구조조정을 통한 재원확보 방안은 대선 공약집에서 201개 공약 중 175번째 공약으로 제시되었다. 대선 공약집에서는 대표적인 예산 낭비 사례를 열거하면서 낭비성 예산의 축소, 의무지출과 재량지출을 구분한 총량제한 등 시스템에 의한 세출절감 정책, 범정부 복지정보 통합시스템의 구축과 유사·중복 복지예산사업의 통폐합, 공공사업의 의사결정 합리화 등을 제시했다.

세제개혁 및 세정개혁의 주요 내용은 비과세·감면의 축소와 정상화(15조 원), 세정강화를 통한 탈루세금의 축소(28.5조 원), 금융소득과세 강화(4.5조 원) 등이다. 박근혜 대통령은 대선 공약집에서 조세정의의 확립을 201개 공약 중 176번째 공약으로 제시했다. 한국의 지하경제규모가 GDP의 19.2~28.8%로 개도국 평균 30.0%보다는 작지만 선진국 평균 14.0%에 비해 매우

〈표 4-10〉 재원조달 방안

(단위: 조 원)

		2013년	2014년	2015년	2016년	2017년	합계
1	예산절감 및 세출구조조정	4.9	16.6	16.9	17.2	15.3	71.0
	재량지출 7% 일괄 축소	4.9[1]	10.2	10.6	11.1	11.6	48.5
	지출 구조조정대상 7% 추가 감축	0.0[2]	2.5	2.3	2.1	2.0	8.8
	실효성 점검대상 2% 추가 감축	0.0[2]	1.6	1.6	1.7	1.7	6.6
	기타 지출 감축	0.0	2.3	2.3	2.3	0.0	7.0
2	세제개편 및 세정개혁[3]	5.4	9.4	10.4	11.0	11.8	48.0
	비과세·감면 축소/정상화	1.4	3.0	3.3	3.5	3.8	15.0
	세정강화로 탈루세금 축소	4.0	5.6	6.0	6.3	6.7	28.5
	금융소득과세 강화	0.01	0.8	1.1	1.2	1.3	4.5
3	복지행정 및 공공부문 개혁	2.9	3.0	3.1	3.2	3.4	15.6
	복지행정 개혁	1.9	2.0	2.1	2.2	2.4	10.6
	공공부문 개혁	1.0	1.0	1.0	1.0	1.0	5.0
합계		13.2	29.0	30.4	31.4	30.5	134.5

주: 1) 2013년에는 이미 예산이 편성되어 있어 예산집행과정에서의 지출절감만 가능하므로 목표 절감률을 3.5%로 낮춰 집행한다.
2) 2013년에는 예산이 편성되어 있기 때문에 2014년부터 시행한다.
3) 배출권거래제도 도입 및 탄소세 도입에 따른 세수증대분은 다른 세목의 세부담 경감 및 에너지 관련 취약계층 지원 등 지속가능한 경제종합대책 수립에 활용될 것이므로 재원조달 합계에서 제외한다.

자료: 새누리당(2012).

크다고 진단하면서 소득공제 중심에서 세액공제 방식으로의 조세감면제도 전환, 지하경제규모 축소, 상장주식 양도차익 과세대상 대주주범위 확대, 금융소득종합과세대상 확대, 국세청의 금융정보 활용범위 확대, 조세회피가 많은 사업소득의 투명성 제고, 고용창출 및 서민지원 관점의 세제개편 등을 주요 정책으로 약속했다. 또한 177번째 공약에서는 복지 지출 증가 등으로 재정수입 확대가 필요한 상황이므로 잠재적 납세자와 수혜자 모두가 참여해 세입확충의 폭과 방법을 도출할 필요성을 제기하면서 '국민대타협위원회'를 통해 국민의견을 폭넓게 수렴할 것을 제안했다.

복지행정 및 공공부문 개혁의 구체적 내용을 보면, 범정부 차원의 복지정보 통합시스템 구축과 복지예산사업의 유사·중복사업 통폐합으로 10.6조 원을 마련하고, 무리한 환율방어 및 통화관리의 정상화를 통한 한국은행 잉여금의 국고납입 규모 증가와 정부출자기관에 대한 효율성 제고 및 금융공기업 배당강화를 통한 정부배당수입 증대 등으로 5조 원을 마련한다고 했다. 정부의 공공부문 개혁은 대선 공약집에서 178번째 공약(공공부문 투명성 강화)과 179번째 공약(공공기관 책임경영 강화)으로 구체화되었다.

한편, 대선 공약집에서는 지방정부의 자체세입 부족으로 재정자립도가 하락하고, 수도권과 비수도권 간의 재정격차가 확대되고 있는 반면 복지 지출 확대로 지자체의 재정부담이 가중되고 있다는 진단하에 지자체의 재정자립도 향상, 지역 간 재정격차 해소, 건전하고 효율적인 재정운용, 투명한 재정운영 등을 지방재정 4대 목표로 설정했다. 특히 지방자치단체의 자체재원 비중을 확대하기 위해 지방세를 취득세 중심에서 지방소비세와 지방소득세 중심으로 개편할 뿐만 아니라 지방재정조정제도의 재설계, 지방재정건전시스템 구축, 재정정보공시제도의 강화, 주민참여예산제도의 활성화, 복지사업에 대한 국고보조율 인상을 통한 지자체 매칭비 부담 해소 등을 대안으로 제시했다. 또한 실질적인 지방분권을 위해 인간다운 삶의 최저수준을 보장하는 복지사업은 전적으로 중앙정부가 담당하고, 분권교부세를 지방교부세로 통합하며, 중앙정부의 복지정책이 지자체의 지출부담을 초래할 경우 지방자치단체와 합의해 결정하기로 했다.

3) 복지 공약의 이행실태

제18대 대선 공약집에서 제시된 새누리당의 공약은 대통령직인수위원회와 관계부처 회의를 거치면서 큰 폭으로 축소·조정되었으며, 재원 마련 방안 또한 축소된 복지 공약조차 이행하기 어려운 수준으로 추진되었다. 집권 이후 박근혜 정부의 복지 공약과 재원조달 방안은 2013년 5월 28일 발표된 '박근혜 정부 국정과제'와 이어서 5월 31일 발표된 '재정지원 실천계획'(이하 공약가계부)에서 재정비되었다. 더욱이 2014년 연두 기자회견에서 박근혜 대통령은 경제민주화와 복지국가의 건설보다는 '경제개혁 3개년 계획'을 강조함으로써 복지보다는 성장에 중심을 두는 방향으로 선회했다.

먼저 박근혜 정부 '국정과제'에 나타난 복지정책을 살펴보면, 대선 공약과 비교할 때 크게 축소되었을 뿐만 아니라 그 이행시기도 늦추어지고 있다.[20] 기초연금은 하위소득 70%의 노인에게 국민연금 가입기간에 따라 10~20만 원을 지급하는 것으로 후퇴했다.[21] 더욱이 내가만드는복지국가(2013)에 따르면, 모든 노인에게 기초연금을 20만 원씩 지급하기로 한 공약은 유권자인 국민에게 공약의 실체와 다른 내용을 전달해 대통령에 당선되고자 사전에 준비한 '사기' 및 '허위사실 공표' 행위라고 한다. 모든 노인에게 20만 원을 지급할 경우 2014~2017년의 기간에 최소한 25.1조 원이 필요하지만, 대선 공약집에서 책정된 금액은 14.7조 원에 불과하기 때문이다. 또한 대선 공약과

---

20) 박근혜 정부의 복지정책 실태에 대해서는 오건호(2013) 참조.

21) 정부가 2014년 7월 도입 예정인 기초연금의 수급액 산식은 '(기준연금액-2/3×A급여)+국민연금수급자 부가연금액'이다. 여기서 기준 연금액은 2014년의 경우 20만 원이고, 부가연금액은 10만 원이다. 정부안에 따르면 2014년 수급개시자의 경우, 국민연금 가입기간이 11년 이내인 자까지는 20만 원을 지급받게 되고, 가입기간이 20년 이후인 자부터 10만 원을 지급받게 된다. 자세한 내용은 국회예산정책처(2013) 참조.

〈표 4-11〉 본인부담상한제 기준금액

<table>
<tr><th rowspan="2">소득구간</th><th colspan="3">본인부담상한액</th></tr>
<tr><th>현행(3단계)</th><th>대선 공약집(10단계)</th><th>2014년(7단계)</th></tr>
<tr><td>1분위</td><td rowspan="5">200만 원</td><td>50만 원</td><td>120만 원</td></tr>
<tr><td>2분위</td><td>100만 원</td><td rowspan="2">150만 원</td></tr>
<tr><td>3분위</td><td>150만 원</td></tr>
<tr><td>4분위</td><td>200만 원</td><td rowspan="2">200만 원</td></tr>
<tr><td>5분위</td><td>250만 원</td></tr>
<tr><td>6분위</td><td rowspan="3">300만 원</td><td>300만 원</td><td rowspan="2">250만 원</td></tr>
<tr><td>7분위</td><td>350만 원</td></tr>
<tr><td>8분위</td><td>400만 원</td><td>300만 원</td></tr>
<tr><td>9분위</td><td rowspan="2">400만 원</td><td>450만 원</td><td>400만 원</td></tr>
<tr><td>10분위</td><td>500만 원</td><td>500만 원</td></tr>
</table>

달리 국정과제에서는 4대 중증질환 진료비 중 상급병실료, 선택진료비, 간병비 등 비급여 진료비가 국가책임 대상에서 제외되었다.[22] 국민건강보험제도의 본인부담상한액도 소득수준에 따라 기존의 3단계 상한제를 10등급 상한제로 구분해 저소득층 및 중산층의 부담금을 낮추기로 했지만, <표 4-11>에서 보듯이 국정과제에서는 7단계로 축소되면서 의료비 부담이 완화되는

22) 2013년 3월 6일 국회 인사청문회에서 진영 보건복지부 장관 후보자는 "선거에서는 캠페인처럼 쉽게 받아들일 수 있도록 4대 중증질환 100% 보장이라고 쓴 것이고 이를 그대로 받아들이면 오해다. 실제 그 내용은 중증질환에 대한 부담을 크게 덜겠다는 취지"라고 밝혔다(≪한겨레≫, 2013년 3월 7일 자 기사 참조). 한편, 2014년 2월 보건복지부는 대통령 업무보고에서 2014년 하반기에 환자부담 선택진료비를 65%로 축소하고, 건강보험 혜택이 적용되는 일반병실을 4인실까지 확대하기로 했다. 2017년부터는 환자부담 선택진료비를 36%로 축소하고, 2015년에는 상급종합병원의 일반병상을 전체 병상의 70% 이상까지 확대하기로 했다. 또한 간병비를 간호서비스에 포함시켜 점차 건강보험의 적용을 확대하기로 했다. 이를 위해 2017년까지 4조 6,000억 원의 추가 재정이 필요한 것으로 보도되었다(≪중앙일보≫, 2014년 2월 12일 자).

환자도 15만 명으로 축소될 것으로 추정되었다.

무상보육의 경우 2012년 여·야 합의로 결정되어 2013년부터 모든 계층을 대상으로 실시되고 있지만, 대선 공약에서 0~5세 보육 및 유아교육의 국가 완전책임제 실현을 약속한 박근혜 정부는 중앙정부의 보육사업 기준보조율을 40~70%로 인상하는 국회 상임위원회의 개정 법안을 거부하고, 2014년 1월 28일 「보조금관리에 관한 법률 시행령」을 개정해 35~65%로 인상했다. 더욱이 박근혜 대통령은 지난 대선에서 초등학교 무상급식에 동의하지 않았을 뿐만 아니라 2014년 예산안에도 친환경 무상급식에 대한 중앙정부 지원 예산이 전혀 반영되지 않았다. 고등학교 무상교육은 2014년부터 매년 25%씩 확대해 2017년에 전면 실시하기로 했지만, 2014년 예산안에는 이를 위한 예산이 전혀 배정되지 않았고, 2014년에 대학등록금을 반으로 줄이겠다던 반값등록금 공약도 예산부족으로 실현이 어렵게 되었다. 박근혜 대통령의 반값등록금 설계는 등록금 총액 규모를 14조 원으로 설정한 후 대학이 3조 원, 정부가 4조 원을 부담하는 방식이다. 이를 위해서 국가장학금은 2013년 예산(2.8조 원)에 비해 1.2조 원 더 늘어야 하지만, 2014년 예산안에는 0.4조 원만 반영되었다.

국민기초생활보장제도의 경우, 제도의 사각지대와 통합급여체계의 문제점이 지속적으로 제기되었기 때문에 대선 공약집에서 제시된 개선 방안은 나름대로 합리적인 측면이 있지만, 여전히 예산은 공약을 이행하기에 부족한 상태이다. 부양의무자 기준의 완화와 재산기준의 합리화, 차상위기준의 상향조정, 욕구별 맞춤형 급여체계로 전환을 위해서는 수급대상자와 급여액의 증가가 불가피하다. 2014년 10월로 예정된 맞춤형 개별급여의 도입으로 생계급여의 경우 2014년 상반기에 123만 명에서 10월 이후 133만 명으로, 주거급여는 108만 명에서 152만 명으로, 의료급여는 145만 명에서 149만 명으로, 해산·장제급여는 3.5만 명에서 3.8만 명으로 증가할 것으로 예상되고 있지만, 2014년 예산은 2013년 추경예산 기준 7조 7,231억 원에서 단지 981억 원만 증가한 규모로 책정되었다.[23] 비정규직에 대한 사회보험료 지원은 저소득취약계층의 사회보험 사각지대를 축소하기 위한 공약임에도 대통령직 인수위원회에서 조기에 폐기되어 공약 이전의 수준으로 회귀했다.

한편 박근혜 정부는 '공약가계부'의 의의를 '대국민 약속은 반드시 이행'하는 신뢰 있는 정부와 미래세대에 부담을 전가하지 않는 책임 있는 정부에 두고, 세목신설과 세율인상 등 직접적인 증세는 지양하되 비과세·감면 축소 및 지하경제 양성화 등을 통한 세원확대에 중점을 두며, 재량지출 조정뿐만 아니라 법령 등 제도 개선을 통해 항구적·전면적인 재정개혁을 추진하기로 했다. 2013~2017년의 기간에 '공약가계부'의 소요재정은 134.8조 원으로 '대선 공약집'의 131.4조 원에 비해 3.4조 원 증액되었고, 경제부흥(33.9조 원), 국민행복(79.3조 원), 문화융성(6.7조 원), 평화통일 기반구축(17.6조 원) 등으로 구성되었다. 재원대책은 효과가 조기에 나타날 수 있도록 2014~2015년에 집중적으로 추진하며, 세입확충(50.7조 원)과 세출절감(84.1조 원)으로 소요재원을 조달하기로 했다. 특히 2014년에 필요한 17.4조 원은 7.9조 원의 세입확충과 9.5조 원의 세출절감으로 마련하기로 했다.

그러나 '2013년~2017년 국가재정운용계획'과 2014년 예산안의 내용은 대선 공약집에 비해 복지보다는 성장과 고용창출을 좀 더 강조하는 방향으로 선회했을 뿐만 아니라 재원마련 방안도 현실성이 떨어져 재정적자와 국가채무의 증가가 우려되고 있다. 먼저 정부는 2013~2017년의 국가재정운용 방향을 경제활력 회복과 일자리 창출에 중점을 두면서 박근혜 대통령의 임기

---

23) 2014년 예산은 2015년 시행예정인 교육급여를 포함한 금액이다. 자세한 내용은 국회예산정책처(2013) 참조.

내에 건전재정 기조를 회복하고, 국민의 시각에서 재정운용의 틀을 혁신하는 데 두었다. 특히 건전재정을 회복하기 위해 재정지출 증가율을 재정수입증가율보다 낮게 유지해 2017년에는 관리재정수지를 GDP 대비 0.4%까지 단계적으로 낮추고, GDP 대비 국가채무 비율을 35.6%로 관리하기로 했다. 그러나 '증세 없는 복지' 기조를 유지할 경우 복지 공약의 추가적인 축소 또는 폐지가 불가피하거나, 2017년 국가채무 전망치가 610조 원보다 더 큰 폭으로 증가할 수 있다. 더욱 문제시되는 것은 복지 공약의 이행과 재정건전성을 이유로 공기업 민영화를 무리하게 추진할 수 있다는 사실이다.24)

박근혜 정부의 2014년 예산안에는 '공약가계부'에서 제시한 세출절감 방안조차 제대로 반영되지 않아 25.9조 원의 관리재정수지 적자 예산을 편성했으며, 그 결과 2014년 말에는 국가채무가 2013년 추경 기준 대비 34.9조 원 증가한 515.2조 원에 달할 것으로 예상되고 있다. 대선 공약집에서 제시된 재량지출 7% 일괄축소, 지출구조조정 대상 7% 추가 감축, 실효성 점검대상 2% 추가 감축은 물론, '공약가계부'에서 제시된 사회간접자본투자 예산과 복지 분야 중 주택부문 예산의 감축 계획은 제대로 시행되지 않았다. 예를 들면, 사회간접자본투자 예산의 경우 '공약가계부'에서는 2014년 예산에서 1.7조 원을 감축하기로 했지만, 실제 감축규모는 2013년 본예산 대비 1조 원에 불과했다.

한편, 재정건전성을 위협하는 보다 근본적인 이유는 박근혜 정부가 '증세

24) 실제로 기획재정부는 2013년 12월 11일 '공공기관 정상화대책'을 발표한 이후 2014년 2월 27일 '경제혁신 3개년 계획 실현을 위한 중점관리대상기관 부채감축계획(안)'을 발표해 18개 공기업에 대해 2017년까지 42조 170억 원에 달하는 부채를 감축하기로 했다. 그 주된 내용은 사업조정(21조 7,037억 원), 자산매각(8조 7,352억 원), 경영효율화(5조 8,700억 원), 기타(5조 7,081억 원) 등이다. 특히 토지주택공사의 경우 민간과 상생할 수 있는 사업구조의 설계 차원에서 연간 사업비의 20%를 민간으로부터 조달하기로 했다.

없는 복지'를 주장하면서 복지재원 마련을 위한 적극적인 세수증대 노력을 추진하지 않는 데 있다. 먼저 지하경제 양성화를 위해 국회는 2013년 1월 1일 「상속세 및 증여세법」 개정을 통해 실명이 확인된 계좌에 보유하고 있는 재산은 명의자가 그 재산을 취득한 것으로 추정해 증여세를 부과하도록 했지만, 정작 지하경제 양성화에 필수적인 차명거래의 규제를 강화하는 금융실명제법 개정안은 국회에 계류 중이다. 또한 2013년 8월에 「특정 금융거래정보의 보고 및 이용 등에 관한 법률」을 개정해 국세청의 금융정보 이용에 대한 권한을 강화하고, 2014년 1월 1일 「국제조세조정에 관한 법률」 개정으로 해외금융계좌 금액의 출처에 대해 소명을 하지 아니하거나 거짓으로 소명한 경우에는 해당 금액의 10%에 상당하는 과태료를 부과하도록 했지만, 여전히 해외금융계좌 신고 기준금액은 10억 원으로 매우 높다.[25]

2013년 1월 1일에는 「소득세법」 개정을 통해 금융소득 종합과세 기준금액을 4,000만 원에서 2,000만 원으로 낮추었고, 2월 15일에는 「소득세법시행령」을 개정해 상장주식의 양도차익에 대해서 과세하는 대주주의 범위를 확대했다.[26] 이어서 8월에는 '2013년 세법개정안'을 발표해 세제개편의 방향과 내용을 제시했다. 세제개편의 방향은 소득 및 소비과세 비중을 높이고 법인 및 재산과세를 성장친화적으로 조정한다는 것이다. 그러나 소득공제의 세액공제 방식으로의 전환, 사회적기업 및 장애인표준사업장에 대한 세제지

25) 미국의 경우 해외금융계좌 신고기준 금액은 1만 달러이고, 신고의무를 이행하지 않으면 10만 달러 또는 계좌 잔액의 50% 중 큰 금액을 과태료로 부과한다. 2013년에는 해외금융계좌신고제(FATCA)를 도입해 세계 모든 금융기관이 미국거주자의 금융계좌에 대한 정보를 국세청에 보고하도록 하고, 이를 위반할 시 미국 내에서 벌어들인 투자수익의 30%를 징수하도록 했다.

26) 「소득세법시행령」 개정으로 2013년 7월 1일부터 대주주를 판단하는 지분율과 시가총액 기준은 유가증권시장의 경우 기존의 3%와 100억 원에서 2%와 50억 원으로 낮아지고, 코스닥시장의 경우 기존의 5%와 50억 원에서 4%와 40억 원으로 낮아졌다.

〈표 4-12〉「부가가치세법」·「지방세법」·「소득세법」 주요 개정 내용

※「부가가치세법」 개정: 2013년 12월 24일

지방소비세: 부가가치세의 감면세액·공제세액을 빼고 가산세를 더한 세액의 11%로 인상.

「지방세법」 개정: 2013년 12월 26일

	과세표준	2012.9.10 이전	9·10 부동산대책	개정
1. 취득세 인하	6억 원 이하	2%	1%	1%
	6억~9억 원			2%
	9억 원 초과	4%	2%	3%

※「지방세법」 개정: 2014년 1월 1일

2. 등록에 대한 등록면허세의 세율 인상.

3. 거주자의 종합소득 및 퇴직소득·양도소득에 대한 개인지방소득세 과세표준은 「소득세법」과 동일하게 하되, 표준세율을 별도로 정하고 표준세율의 50% 범위 내에서 가감할 수 있도록 함.

4. 내국법인의 각 사업연도의 소득에 대한 법인지방소득세 과세표준은 「법인세법」과 동일하게 하되, 표준세율을 별도로 정하고 표준세율의 50% 범위 내에서 가감할 수 있도록 함.

※「소득세법」 개정: 2014년 1월 1일

1. 사업소득에 고소득 작물재배업 추가.

2. 소형주택 보증금의 과세 제외 적용시한 3년 연장.

3. 법정기부금 필요경비 산입한도액 초과금액의 이월공제기간 3년에서 5년으로 연장.

	총급여액	개정 전	개정 후
4. 근로소득공제율 일부 조정	500만 원 이하	80%	70%
	500만~1,500만 원 이하	50%	40%
	1,500만~3,000만 원 이하	15%	15%
	3,000만~4,500만 원 이하	10%	
	4,500만~1억 원	5%	5%
	1억 원 초과	5%	2%

5. 부녀자공제제도의 적용대상을 종합소득금액 3,000만 원 이하인 부녀자로 한정.

6. 자녀 관련 소득공제제도의 자녀세액공제제도로의 통합(자녀 1명: 연 15만 원, 2명: 연 30만 원, 2명을 초과하는 자녀 1명당 연 20만 원 추가 공제).

7. 특별공제 등 일부 소득공제제도의 세액공제제도로의 전환(보장성보험료·연금계좌납입액: 12%, 의료비·교육비: 15%, 기부금: 3,000만 원 이하분 15%, 초과분 25%).
8. 월세로 지급한 금액의 소득공제율을 50%에서 60%로 인상, 소득공제 한도를 연 300만 원에서 연 500만 원으로 인상, 종합소득금액이 4,000만 원을 초과하는 경우에는 적용 제외.
9. 장기주택저당차입금의 이자 상환액에 대한 소득공제 대상을 국민주택규모 초과 주택까지 확대하고, 취득금액 제한을 3억 원에서 4억 원 이하로 상향 조정.
10. 최고세율 38% 적용받는 종합소득 과세표준 구간: 3억 원 초과에서 1억 5,000만 원 초과 조정.
11. 근로소득세액공제 공제한도 상향 조정.
12. 가업상속재산에 대한 취득가액 적용 특례 신설.
13. 다주택자에 대한 양도소득세 중과제도 폐지. 보유 기간 1년 미만 주택 및 조합원 입주권에 대한 양도소득세율 50%에서 40%로 인하. 보유 기간 1년 이상 2년 미만에 대해서는 40%에서 기본세율로 과세. 2015년부터 비사업용 토지에 대한 양도소득세 중과(기본세율+10%p). 투기 지역 내 부동산 양도 시 추가과세제도 항구 적용.
14. 현금영수증의 의무발급 기준 금액을 건당 거래금액 30만 원 이상에서 10만 원 이상으로 인하.

원 확대, 특정외국법인 유보소득 합산과세제도 개선, 근로장려세제의 확대 및 국민기초생활보장수급자에 대한 적용, 대중소기업 간 세액공제율 차등지원 등 일부 긍정적으로 평가되는 항목도 있지만, 법인세, 금융거래세, 재산세, 소비세 등을 포함해 전반적인 세제개편이 요구되는 시점에서 부분적인 세법개정안을 제시했을 뿐만 아니라 조세의 공평성보다는 효율성 측면을 강조했다는 점에서 한계를 노출했다. 더욱이 세법개정안에서 제시된 추가세입 규모는 공약가계부에서 발표된 50.7조 원에 크게 미치지 못하는 수준이다.[27]

'2013년 세법개정안'의 후속 조치로 정부는 2013년 12월 26일 「지방세법」을 개정해 주택에 부과하던 취득세율을 낮추었다. <표 4-12>에서 보듯이

27) 자세한 내용은 강병구(2013b) 참조.

주택에 대한 취득세율은 과세표준 9억 원 이하 1주택자에 대해 2%, 9억 원 초과 또는 다주택자에 대해 4%를 부과했지만, 2012년 9·10 부동산대책으로 취득세율이 한시적으로 50% 인하된 상태에 있었다. 박근혜 정부는 지방세법 개정을 통해 취득세율을 6억 원 이하 주택 1%, 9억 원 초과 주택 3%로 낮추었고, 취득세 인하에 따른 지방세수입 부족을 지원하기 위해 2013년 12월 24일 「부가가치세법」을 개정해 지방소비세를 부가가치세액의 5%에서 11%로 높였다.

또한 2014년 1월 1일 「지방세법」을 개정해 등록면허세의 세율을 인상하고, 개인지방소득세와 법인지방소득세의 과세표준을 각각 「소득세법」 및 「법인세법」과 동일하게 하되, 표준세율을 별도로 정하고 지방자치단체의 조례로 표준세율의 50% 범위 내에서 표준세율을 가감할 수 있도록 했다. 동시에 「소득세법」 개정을 통해 소득세 최고세율 적용 과세표준을 3억 원 초과에서 1억 5,000만 원 초과로 하향 조정하고, 다주택자에 대한 양도소득세 중과제도를 폐지하며, 보장성 보험, 의료비, 교육비, 기부금 등에 대한 소득공제 제도를 세액공제제도로 전환했다.

한편 <표 4-13>에서 보듯이 「조세특례제한법」 개정을 통해 대기업에 적용되는 연구·인력개발비 세액공제율 한도를 현행 6%에서 4%로 하향조정하고, 기업규모에 따라 연구 및 인력개발을 위한 설비투자 세액공제율을 차등해서 적용하며, 과세표준 1,000억 원 초과 일반기업에 적용되는 최저한세율을 1%포인트 인상했지만, 비과세 감면제도의 정리를 통한 과세기반 확충은 대단히 미흡한 상태에 있다. 녹색저축에 대한 과세특례조항의 폐지, 외국인 투자기업으로부터 받은 외국인투자가의 배당에 대한 조세감면의 폐지, 조세조약과 투자보장협정이 체결되지 않은 국가에 소재한 외국투자가의 투자금액 조세감면 배제, 국가나 지방자치단체의 보조금으로 투자한 금액에 대한

〈표 4-13〉「조세특례제한법」 주요 개정 내용(2014년 1월 1일)

1. 유망서비스업에 대한 중소기업 특별세액감면의 허용.
2. 대·중소기업 상생협력을 위한 기금 출연에 세액공제제도 3년 연장.
3. 대기업에 적용되는 연구인력개발비 세액공제율 한도를 현행 6%에서 4%로 하향.
4. 연구 및 인력개발을 위한 설비투자세액공제율을 기업규모별로 차등 적용(현행 10%에서 대기업 3%, 중견기업 5%, 중소기업 10%).
5. 중소기업이 기술을 이전함에 따라 발생하는 소득에 대한 세액감면제도의 신설.
6. 코넥스 상장기업 출자에 대한 과세특례.
7. 외국인근로자에 대한 과세특례 대상 축소 및 기간 제한.
8. 에너지절약시설 투자세액공제율 적용기한 3년 연장 및 기업규모별 차등적용(현행 10%에서 대기업 3%, 중견기업 5%, 중소기업 10%).
9. 환경보전시설 투자세액공제율 적용기한 3년 연장 및 기업규모별 차등 적용(현행 10%에서 대기업 3%, 중견기업 5%, 중소기업 10%).
10. 장애인 또는 60세 이상의 근로자 고용 시 세액공제금액의 한도 인상(고용증가 1인당 세액공제 한도 금액을 현행 1,000만 원에서 1,500만 원으로 인상).
11. 중소기업 취업자에 대한 소득세 감면 적용기한을 2년 연장·감면율 100%에서 50% 하향.
12. 중소기업 비정규직의 정규직 전환 시 1인당 100만 원 세액공제 신설.
13. 근로시간을 단축하여 일자리를 나누는 중소기업·근로자에 대한 손금산입·소득공제 확대.
14. 사회적기업과 장애인 표준사업장에 대한 세액감면제도의 적용기한을 3년 연장·감면축소.
15. 녹색저축에 대한 과세특례조항 폐지.
16. 고위험고수익투자신탁 등에 대한 과세특례 신설.
17. 장기집합투자증권저축에 대한 소득공제 신설.
18. 소형주택 임대사업자에 대한 세액감면 신설.
19. 준공공임대주택 양도소득세 과세특례의 신설.
20. 장기임대주택 장기보유특별공제율 인상.
21. 한옥 취득에 대한 양도소득세 과세특례 확대.
22. 근로장려금 신청자격의 완화·산정의 특례·기한 후 신청제도 도입.
23. 자녀장려세제 도입.
24. 다자간매매체결거래에 대한 소득세 등 과세특례의 신설.
25. 맞춤형 교육비용 등에 대한 세액공제의 3년 연장 및 차등 적용(현행 10%에서 대기업 3%, 중견기업 5%, 중소기업 10%).

26. 석유제품 전자상거래에 대한 세액공제특례의 환원.
27. 영구임대주택 거주자가 부담하는 난방비에 대한 부가가치세 면제.
28. 금지금(金地金)에 대한 부가가치세 과세특례 3개월 연장.
29. 일반택시 운송사업자에 대한 부가가치세 경감제도의 적용기한 2년 연장.
30. 외국인관광객에 대한 부가가치세 특례 신설.
31. 재활용폐자원 등에 관한 매입세액공제제도의 적용기한을 3년 연장(중고자동차는 1년).
32. 새만금사업지역의 외국인투자에 대하여 법인세 등을 감면할 수 있는 근거 마련.
33. 외국투자가가 외국인투자기업으로부터 받은 배당에 대한 조세감면을 폐지. 조세조약과 투자보장협정이 체결되지 아니한 국가에 소재한 외국투자가의 투자금액 조세감면 배제.
34. 의료비와 교육비 소득공제제도를 세액공제로 전환하고 공제율은 15%.
35. 금거래소의 개설에 따른 세제지원 규정의 신설.
36. 국가나 지방자치단체 등의 보조금 등으로 투자한 금액에 대한 세제지원 배제.
37. 사회적기업·장애인표준사업장에 대한 세액감면제도를 최저한세 적용대상에서 제외.
38. 과세표준 1,000억 원 초과 일반기업에 적용되는 최저한세율을 16%에서 17%로 인상.
39. 문화접대비 손금산입한도의 확대.
40. 해저광물자원개발을 위한 조세특례 일몰기한 3년 연장.
41. 창업 초기 중소기업에 대한 중소기업투자세액공제액 이월공제기간 5년에서 7년으로 연장.

세제지원의 배제 등과 같이 일부를 제외하고는 「조세특례제한법」의 개정 내용이 주로 비과세감면제도를 신설하거나 연장하는 내용으로 구성되었다.

4) 시대정신의 반영 vs 정치공학

경제민주화와 한국형 복지국가 건설을 공약으로 집권한 박근혜 정부는 집권 이후 복지 공약을 대폭 축소했을 뿐만 아니라 적극적인 증세 노력을 기울이지 않은 결과 2014년 예산을 25조 5,000억 원의 관리재정수지 적자예산으로 편성했다. 더욱이 박근혜 대통령은 2014년 신년 기자회견에서 '경제혁신 3개년 계획'을 강조함으로써 과거의 '줄푸세' 정책으로 회귀하고 있다. 특히 비정상적 관행의 정상화를 위해 공공부문의 개혁을 강조했지만, 불균형적으로 낮은 비중의 복지 지출과 조세부담률은 언급하지 않았다. 민간기업 주도의 창조경제를 역설했지만 창의성이 발휘될 수 있는 조건으로서 사회안전망의 중요성은 그다지 돋보이지 않았다. 내수활성화를 위해 중소기업의 육성과 규제완화를 강조했지만, 경제민주화는 물론 양극화와 분배구조의 불평등을 개선하기 위한 종합적인 경제정책은 찾아볼 수 없었다. 경제혁신의 이면에는 낙수효과에 대한 기대가 강하게 작용하고 있기 때문이다.

그렇다면 박근혜 후보는 왜 한국형 복지국가 건설을 대선의 주요 공약으로 채택했을까? 한편으로는 복지확대에 대한 시대적 요구를 적극 수용한 것일 수도 있고, 다른 한편으로는 정치공학적 포퓰리즘(대중인기영합주의)으로 복지 공약을 확대했을 가능성도 있다.[28)29)] 1990년대 이후 양극화와 분배구조의 악화, 저출산 및 고령화, 고용 없는 성장, 대기업과 중소기업 간 격차 확대, 고용불안정의 증가 등으로 사회안전망에 대한 사회적 요구는 높아지고 있지만, 여전히 우리 사회의 복지수준은 취약한 상태에 있다. 재정지출은 토건 및 경제 사업에 과도하게 집중되고 사회분야에는 투자가 부진해 전반적으

28) 주관중(1985)은 정치공학(political engineering)을 정치투쟁 과정에서 사용되는 제반기술의 원칙을 체계적으로 연구함으로써 정치투쟁을 설계하고 합리화하는 학문으로 정의하고 있다. 특히 그는 정치학에서의 조직이론은 기계공학에, 훈련·사기의 기술은 전기공학에, 전략·전술은 화공학에, 여론·선전·선동은 통신공학에, 정치자금은 연료에, 정치가는 기사에 각각 비유하고 있다.

29) 미국헤리티지사전(American Heritage Dictionary)에서는 포퓰리즘을 특권층에 대항해 일반 대중의 권익을 지지하는 정치철학으로 정의하고 있으며, 김영세(2012)는 여러 정책의 입안과 집행에서 사회적으로 바람직한 방향을 추구한다기보다 단지 집권만을 지상목표로 대중의 인기에 호소하는 정치 패턴으로 정의한다. 이 글에서 포퓰리즘은 '대중인기영합주의'라는 의미로 사용한다.

로 공공자원의 배분효율성이 낮다. 더욱이 저출산·고령화 시대에 가족과 미래세대에 대한 투자는 지속가능한 복지국가의 건설을 위해서 대단히 중요함에도 가족·보육·초중등 교육에 대한 재정지출은 여전히 낮은 수준이다.

한편 진보 진영은 2010년 지방선거에서 압승을 거두었고, 민주당은 2010년 10월 3일 전당대회에서 '보편적 복지'를 당의 강령에 삽입했다. 이렇게 2010년 이후 민주당이 복지국가의 담론과 정책을 공세적으로 수용해 정당의 지지율을 높여가는 상황에서 이명박 정부와 여당은 궁지에 몰리기 시작했고, 여당과 보수 세력은 박근혜 의원을 통해서 새로운 출구를 모색했다. 2007년 제17대 대선에서 '줄푸세'를 핵심 공약으로 제시했던 한나라당 박근혜 의원은 2009년 10월 박정희 전 대통령 30주기 추도식과 2010년 12월 20일 '사회보장기본법 전부개정을 위한 공청회'를 거치면서 복지에 대해 전향적인 태도를 나타냈고,[30] 2012년 2월 박근혜 의원이 주도적으로 창당한 새누리당은 마침내 당의 정강과 정책에서 모두 '좌클릭' 했다. 보수 세력이 복지확대라는 시대의 요구를 수용한 것이다.[31]

그러나 집권 이후 경제민주화와 복지 공약은 크게 후퇴했고, 박근혜 정부의 정책은 오히려 과거의 '줄푸세'로 회귀하는 양상을 보이고 있다. 따라서 지난 대선을 전후해서 나타난 보수 세력의 '좌클릭'은 경제민주화와 복지확대라는 시대정신의 반영이라기보다는 다분히 정치공학적 포퓰리즘으로 판단된다. 에이스모글루·에고로프·소닌(Acemoglu, Egorov and Sonin, 2013)에 따르면, 유권자들이 정치인들의 부패와 집권 후 부유층에 유리한 정책 시행을

---

30) 2009년 10월 추도식에서 당시 박근혜 전 한나라당 대표는 "아버지가 우리나라의 경제성장을 이룩하셨지만, 경제성장 자체가 목적이 아니었다. 아버지의 궁극적인 꿈은 복지국가 건설이었다"고 말했다.

31) 자세한 내용은 이상이(2014) 참조.

염려할수록 선거에서 공약을 충실히 이행할 것이라는 믿음을 주는 신호기능(signals of integrity)은 매우 큰 가치를 발휘한다. 그 결과 보수진영의 정치인들은 중도 또는 중도좌파의 정책을 선택하게 되는 것이다. 거기에 당선에 따른 편익이 크고 중위투표자와 보수진영 간에 정책 선호의 간극이 넓을수록, 부패한 정치인들에 대한 부유층의 로비 유혹은 크지만 뇌물이 발각될 확률은 낮을수록, 정치인들이 부패했다는 유권자들의 인식이 깊고 유권자들이 접하는 선거정보에 상당한 노이즈가 있을수록, 당선 이후 정치인들의 공약 이행에 대한 불확실성이 클수록 정책의 포퓰리즘적 편향은 더욱 커진다. 특히 불평등도가 높고 정치제도가 취약한 사회일수록 중도좌파적 포퓰리즘은 보수 정치인들에게 매력적인 선거 전략일 수 있다.[32)]

제17대 대선 후보 경선에서 패배한 박근혜 후보에게 제18대 대선은 '아버지의 꿈'을 실현할 수 있는 마지막 기회였지만, 이명박 정부 시절 4대강 사업을 통한 막대한 예산낭비와 재벌 대기업 및 고소득층에 유리한 감세정책은 제18대 대선에서 국민들의 심판 대상이 되었다. 더욱이 경제민주화와 복지 확대에 대한 국민적 요구와 신자유주의적 '줄푸세' 사이에는 커다란 정책적 간극이 존재했고,[33)] 영포(경북 영일·포항)라인을 중심으로 하는 정치적 부패와 공약 이행에 대한 유권자들의 불신은 이명박 정부의 '경제 대통령'에 대한 불신만큼이나 큰 상태에 있었다. 또한 양극화와 가계부채, '안철수 현상'

---

32) 정치인들의 선호표출과 공약을 통한 신호발송 전략에 대해서는 호텔링(Hotelling, 1929), 다운스(Downs, 1957), 뱅크스(Banks, 1990), 캘란더와 윌키(Callander and Wilkie, 2007), 김영세(2012) 등을 참조.

33) 제갈현숙(2013)에 따르면, 박근혜 대통령과 보수 세력이 기존 한국의 보수 논리에서 진화된 복지국가 패러다임을 준비하고 전개시켰던 중요한 요인은 정권 재창출을 위한 정치적 목적과 신자유주의 폐단으로 빚어진 국민들의 분노를 적절하게 관리할 필요성이 대두되었기 때문이다.

으로 표현되는 정치체제의 불안정성은 중도좌파적 포퓰리즘에 대한 유혹을 더욱 증폭시켰다.

결론적으로 박근혜 정부의 '생애주기별 맞춤형 복지'는 복지확대에 대한 국민적 요구를 반영한 '진[illegible] 약속'이라기보다는 다분히 정치공학적 요소가 강했던 포퓰리즘의 산물로 판단된다. 이러한 잠정적 판단은 향후 박근혜 정부의 정책 변화에 따라 달라질 수 있지만, 2007년 이후 새누리당의 정책 기조와 박근혜 정부의 정책 [illegible]신, 그리고 2014년 신년 기자회견을 볼 때 크게 바뀌지는 않을 것으로 전망된다. 다만, 공약 불이행에 대한 국민적 저항이 강할 경우에는 직접적인 증세를 시도할 수 있지만, 그 경우에도 대선 공약집에 준비해둔 '국민대타협위원회'라는 안전장치를 활용할 것이고, 가급적이면 소득세와 소비세 위주의 증세를 내세우며, 법인세와 재산세의 인상은 회피할 것이다.[34]

4. 대안적 재정정책과 재정민주주의

보수주의적 재정정책이 낙수효과를 기대하면서 감세정책과 작은 정부를 지향한다면, 대안적 재정정책은 공평과세의 실현과 촘촘한 사회안전망의 구축을 통해 분배와 성장의 선순환체계를 모색한다. 이러한 대안적 조세·재정정책은 기존의 이윤주도형 성장체제를 소득주도형 성장체제로 바꾸는 성장패러다임의 대전환에 조응하는 것이다.[35] 특히 거시경제의 수출의존도가 높

34) 이미 정부는 2014년 국세수입 예산안에서 소득세와 부가가치세는 각각 4조 4,501억 원과 4조 1,694억 원을 추가로 징수하되, 법인세는 단지 560억 원만 증세하기로 했다.

35) 라부아와 스톡햄머(Lavoie and Stockhammer, 2012)는 임금주도형 성장전략을 제기했지

고 가계부채가 급격히 증가하는 상황에서 소득주도형 성장체제로의 전환이 신자유주의적 정책실패의 대안일 수 있다.

1) 재정의 자동안정화장치 강화

개발연대의 조세·재정체계가 선택과 집중의 논리를 배경으로 하고 있다면, 복지국가 시대의 조세·재정체계는 연대와 공존의 원리를 바탕으로 하며, 이러한 원리가 곧 우리 사회에서 조세정의를 실현하고 보편주의적 복지제도를 확충하는 바탕이 된다. 그러한 의미에서 재정의 자동안정화장치를 강화하는 것이 복지국가 시대에 조응하는 조세·재정체계를 구축하는 길이 된다. 재정의 자동안정화장치(automatic stabilizers)란 경기변동에 따라 재정수지가 자동적으로 변동되면서 경기를 조절하는 기능으로서 누진적인 조세체계와 촘촘한 사회안전망을 특징으로 한다. 특히 경기변동성의 완화가 장기적으로 경제성장과 분배구조의 개선 및 빈곤해소에 긍정적인 영향을 미친다는 사실에 근거할 때, 내수기반이 취약하고 해외경기에 민감한 한국의 경우 복지, 고용, 재정건전성의 선순환 구조는 재정의 자동안정화장치의 강화를 통해 달성될 수 있다.[36]

복지국가의 발전을 위해서는 중장기적으로 조세부담률과 국민부담률을 최소한 OECD 회원국의 평균에 근접한 수준으로 증대시키면서 재정지출 규

만, 자영업자의 비중이 크고 사회보장과 서비스의 확충을 통한 사회적 임금의 증대를 필요로 하는 한국 상황을 고려한 이병희(2013)를 따라 소득주도형 성장으로 표현했다. 이들은 임금주도형 성장전략을 뒷받침할 구체적 정책으로 최저임금의 인상과 사회보장제도의 강화, 노조입법의 개선과 단체협약의 적용범위 확대, 국제적 투기자본의 관리와 금융거래세의 도입을 통한 금융부문의 재정적 기여 확대 등을 제시하고 있다.

36) 재정의 자동안정화장치가 우리 경제에 주는 시사점에 대해서는 강병구(2011) 참조.

형을 회복하고 재정지출의 사회투자기능과 재분배기능을 강화해야 한다. 2013년 세법개정안에서 정부가 2017년까지 증대시키기로 한 조세부담률 21% 내외는 2011년 OECD 회원국 평균(25.0%)에도 크게 미치지 못하는 수준이다. 특히 미래 복지국가의 발전을 위해서는 평화와 공존의 가치 아래 국방비 지출을 효율화하고, 사회간접자본 등 토건지출을 적정수준으로 유지하면서 점차 사회투자의 비중을 높여나가야 한다. 급속히 진행되는 저출산·고령화를 고려할 때 사회투자의 중요성은 더욱 커진다.

기초연금의 경우, 모든 노인들에게 월 20만 원씩을 국민연금과 연계 없이 일괄적으로 지급하되, 재정수입을 고려해 단계적으로 확대·실시할 필요가 있다.[37] 왜냐하면 국민연금이 보편적 노후소득보장의 역할을 제대로 수행하기 위해서는 적절한 소득대체율의 확보와 사각지대의 해소가 중요하며, 기초연금의 보편성 확대는 국민연금의 낮은 소득대체율을 보완하기 위해 중요하기 때문이다. 1988년 도입될 당시에 국민연금은 평균 소득 40년 가입 기준으로 70%의 소득대체율로 설계되었지만, 이후 여러 차례의 제도 개편을 통해 2028년에는 소득대체율이 40%로 낮아질 예정이다. 또한 국정과제에서 7단계로 축소된 본인부담 의료비 상한제에는 비급여 비용마저 포함하고 있지 않기 때문에 저소득층 및 중산층 환자의 본인부담 의료비를 실질적으로 경감할 수 있도록 비급여를 포함시켜 상한제 등급을 재조정해야 한다. 4대 중증질환에 대해서는 포괄수가제를 포함해 국가부담에서 제외된 선택진료비, 상급병

37) 강남훈(2013)은 노령기본소득의 도입에 따른 재정 증대가 정치적으로 부담이 된다면, 먼저 전 국민을 대상으로 기본소득을 실시하기 이전에 보편기초연금을 일단 지급한 뒤 다음 해에 부유한 노인으로부터 일부를 환수하는 환수형보편기초연금의 실시를 제안했다. 한편 복지국가소사이어티와 민주당이 절충적으로 요구하고 있는 것은 소득하위 70% 노인들에게 월 20만 원씩을 국민연금과 연계 없이 일괄적으로 지급하자는 방안이다(이상이, 2014).

실비, 간병비의 부담을 낮출 수 있는 방안을 모색할 필요가 있다. 이외에도 무상보육 및 고등학교 무상교육, 대학교육에 대한 지원, 기초생활보장제도 및 사회보험의 사각지대 해소 등은 분배구조의 개선뿐만 아니라 지속가능한 성장을 위해서도 매우 중요한 정책이기 때문에 실현 가능한 재원마련 방안을 조속히 수립해 공약을 이행해야 한다.

2) 조세정의 확립

집권 후 박근혜 대통령은 '증세 없는 복지'를 강조하면서 조세정의(tax justice)를 지하경제 양성화라는 좁은 틀에 가두어버리고 전반적인 세제개편은 외면하고 있다. 그 결과 공약 이행에 필요한 소요재원을 확보하기 어렵기 때문에 공약을 축소하거나 폐지 또는 연기하고 있다. 그러나 조세정의는 시장에서의 불평등한 분배구조를 시정하는 보다 적극적인 조세정책으로서 시장에서의 분배구조를 정당한 것으로 가정하는 자유주의자들(libertarian)의 공정과세(tax fairness)와는 근본적으로 차이가 있다.[38] 따라서 '생애주기별 맞춤형 복지'를 실현하기 위해서는 조세정의에 부합하는 직접적인 증세를 통해 필요한 재원을 확보해야 한다.

스미스(Smith, 1776)는 모든 국가의 국민은 가급적 각자의 능력에 비례해, 즉 국가의 보호 아래 각자가 획득하는 수익에 비례해 정부를 지원해야 한다고 주장함으로써 조세부담에 대한 능력설(ability-to-pay principle)과 이익설(benefit principle)의 두 가지 견해를 복합적으로 제시했다. 능력설은 분배적 정의를 적극적으로 고려하기 때문에 조세부과 이전의 분배상태가 조세부담

38) 조세정의에 대해서는 강병구(2012) 참조.

의 결정에 중요한 역할을 하지만, 이익설은 분배적 정의(distributive justice)에 대해 중립적이다. 한편 능력설에 입각한 공평과세(tax equity)는 수평적 공평과 수직적 공평의 두 차원으로 구분되는데, 머스그레이브(Musgrave, 1959)에 따르면 양자는 동전의 양면에 비유되기도 한다. 그러나 조세부담에서 수직적 공평의 고려가 당위적으로 요구된다고 할지라도 그 정도를 나타내는 누진성(progressivity)의 크기를 결정하는 것은 매우 어려운 문제이다. 스튜얼(Steuerle, 2002)에 따르면 수평적 공평은 보편적으로 받아들일 수 있는 사회의 원칙이지만, 수직적 공평은 분배에 대한 사회적 가치판단이 요구되기 때문이다.

조세체계의 누진성과 관련해서는 공리주의로부터 롤스(Rawls, 1971)의 정의론에 이르기까지 다양한 논리적 근거가 제시되고 있다.[39] 먼저 공리주의의 균등희생의 원칙은 시장에서의 분배가 공정하다는 가정에 의존하기 때문에 기본적으로 불평등한 분배를 시정하는 정부의 재분배정책을 적극적으로 요구하지 않는다. 반면에 롤스(Rawls, 1971)의 공정으로서의 정의(justice as fairness)에 따르면 공리주의의 기본가정이 충족되지 않더라도 누진적 과세는 보장된다. 소위 무지의 장막(veil of ignorance)에서 사회구성원들 간에 합의된 계약은 최소극대화(maxi-min)의 원칙으로 귀결되기 때문이다. 그러나 조세정의는 전반적인 사회정의(social justice)의 일부분으로 간주되어야 하며, 단순히 소득의 증가에 따라 평균세율이 얼마나 빠르게 상승하는가에 의해서만 평가될 수 없다.[40]

그동안 이윤주도형 성장체제하에서 한국의 조세·재정정책은 자본형성과

---

39) 누진적 조세체계의 이론적 배경에 대해서는 머스그레이브(Musgrave, 2002) 참조.

40) 머피와 나겔(Murphy and Nagel, 2002)에 따르면 재산권에 대한 자유주의(everyday libertarianism)의 견해는 시장분배가 공정하다는 가정에 기초하고 있으며, 따라서 조세정의는 무엇이 그러한 상태로부터의 이탈을 정당화하는가의 문제로 귀착된다.

저임금·장시간 노동에 유리한 방식으로 추진되었다. 금융 및 산업자본에 관대한 세제혜택, 외국인 투자자본과 근로소득에 대한 우대세제, 재벌기업의 편법증여와 일감몰아주기에 대한 관대한 처벌과 미약한 조세부과, 임금근로자의 저임금을 각종 소득공제를 통해 보전하는 조세감면정책, 고용주의 낮은 사회보장기여금 부담과 광범위한 사회보험 사각지대 등 그 사례는 조세·재정체계 전반에 만연해 있다. 그 결과 세율이 지속적으로 낮아지면서도 세수기반은 확충되지 않아 조세수입이 재정지출을 감당하기 어려운 지경에 이르렀다. 이러한 개발연대의 조세·재정체계는 복지국가 시대에 더 이상 적합하지 않은 방식이다.

양극화와 불평등한 분배구조, 조세체계의 취약한 누진성과 재분배기능을 고려할 때 우리 사회에서 조세정의의 확립은 단지 지하경제의 양성화만을 통해 달성하기 어렵다.[41] '증세 없는 복지'의 기조를 철회하고 좀 더 적극적인 증세정책으로 전환해야 한다. 소득세와 법인세의 실효세율을 높이고, 상장주식과 파생상품의 양도차익에 대해서도 과세해야 한다. 또한 부동산에 대한 거래세를 보유세로 대체해 지방정부의 세원을 안정적으로 확보하고, 불요불급한 조세감면제도를 정비해야 한다. 기업에 제공되는 세제혜택은 시장실패로 인해 투자가 부진한 분야로 제한하고, 일몰규정을 도입해 다양한 특례조항을 폐지해야 한다. 특히 고소득자·고액자산가, 재벌 대기업에 제공되는 세제상의 혜택을 축소시켜 과세기반을 확충할 필요가 있다. 나아가 탈세와 차명거래에 대한 처벌을 강화하고, 성실신고에 대한 유인체계를 구축해 시민들

41) OECD(2012)에 따르면 2009년에 순개인소득세(net personal income tax)로 측정된 한국의 개인소득세체계 누진성은 비교되는 OECD 회원국 중 폴란드와 일본 다음으로 낮았고, 강병구(2012)는 이명박 정부에서 추진된 감세정책으로 소득세의 수직적 공평성이 약화되었음을 보고하고 있다.

의 납세순응도를 높여야 한다.

3) 재정민주주의 기반 확충

재정민주주의는 국민의 의사를 재정운영에 실질적으로 반영하는 과정으로 정치체제와 불가분의 관계를 갖고 있다.[42] 다수대표제(majoritarian system)를 채택하고 있는 국가에서 부동표는 소득분포와 정치이데올로기의 중간지점에 위치하기 때문에 정당은 중산층과 무당파 유권자들의 표를 얻으려고 노력하지만, 빈곤계층은 직접적인 관심의 대상이 아니다. 반면에 비례대표제(proportional system)하에서는 빈곤층의 표가 곧 의석수에 영향을 미치기 때문에 그들 자신의 정당에 의해 대표되거나 중도좌파 정당에 의해 지지를 받을 수 있다. 이러한 차이로 인해 비례대표제를 채택하고 있는 국가에서는 다수대표제 국가에 비해 사회지출의 규모가 크고 빈곤층에 대한 재분배가 좀 더 강화된 형태로 나타난다.[43]

<표 4-14>를 보면, (공공)사회복지 지출이 GDP에서 차지하는 비중과 조

---

42) 옥동석(2004)에 따르면 재정민주주의 또는 재정책임성은 국가가 재정을 통해 국민들의 의사에 순응하는 행동을 하고 그에 따른 책임을 지는 것이다.

43) 선거제도와 사회지출 규모 및 재분배정책의 관계에 대해서는 삭스(Sachs, 2012) 참조. 삭스에 의하면 미국의 다수대표제(first-past-the-post: FPTP)하에서는 빈곤층의 필요를 경시하는 경향이 있을 뿐만 아니라 전국 정당의 규율이 약하고 제한적이며, 소선거구제로 선거가 치러질 경우 지방의 주요 산업체와 각 선거구의 부유한 유권자들이 막강한 영향력을 행사하기 쉽다. 더욱이 거액의 선거비용으로 인해 기업지배체제(corporatocracy)가 강화되는 경향이 있다. 즉, 기업의 부는 선거자금 기부와 로비, 정부와 산업 간의 회전문 인사를 통해 정치권력으로 전환되고, 정치권력은 감세와 탈규제, 정부와 산업 간 특혜성 계약을 통해 좀 더 큰 부로 되돌아온다. 부는 권력을 낳고, 권력은 다시 부를 낳는 것이다. 그 결과 정당들은 의회활동에서 더 이상 중위투표자(median voter)들이 선호하는 정책으로 수렴하는 것이 아니라 선거자금을 기부할 사람들에게 불균형적으로 영합하게 된다.

〈표 4-14〉 선거제도와 재정의 소득재분배 효과

(단위: %)

	공공사회복지 지출 (2009년)	사회복지 지출 (2009년)	빈곤율 감소 (2010년)	소득불평등 완화 (2010년)
비례대표제	26.8	27.3	68.0	39.3
혼합형	24.5	25.1	65.7	36.0
다수득표제	22.5	22.9	57.2	31.2

주: 1) 선거제도의 유형은 International IDEA의 분류를 따랐으며, 비례대표제(오스트리아, 벨기에, 덴마크, 핀란드, 그리스, 아일랜드, 이탈리아, 네덜란드, 노르웨이, 포르투갈, 스페인, 스웨덴), 혼합형(독일, 뉴질랜드), 다수득표제(오스트레일리아, 캐나다. 미국, 영국, 프랑스)로 구분한다.

2) 소득재분배와 빈곤율 감소 효과의 계산에서 아일랜드와 뉴질랜드는 2009년 자료를 이용했다.

자료: www.oecd.org/statistics, www.idea.int(International IDEA).

세·이전지출의 소득불평등 완화 및 빈곤율 감소 효과는 비례대표제, 혼합형, 다수득표제의 순서로 크다. 한국은 혼합형으로 분류되지만, GDP 대비 (공공) 사회복지 지출의 비중은 매우 작고, 조세 및 이전지출의 소득불평등 완화와 빈곤율 감소 효과 또한 다수득표제를 채택하고 있는 국가들보다 낮은 수준이다. 한국 선거제도의 취약한 대표성은 낮은 수준의 국민부담률과 함께 저복지의 주된 요인으로 판단된다. 대의민주주의하에서 재정의 규모와 배분은 공공선택(public choice)의 대상인데, 취약한 대표성으로 인해 상대적으로 중산층 이하의 요구가 재정정책에 제대로 반영되지 못하기 때문이다.

따라서 재정의 소득재분배 기능을 확대해 분배와 성장의 선순환 구조를 구축하기 위해서는 선거제도에서 대표성을 강화할 필요가 있다. 불평등한 분배구조는 교육기회를 제약해 인적자본의 효율적 배분을 저해하고, 세대 간 계층 유동성을 제약하며, 사회적 갈등구조를 초래해 궁극적으로 경제성장에 부정적인 영향을 준다. 특히 경제의 대외의존도가 큰 한국의 경우 공평한 분배구조는 장기적으로 자원의 효율적 배분과 내수기반의 확충을 통한 고용증대는 물론 경제의 안정적 성장과 재정건전성의 유지를 위한 전제조건이 된다.[44] 따라서 대표성의 강화는 다양한 계층의 욕구를 최대한으로 포괄할 수 있는 합의제 민주주의(consensus democracy)를 가능하게 해 성장과 분배의 선순환을 촉진할 수 있다.[45]

또한 재정민주주의와 재정책임성을 강화하기 위해서는 참여예산제도를 활성화하고 국민소송제도를 도입해야 한다. 한국의 주민참여예산제도는 2011년 3월「지방재정법」개정을 통해 도입되었지만, 그 성공 여부는 예산을 개방적으로 논의할 지방정부의 의지와 시민단체 및 지역주민들의 적극적인 참여에 달려 있다. 한국은 이미 2006년 1월 1일부터 자치단체를 대상으로 주민소송제도를 도입하고 있지만, 국가와 공공단체를 대상으로 하는 국민소송제도는 아직 도입하고 있지 않다. 미국의 허위청구방지소송(Qui Tam Action 또는 False Claims Action)은 악의적인 사기를 통해 연방정부로 하여금 예산을 과잉지출하게 한 기업이나 개인에 대해 과잉수령한 금전을 연방정부에 반납하게 하는 소송으로서 1990년대 이후 연방정부의 예산낭비를 방지하는 유용한 수단으로 인정되고 있으며, 특히 의료보험기관에 대한 과잉청구 방지에 큰 역할을 하고 있다. 한국도 국민소송제도를 도입해 국가공무원에 의한 국가예산의 불법적인 낭비, 허위청구를 통한 각종 연금기금이나 의료보험기금 등 공공기금의 불법적인 낭비, 조달계약이나 도급계약에서의 과도한 예산지출, 국유재산의 헐값 매각행위 등을 방지할 필요가 있다.[46]

---

44) 성장과 분배, 재정건전성의 관계에 대해서는 강병구(2013a) 참조.

45) 비례대표제와 합의제 민주주의, 조정시장경제의 관계에 대해서는 최태욱(2013) 참조.

46) 국민소송제도의 자세한 내용에 대해서는 한국지방자치법학회(2005) 참조.

5. 맺음말

박근혜 정부는 집권 이후 복지 공약을 대폭 축소했음에도 '증세 없는 복지'를 재정정책의 기조로 채택한 결과 2014년 예산을 25조 5,000억 원의 관리재정수지 적자예산으로 편성했다. 더욱이 박근혜 대통령은 2014년 신년 기자회견에서 '경제혁신 3개년 계획'을 강조함으로써 과거의 '줄푸세' 정책으로 회귀하고 있다. 따라서 박근혜 정부의 '생애주기별 맞춤형 복지'는 복지확대에 대한 국민적 요구를 반영한 '진품 약속'이라기보다는 다분히 정치공학적 요소가 강했던 포퓰리즘의 산물로 판단된다.

보수주의적 재정정책이 낙수효과를 기대하면서 작은 정부를 지향한다면, 복지국가의 재정정책은 조세정의와 촘촘한 사회안전망제도를 양 축으로 하고 있다. 또한 대의민주주의하에서 복지국가의 정치체제는 다양한 계층의 요구가 재정정책에 반영되는 선거제도와 재정민주주의를 기반으로 하고 있다. 따라서 박근혜 정부가 진정 한국형 복지국가의 건설을 목표로 한다면, 다음의 몇 가지 측면에서 재정정책을 재검토해야 할 것이다.

첫째, 재정지출의 효율성을 높이면서 재정의 사회투자기능과 재분배기능을 강화해야 한다. 특히 평화와 공존의 기치 아래 국방비 지출을 효율화하고, 사회간접자본 등 토건지출을 적정수준으로 제한하면서 기초연금의 보편성 확대, 서민·중산층 환자의 본인부담 의료비 경감, 4대 중증질환 진료비의 국가부담 확대, 무상보육 및 고등학교 무상교육, 기초생활보장제도 및 사회보험의 사각지대 해소 등 복지 공약을 충실히 이행해야 한다.

둘째, 조세정의에 부합하는 직접적이고 누진적인 증세를 통해 복지 공약 이행에 필요한 재원을 확보해야 한다. 박근혜 대통령은 조세정의를 지하경제의 양성화라는 좁은 틀에 가두어버렸기 때문에 불가피하게 복지 공약을 축소하거나 폐지 또는 연기할 수밖에 없다. 조세정의는 시장에서의 불평등한 분배구조를 개선하는 보다 적극적인 조세정책으로서 신자유주의적 공정과세와 구분된다. 양극화와 불평등한 분배구조, 조세체계의 취약한 재분배기능은 우리 사회에서 조세정의의 확립이 단지 지하경제의 양성화만으로 달성되기 어려운 이유이다.

셋째, 선거제도의 대표성 강화와 참여예산제도의 활성화, 국민소송제도의 도입을 통해 재정민주주의와 재정책임성의 기반을 확충해야 한다. 다수대표제를 채택하고 있는 국가에서 정당은 중산층과 무당파 유권자들의 표를 얻으려고 노력하지만, 비례대표제하에서 빈곤층은 정당에 의해 강력한 지지를 받을 수 있다. 따라서 대표성을 강화하는 방식으로 선거제도를 개편해 다양한 계층의 요구가 국가재정에 반영될 수 있도록 해야 한다. 국민소송제도는 불합리하거나 불법적인 예산집행에 대해 납세자들이 소송을 제기할 수 있는 제도적 장치를 제공해 재정의 책임성을 강화한다.

정치인의 선거공약이 실천수단을 제대로 마련하지 않은 채 단지 정치공학적으로 만들어질 경우, 집권 후 조정과정에서 국민들은 커다란 사회적 비용을 치르게 된다. 국민들은 정치를 냉소주의적 시각으로 바라보게 되고, 그 빈자리를 이익집단이 차지해 예산 낭비와 국가채무의 팽창을 초래한다. 더욱이 취약한 사회안전망은 위험이 수반되는 투자를 위축시킴으로써 창조경제는 물론 미래세대의 생산성 증대에도 부정적인 영향을 미친다. 박근혜 정부의 복지 공약 후퇴가 현세대뿐만 아니라 미래세대의 조세부담을 증가시키는 이유이다. 따라서 복지 공약의 이행과 국가재정의 건전성 확보를 위해서는 '증세 없는 복지'의 기조를 철회하고 적극적인 증세방안을 조속히 마련해야 하며, 그 방향은 조세정의를 실현하는 것이어야 한다.

참고 문헌

강남훈. 2013. 「차등기초연금과 노령기본소득: 가구별 수혜와 부담」. 서울사회경제연구소. ≪SIES Working Paper Series≫, no. 315.

강남훈. 2013. 「기초연금과 노령기본소득의 가구별 수혜와 부담」. 서울사회경제연구소. ≪Working Paper≫.

강병구. 2010. 「국가 재정건전성: 공짜는 없다」. 참여사회연구소. ≪시민과 세계≫, 제17호.

_____. 2011. 「사회지출의 자동안정화기능에 대한 연구」. ≪경제발전연구≫, 제17권 제1호.

_____. 2012. 「경제민주화와 조세개혁」. 『경제민주화를 위한 조건』. 2012년 한국사회경제학회 가을정기학술대회 자료집.

_____. 2013a. 「복지국가의 미래와 재정」. 『한국의 대안정치경제모델을 찾아서』. 제7회 대안담론포럼.

_____. 2013b. 「2013년 세법개정안 평가」. 경실련. 『정부 세제개편안의 평가와 개선방향』. 2013 정부 세제개편안 평가 토론회 자료집.

_____. 2014a. 「복지국가의 대안적 재정 체계」. ≪민주사회와 정책연구≫, 통권 26호.

_____. 2014b. 「재벌의 세제혜택과 개혁 과제」. ≪사회경제평론≫, 제44호.

국회예산정책처. 2013. 『2014년도 예산안 부처별 분석 IV: 보건복지위·환경노동위·국토교통위·여성가족위』(2013.11).

기획재정부. 2013. 「2013~2017년 국가재정운용계획」.

김연명. 2011. 「동아시아 사회복지의 예외성?: 동아시아 사회복지의 최근 변화와 전망」. 고려대학교 아세아문제연구소. ≪아세아연구≫, 제54권 제1호.

김영세. 2012. 『정치게임과 공공경제』. 서울: 율곡출판사.

김정우. 2005. 「노동소득분배율의 변동추이와 의미」. ≪노동리뷰≫, 통권 제5호.

다운스, 앤서니(Anthony Downs). 2003. 『경제이론으로 본 민주주의』. 박상훈·이기훈·김은덕 옮김. 서울: 후마니타스.

민주통합당. 2012. 『국민과의 약속 119(사람이 먼저인 대한민국): 제18대 대통령선거 민주통합당 정책공약집』. 서울: 광장인쇄.

삭스, 제프리(Jeffrey Sachs). 2012. 『문명의 대가: 위기의 미국이 택해야 할 경제와 윤리』. 김현구 옮김. 파주: 21세기북스.

새누리당. 2012. 『세상을 바꾸는 약속, 책임 있는 변화: 제18대 대통령선거 새누리당 정책공약집』. 서울: Jammy.
스미스, 아담(Adam Smith). 2007. 『국부론(하)』. 김수행 옮김. 서울: 비봉출판사.
안상훈. 2010. 「한국형 복지국가의 비전과 전략」. 국회의원 박근혜. 『사회보장기본법 전부개정을 위한 공청회: 한국형 복지국가의 건설』.
오건호. 2013. 「박근혜 정부의 복지 실태와 재정방안: 사회복지세 검토」. 월드텍스연구회 발표문(2013.12.20).
옥동석. 2004. 『재정민주주의와 지출승인법』. 서울: 한국조세연구원.
이상이. 2014. 「박근혜 정부의 복지정책 평가와 우리의 과제」. 복지국가소사이어티·복지국가정치추진위원회 공동주관 토론회.
이병희. 2011. 「사회보험료 지원을 통한 공식고용 촉진 방안」. ≪노동리뷰≫, 제80호.
_____. 2013. 「대안적 고용모델의 모색」. 『한국의 대안정치경제모델을 찾아서』. 제7회 대안담론포럼.
제갈현숙. 2013. 「박근혜식 복지국가의 성격분석 및 전망: 맞춤복지의 본질과 문제점」. 사회공공연구소. ≪이슈페이퍼≫, 2013-03.
조경엽·유진성. 2013. 『박근혜정부 복지정책의 비용 추정 및 경제적 효과 분석』. 서울: 한국경제연구원.
조영무. 2013. 「최근의 국제적인 재정통계 지침으로 본 우리나라의 공공부문 채무수준」. ≪LG Business Insight≫(2013.5.15).
주관중. 1985. 『조직과 지도의 정치공학』. 서울: 미래사.
최태욱. 2013. 「조정시장경제와 합의제 민주주의의 상보성」. 『한국의 대안정치경제모델을 찾아서』. 제7회 대안담론포럼.
캐슬, 프랜시스(Francis Castles). 2008. 『복지국가의 미래: 위기론의 허구와 실제. 우명동·우기동 옮김. 서울: 해남.
한국지방자치법학회. 2005. 「국민소송제도의 도입방안」. 사법제도개혁추진위원회.

내가만드는복지국가. 2013.9.30. "기초연금 공약 사기, 허위사실 공표".
≪중앙일보≫. 2014.2.12. "특진비 하반기부터 35% 줄인다".
≪한겨레≫. 2013.3.7. "4대 중증질환 100% 보장은 선거 캠페인용".

Acemoglu, Daron, Georgy Egorov and Konstantin Sonin. 2013. "A Political Theory of Populism." *Quarterly Journal of Economics*, pp. 771~805.
Banks, J. S. 1990. "A Model of Electoral Competition with Incomplete Information." *Journal*

of Economic Theory, 50, pp. 309~325.

Callander, Steven and Simon Wilkie. 2007. "Lies, Damned Lies, and Political Campaigns." *Games and Economic Behavior*, 60, pp. 262~286.

Castles, F. G. 2004. *The Future of the Welfare State: Crisis Myths and Crisis Realities.* Oxford University Press.

Cheon, B. et al. 2013. "Growing Inequality and its Impacts in Korea." *GINI Inequalities' Impacts: Country Report*.

Downs, Anthony. 1957. *An Economic Theory of Democracy*. New York: Harper&Row.

Esping-Andersen, G. 1990. *The Three Worlds of Welfare Capitalism*. Princeton University Press.

Hotelling, Harold, 1929. "Stability in Competition." *The Economic Journal*, Vol. 39, No. 153, pp. 41~57.

International Finance Corporation and The World Bank. 2013. *Doing Business Database*.

Lavoie, M. and E. Stockhammer. 2012. "Wage-led Growth: Concept, Theories and Policies." *New Socio-economic Paradigm, New Social Policies*. International Conference: Korea Labor Institute.

Murphy, L. and T. Nagel. 2002. *The Myth of Ownership: Taxes and Justice*. Oxford University Press.

Musgrave, R. A. 1959. *The Theory of Public Finance*. New York: McGraw-Hill.

_____. 2002. "Equity and the Case for Progressive Taxation." in J. J. Thorndike and D. J. Ventry Jr.(ed.). *Tax Justice*. Washington, D.C.: The Urban Institute Press.

OECD. 2011. *Revenue Statistics 1965-2010*.

_____. 2012. *Economic Policy Reforms: Going for Growth*.

Rawls, J. A. 1971. *Theory of Justice*. Cambridge: Harvard University Press, Belknap Press.

Sachs, Jeffrey D. 2011. *The Price of Civilization: Reawakening American Virtue and Prosperity*. New York: Random House Trade Paperbacks,

Smith, A. 1776. *An Inquiry Into The Nature and Causes of The Wealth of Nations.*

Steuerle, C. E. 2002. "And Equal (Tax) Justice for All?." in J. J. Thorndike and D. J. Ventry Jr.(ed.). *Tax Justice.* Washington, D.C.: The Urban Institute Press.

제2부 주요 경제·사회정책 개선 과제

제5장 노동소득분배율 변동과 내수경제 | 주상영

제6장 가계 금융부채의 연령별 특성과 과제 | 배영목·김상미

제7장 비공식 고용의 발생 원인과 정책 대응 방향 | 이병희

제5장

노동소득분배율 변동과 내수경제*

주상영 | 건국대학교 경제학과 교수

1. 머리말

노동소득분배율은 국민소득 가운데 노동이 차지하는 몫이며, 나머지는 자본의 몫이다. 소득불평등의 정도를 나타내는 변수로는 주로 지니계수, 소득분위배율이 사용되고 있으나, 노동소득분배율은 기능적 소득분배에 관한 지표로서 자본소득과의 상대적 비교에 초점을 두는 경우에 사용된다. 일반적으로 자본소득이 노동소득에 비해 더 불평등하게 분포되어 있으므로, 노동소득분배율의 하락은 소득불평등의 심화를 야기한다. 단, 지니계수와 같은 소득불평등 지표와 차별화되는 점은 생산비용과도 관련된다는 것이다. 노동소득분배율은 단위노동비용(unit labor cost)의 의미를 갖고 있으므로, 노동소득분배율의 하락은 자본을 제공하는 주체나 노동과 자본을 결합해 생산활동을 하는 기업의 입장에서는 경쟁력 제고를 의미하는 것이기도 하다.

---

* 이 글은 ≪경제발전연구≫, 제19권 2호(2013.12)에 게재된 논문을 수정·보완한 것이다. 자료 구축과 정리에 큰 도움을 준 건국대학교 대학원 전수민 씨에게 감사한다.

외환위기 이후 노동소득분배율이 하락하는 모습을 보이고 있다. 이는 노동소득의 증가 속도가 노동생산성의 증가 속도에 미치지 못하기 때문이다. OECD 국가의 경우는 이미 1980년대부터 노동소득분배율이 하락하는 추세를 보였다. 그렇다면 노동소득분배율 하락이 한국경제에 미치는 영향은 어떠한가? 이 글은 노동소득분배율의 측정에서 출발해 그 추세 변동을 살펴본 다음, 노동소득분배율이 소비와 투자 등 내수(domestic demand)경기에 어떠한 영향을 주고 있는가를 분석한다. 내수에 초점을 맞추는 이유는 최근 경제성장률의 하락 추세 속에서도 수출 성장세는 어느 정도 유지되고 있으나 내수경기는 침체에서 벗어나지 못하고 있기 때문이다. 그러면 노동소득분배율의 하락과 내수침체는 어떤 관계가 있는가?

한국의 경우 최근 분배친화적 성장 또는 성장·분배의 선순환이라는 담론이 활발하다. 경제민주화와 경제성장이 양립 가능한가에 대한 논란도 그치지 않고 전개될 것이다. 분배가 성장에 어떤 영향을 줄 것인지에 대한 관심은 그 어느 때보다도 높아졌다. 이러한 관점에서 글로벌 금융위기 이후 국제연합무역개발위원회(United Nations Conference on Trade and Development: UNCTAD), 국제노동기구(International Labour Organization: ILO) 등에서 대안적 성장모형으로 제시하는 임금주도 성장(wage-led growth)이 관심을 끌고 있다.[1] 주류경제학으로 불리는 신고전파 이론에서는 일반적으로 소득분배 변수가 성장의 동력으로 중요하게 취급되지 않는다. 한계소비성향의 개념을 도입한 케인스의 유효수요이론은 소득분배 악화가 평균소비성향을 감소시킬 수 있다는 점을 지적하지만, 투자의 불안정성을 특별히 강조하는 그의 이론에서 분배 변수가 성장에 결정적인 역할을 하는 것은 아니다. 단, 포스트-케인지언

---

1) 스톡햄머(Stockhammer, 2013) 등 참조.

(Post-Keynesian)의 관점에서는 임금주도 성장인가, 이윤주도 성장(profit-led growth)인가의 구분이 핵심적인 연구 주제로 다루어진다(Bhaduri and Marglin, 1990 등). 이제 진보·보수를 막론하고 이 문제에 대한 관심은 그 어느 때보다도 높으며, 근본적으로는 자본주의의 미래를 보는 시각과도 밀접하게 관계된다.[2)]

한국경제를 대상으로 이 문제를 거시적으로 접근하는 것이 이 글의 동기이다. 물론 경제의 성장은 생산 또는 공급능력의 확대라는 장기적 측면을 갖고 있으므로, 한 국가의 짧은 시계열로 그 전반적인 특성을 분석하는 데에는 한계가 있을 것이다. 그런데 한국의 현실을 볼 때, 그동안 소위 수출주도 성장전략을 취해왔으나 최근에는 세계경제의 동반 침체와 함께 수출주도형 성장도 한계에 도달했다는 우려가 제기되고 있다. 게다가 수출이 내수에 파급되는 효과도 점차 줄어들고 있다. 수출주도형 성장의 극단을 보여주는 중국도 이제는 그것이 한계에 도달했음을 인식하고 불평등 해소와 내수경기 확대로 정책 방향을 돌리고 있다. 불평등 확대와 내수침체의 문제를 한데 묶어보기 시작했다는 뜻이다. 안정적 성장을 위해서는 내수의 지속적 성장이 필요하다. 따라서 이 글에서는 분석의 범위를 좁혀 내수가 분배 변수에 의해 어떤 영향을 받는지 검토해보기로 한다. 특히 노동소득분배율이라는 기능적 분배 변수를 이용해, 그것이 한국의 내수경기에 어떤 영향을 주는지에 한정해 계량분석을 시도한다.

그런데 노동소득분배율을 이용하는 분석에는 여러 가지 기술적 어려움이

2) 외환위기 이후 한국경제의 구조조정 필요성을 역설하던 맥킨지 연구소조차도 최근(2013년) 발간한 「제2차 한국 보고서: 신성장공식」에서 수출주도의 성장모델이 한계에 도달했으며 국가경제와 가계경제 간의 탈동조화 현상이 본격화되고 있다고 지적하고, 이와 같은 추세가 지속될 경우 불평등이 심화되고 소비성장이 위축되어 성장을 지속할 수 없는 상황에 다다를 수 있다고 경고하고 있다.

따른다. 한국은행에서 공식적으로 집계해 발표하는 노동소득분배율에는 피용자보수만이 반영되어 있는데, 자영업 비중이 높은 한국경제 현실에 비추어 봤을 때, 진정 노동의 몫을 잘 반영하는 지표인지 의문이 제기된다. 이에 대해서는 몇 가지 보정방식을 적용해 수정된 노동소득분배율을 사용해보기로 한다. 또 하나의 문제는 보정방식을 적용하더라도 연도별 자료에 의존할 수밖에 없는 한계이다. 주지하는 바와 같이 한국경제에 외환위기가 미친 영향은 지대하므로 외환위기 이전과 이후를 구분해 분석할 필요가 있다. 그리고 연도별 자료만으로는 표본 부족의 문제에서 벗어나기 힘든 데다, 외환위기를 전후로 발생한 구조 변화를 탐지하기 위해서는 최소한 분기별 자료 분석이 필요하다. 이 글에서는 비록 완전하지는 않지만 노동소득분배율을 보정하는 동시에 분기 자료를 생성하는 방법을 고안해 외환위기 이전과 이후를 분리한 분석을 시도한다.

주요 분석 결과는 다음과 같다. 한국은행 방식으로 공표되는 노동소득분배율은 1970년대 이후 꾸준히 상승하다 1997년 외환위기를 기점으로 별다른 등락 추세를 보이지 않는 반면, 보정된 노동소득분배율은 외환위기 이전까지는 등락을 반복하다가 외환위기를 기점으로 뚜렷하게 하락 추세로 돌아선 것으로 나타났다. 그리고 소비함수를 추정한 결과, 노동소득분배율이 소비에 미치는 효과는 외환위기 이전에는 관찰되지 않지만 외환위기 이후에는 뚜렷하게 관찰된다. 즉, 외환위기 이후 노동소득분배율 하락이 소비침체에 기여하고 있다. 투자함수의 추정은 다소 의외의 결과를 보여준다. 이론적으로 노동소득분배율 하락이 투자에 미치는 효과는 긍정적이거나 적어도 중립적일 것으로 예상되지만, 한국에서는 노동소득분배율 하락이 투자에 부정적인 영향을 주고 있다. 물론 소비와 마찬가지로 이러한 결과는 외환위기 이후에 뚜렷하다. 인과관계의 분석까지 고려해 종합적으로 볼 때, 노동소득분배율 하락(자본소득분배율 상승)이 내수침체의 중요한 요인으로 작용한 것으로 보인다.

이 글의 구성은 다음과 같다. 2절에서는 노동소득분배율의 측정 문제를 다루며, 3절에서는 인과관계의 분석을 포함해 노동소득분배율의 변동이 소비, 투자 등 내수에 미치는 효과를 분석한다. 4절에서는 맺음말과 함께 시사점, 한계 등을 언급한다.

2. 노동소득분배율의 측정

1) 한국은행 방식의 노동소득분배율

국민소득은 노동을 제공한 가계에 대해 피용자보수(compensation of employees)[3)]로, 경영주체인 기업가에게 영업잉여(operating surplus)[4)]로, 정부에 대해서는 생산 및 수입세(taxes on production and imports)[5)]로 각각 분배된다. 한

3) 피용자보수는 일정 기간 동안 피고용자가 수행한 업무의 대가로 고용주로부터 받은 현금 또는 현물형태의 급여는 물론 피고용자를 위한 사회보장기금, 연금기금 및 보험에 납부한 고용주 부담금도 모두 포함한다(한국은행, 2010: 60).

4) 영업잉여는 부가가치 총액에서 피용자보수, 고정자본소모, 순생산 및 수입세를 차감한 것으로 각 산업부문의 기업잉여, 순지급이자, 토지에 대한 순지급임료 등 재산소득 형태로 나타난다. 1993년 SNA(국민계정체계)에서는 가계비법인기업의 경우 영업잉여 대신 '혼합소득'이라는 용어를 사용하도록 권고하고 있는데, 이는 자영업자의 피용자보수와 영업잉여가 혼합되어 있다는 점을 반영한 것이다(한국은행, 2010: 61).

5) 생산 및 수입세는 생산물세와 기타생산세로 구분된다. 생산물세는 생산자가 재화나 서비스를 생산, 배달, 판매, 이전 또는 기타 용도로 사용했을 때 동 재화나 서비스에 대해 부과되는 조세이다. 기타생산세는 생산에 사용된 토지, 건물, 기타자산의 소유 또는 이용에 대한 조세와 고용된 노동력 또는 피용자보수에 대한 조세이다(한국은행, 2010: 61).

국은행에 따르면, 노동소득분배율은 피용자보수와 영업잉여로 구성되는 요소비용국민소득(Nation Income at factor cost: NI) 중에서 노동을 제공한 대가로 근로자에게 분배되는 피용자보수와 국외순수취피용자보수를 합한 비율로 정의된다.

$$\text{노동소득분배율} = \frac{\text{피용자보수} + \text{국외순수취피용자보수}}{\text{요소비용국민소득(NI)}}$$

한국은행 방식에 의한 노동소득분배율은 <표 5-1>에서 보는 바와 같이 1970년 41%에서 꾸준히 상승하다 1997년 외환위기를 기점으로 소폭의 하락과 상승을 반복했으며 최근에는 일정한 비율을 보이고 있다.

〈표 5-1〉 노동소득분배율(한국은행 방식)

(단위: %)

구분	1970	1980	1990	1997	2000	2005	2008	2010	2011	2012
노동소득분배율	41.03	50.13	56.95	61.44	58.07	60.68	61.01	58.89	59.50	59.73

자료: 한국은행(2013).

그러나 한국은행 방식의 노동소득분배율은 자영업자의 소득을 모두 영업잉여로 간주한다는 것이 문제이다. 한국의 경우 높은 비중을 차지하고 있는 농업이나 영세도소매업이 대부분 가족 단위의 자영업으로 운영되고 있음에도 이를 모두 영업잉여로 계상한다. 반면 외국의 경우에는 농업이나 영세도소매업 비중이 낮을 뿐만 아니라 이들 부문에서도 피용자보수로 계상되는 노동소득이 상당히 많다.[6] 따라서 노동소득분배율은 자영업자의 소득을 어떻

6) 한국은행(2010: 250).

〈그림 5-1〉 노동소득분배율 구성요소의 변동 추이

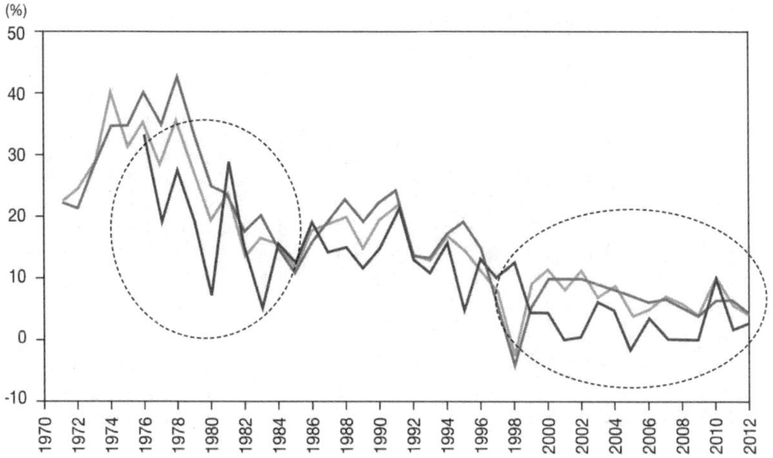

주: 전년 동기 대비 증감률.
자료: 한국은행(2013).

게 계산하느냐에 따라 크게 차이가 난다.

<그림 5-1>은 요소비용국민소득과 함께 피용자보수와 비법인개인기업 소득이 어떻게 변동해왔는지 보여준다.[7] 피용자보수의 경우, 외환위기 이전에는 국민소득에 비해 증가율이 더 높은 구간이 많았지만 외환위기 이후에는 대체로 국민소득 증가율과 별 차이 없이 변동하고 있다. 한국은행 방식의 노동소득분배율에 큰 변동이 없는 것은 바로 이 때문이다. 그러나 자영업자의 소득에 해당되는 비법인개인기업의 영업잉여(Operating Surplus of Unincorporated Enterprises: OSPUE)의 증가율은 전반적으로 국민소득 증가율을 밑돌

7) 요소비용국민소득은 통상 국민소득(NI)이라 하며 한 나라의 국민이 제공한 생산요소에서 발생한 소득의 총액, 즉 노동에 대한 대가인 피용자보수와 토지, 자본, 경영에 대한 대가인 영업잉여의 합계로서 고정자본소모와 순생산 및 수입세가 포함되지 않으므로 한 나라 국민이 벌어들인 순수한 소득을 나타내는 지표이다(한국은행, 2010: 247).

〈그림 5-2〉 피용자보수, 자본소득, OSPUE의 비중: 요소비용국민소득(NI) 대비

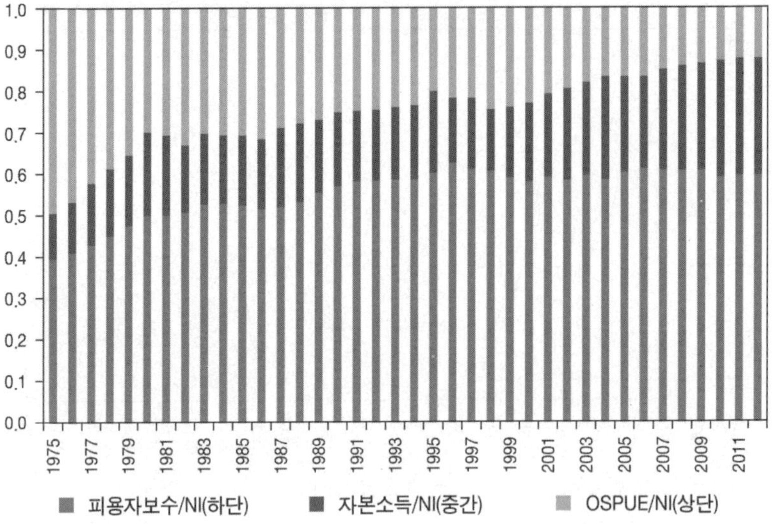

주: 요소비용국민소득(NI) = 피용자보수 + 자본소득 + 비법인개인기업의 영업잉여(OSPUE)
자료: 한국은행(2013).

고 있다. 특히 1970년대 후반과 1980년대 초반에 크게 하락했고 그 후 국민소득 증가율을 어느 정도 따라가는 모습을 보이기도 했지만, 1997년 외환위기를 기점으로 다시 크게 하락했다. 국민소득 증가율과 괴리되어 움직이는 것을 알 수 있으며, 명목증가율이 정체되는 모습마저 보여준다.

그러면 비법인개인기업의 영업잉여가 국민소득에서 차지하는 비중은 어느 정도인가? <그림 5-2>는 피용자보수, 자본소득, OSPUE가 요소비용국민소득(NI)에서 차지하는 비중을 보여준다. 1970년대 중반에는 OSPUE가 차지하는 비중이 50%에 달할 정도로 높았고, 1980년대 중반까지 30%대의 높은 비중을 유지했다. 지난 수십 년간 OSPUE의 비중은 계속 줄어들었는데, 특히 외환위기 이후 급속하게 축소되었다. 그 대신에 OSPUE를 제외한 일반 자본소득의 비중은 증가하는 추세이다. 한국은행 방식에 따를 때 외환위기

〈그림 5-3〉 한국의 고용구조

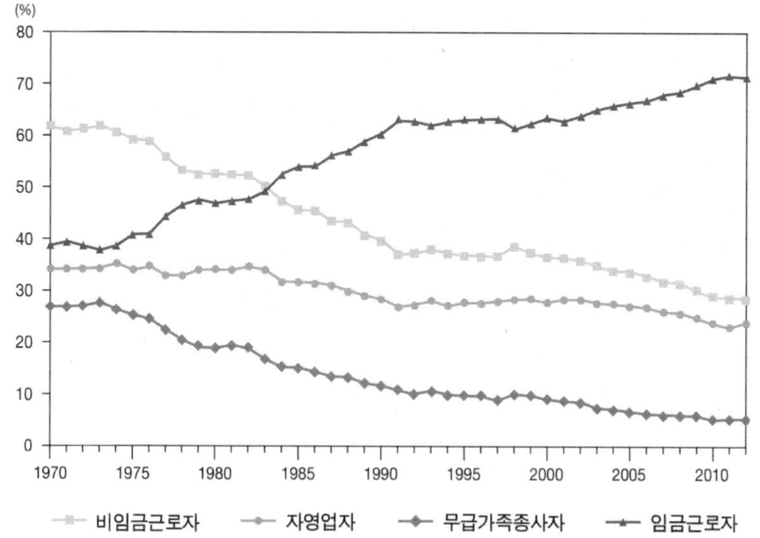

주: 총취업자 대비 임금근로자, 비임금근로자, 자영업자, 무급가족종사자의 비율을 나타낸다.
자료: 통계청.

이후에는 자본소득분배율(1-노동소득분배율)도 큰 변화가 없는 것으로 인식될 수 있으나, 그 안에서도 비중이 변하고 있다는 사실에 주목해야 한다. 노동소득분배율이 안정화된 것처럼 보일 수 있으나, 사실은 임금근로자의 피용자보수 비중만 안정화된 것이며 대부분 노동소득으로 볼 수 있는 자영업소득 비중은 크게 하락했다.

이와 같이 OSPUE의 증가율이 둔화되면서 국민계정상 비중이 줄어드는 것은 일차적으로 자영업 비중의 축소에 있다. <그림 5-3>에서 보듯이 자영업 및 무급가족종사의 비중은 지속적으로 하락하고 있는 반면, 임금근로의 비중은 증가하고 있다. 물론 자영업 비중의 하락에도 한국의 고용구조는 여전히 자영업 비중이 높은 것을 특징으로 한다. 특히 1970년대와 1980년대에는 자영업의 비중이 매우 높았으며, 1980년대 초까지 비임금근로자(자영업자

〈표 5-2〉 근로자 가구 평균 소득 대비 자영업자 가구 평균 소득 비율

(단위: %)

구분	2003	2004	2005	2006	2007	2008	2009	2010	2011	2012
평균 소득 비율	79.39	78.64	76.53	74.15	74.08	72.67	75.35	78.73	77.98	77.72

자료: 통계청(각 연도, 전국 2인 이상), 조윤제 외(2012) 및 저자의 추가 계산.

및 무급가족종사자)가 임금근로자보다 많을 정도였다. 사실 <표 5-1>과 <그림 5-3>을 함께 놓고 볼 때, 피용자보수만을 노동소득으로 간주하는 한국은행 방식의 노동소득분배율이 임금근로자 비중의 확대와 함께 상승하는 추세를 보인 것은 어쩌면 당연한 것인지 모른다. 따라서 자영업의 비중이 높으면서 동시에 임금근로자/비임금근로자 비중이 크게 변해온 한국의 현실을 볼 때, 자영업소득의 처리 문제가 노동소득분배율을 분석하는 데 핵심적인 과제라는 점을 확인할 수 있다. 더욱이 피용자보수만을 노동소득으로 간주하는 한국은행 방식을 따를 때, 경기침체기에 자영업자의 소득이 감소함에도 상대적으로 안정적인 임금소득 때문에 노동소득분배율이 과장되어 측정될 가능성도 있다.

그렇다면 자영업자의 소득은 자본소득으로 분류되어야 하는가, 노동소득으로 분류되어야 하는가? <표 5-2>는 통계청의 '가계동향조사' 자료를 이용해 작성한 것으로, 자영업자 가구의 평균 소득이 근로자 가구의 평균 소득에 비해 어느 정도인지 보여준다. 최근 10년간의 자영업 평균 소득/근로자 평균 소득 비율은 80% 아래에서 등락하고 있다. 이와 같은 수치는 자영업자 소득의 상당 부분 내지 거의 전부가 노동소득일 가능성을 시사한다.

2) 노동소득분배율의 보정

자영업자 소득을 반영해 노동소득분배율을 보정해야 한다는 점은 오래전부터 인식되어왔다. 이와 관련해 크루거(Krueger, 1999)와 골린(Gollin, 2002)의 연구가 주목할 만하다. 크루거(Krueger, 1999)는 노동소득분배율이 다양한 방법으로 정의될 수 있다고 보고, 노동소득을 피용자보수에 한정하는 방식, 피용자보수에서 기업의 사회보장기여금과 같은 비임금 급여를 빼는 방식, 피용자보수에 자영업자 소득을 더하는 방식을 제안했다. 피용자보수에 자영업자 소득을 더하는 경우에는 존슨(Johnson, 1954) 이래 미국에서 가장 많이 사용되던 방식으로 자영업소득의 3분의 2를 노동소득으로, 3분의 1을 자본소득으로 보는 방식을 택했다. 모든 경우에 노동소득분배율의 분모에 해당하는 소득지표는 요소비용국민소득(NI)을 사용한다.[8] 한편, 골린(Gollin, 2002)은 자영업소득의 전부를 분자의 노동소득에 포함시키는 방식 또는 자영업자 1인당 의제 노동소득을 임금근로자 1인당 평균 소득과 같다고 가정하는 방식을 제안했다. 분모에 해당하는 소득지표는 크루거(Krueger, 1999)와 달리 GDP를 사용한다.[9]

이제 크루거(Krueger, 1999)와 골린(Gollin, 2002)의 방식을 참조해 한국의

---

8) 크루거(Krueger, 1999)의 세 번째 방식에 따르면 제2차 세계대전 이후 미국의 노동소득분배율은 대체로 0.75에서 0.80 사이의 값을 갖는데, 1970년대 중반 이후에는 서서히 하락하는 추세를 보인다.

9) 골린(Gollin, 2002)에 따르면 피용자보수만을 이용해 노동소득분배율을 계산하면 국가마다 분배율에 큰 차이가 나는 것처럼 보이지만, 자영업소득을 반영해 노동소득을 보정하면 대부분 그 차이가 줄어든다. 또한 노동소득분배율이 경제발전단계 또는 1인당 국민소득과 유의한 상관관계가 없다는 것을 보여줌으로써, 노동소득분배율이 일정하다고 보는 신고전파 이론에 정당성을 부여했다. 과연 국가별, 시기별로 노동소득분배율에 큰 변동이 없는지에 대해서는 그 후에도 계속 논란이 되고 있으나, 적어도 골린(Gollin, 2002)의 연구는 노동소득분배율의 보정에 관한 한 매우 중요한 지침을 제공한다.

노동소득분배율을 보정해보기로 하자. 우선 분모에 해당하는 소득지표는 NI를 사용하기로 했다. 이는 크루거(Krueger, 1999)의 방식을 따르는 것이자, NI를 분모로 사용하는 한국은행 방식의 노동소득분배율과 비교하기 위한 것이기도 하다. 물론 가장 중요한 것은 자영업소득을 보정하는 방식이다. 이에 관해서는 주로 골린(Gollin, 2002)의 제안을 참조해 세 가지 방식을 고려해보기로 했다. 첫 번째 방식은 자영업소득을 모두 노동소득으로 간주하는 것이다. 두 번째 방식은 자영업자의 1인당 평균 소득이 임금근로자 1인당 평균 소득과 같다고 가정하는 것이다. 첫 번째 방식은 국민계정상 비법인개인기업의 영업잉여가 자영업소득에 해당되는 것으로 보고, 이를 모두 노동소득으로 간주한다.[10] 두 번째는 자영업소득을 '(피용자보수/임금근로자 수) × 자영업자 수'로 계산해낸다.[11] 여기서 '비법인개인기업의 영업잉여'는 한국은행의 국민계정체계상 제도 부문별 소득계정의 '개인 및 비영리단체(원천)의 영업잉여'에 해당한다. 편의상 첫 번째 방식을 '보정방식 A', 두 번째 방식을 '보정방식 B'로 부르기로 한다.

물론 이와 같은 보정방식에도 여전히 문제는 있다. 보정방식 A의 경우 OSPUE를 모두 노동소득으로 간주해 노동소득분배율을 계산하는데, 한국의 경우 농민이나 영세업자의 소득이 인건비를 충당하는 정도에 머물고 있다는 점에서 일견 타당해 보이지만, 자영업자 중에는 개인이 창업한 의사, 변호사, 공인회계사 등도 포함된다는 점도 무시할 수 없다. 게다가 자영업자의 소득 가운데 관행적으로 신고가 누락된 부분도 있다. 한편, 보정방식 B의 경우는,

10) '요소비용국민소득 = 피용자보수 + 비법인개인기업의 영업잉여 + 자본소득'. 여기서 자본소득은 국민계정상 요소비용국민소득에서 피용자보수와 비법인개인기업의 영업잉여를 제외한 나머지 부분으로 정의된다.

11) 여기서 1인당 자영업소득을 구하는 데 자영업자 수만 포함시키고 무급가족종사자는 제외했다.

특히 한국에 적용할 때 자영업자의 소득을 부풀려 계산할 가능성이 있다는 점이 가장 큰 문제이다. 이미 <표 5-2>에서 보았듯이 한국의 자영업 가구소득은 임금근로자 가구소득보다 낮은 것이 현실이다. 만약 자영업가구소득이 임금근로자 가구소득보다 높으면 자영업가구 소득 가운데 임금근로자 가구의 평균 소득은 노동소득으로, 그 이상의 소득은 자본소득으로 보는 방식이 타당할지 모르지만 한국의 경우는 그렇지 않은 것이다.[12)]

따라서 자영업소득을 모두 노동소득으로 보지도 않고, 또 자영업소득을 부풀려 노동소득으로 보지도 않는 제3의 보정방식이 필요하다. 물론 존슨(Johnson, 1954) 및 크루거(Krueger, 1999)에 따라 3분의 2를 노동소득으로, 3분의 1을 자본소득으로 보는 방식도 가능하다. 그러나 이와 같은 방식은 미국에서 전통적으로 사용되어온 방식인 데다, 단 몇십 년 만에 농경사회에서 산업사회로 변모한 한국경제의 구조에 비추어봤을 때 다소 인위적이라는 비판을 받을 수 있다. 따라서 자영업소득을 합리적으로 배분하는 또 다른 방식이 필요하다. 여기서는 자영업자 소득의 일부를 노동소득, 나머지를 자본소득으로 간주하되, 자영업자 소득이 해당 기의 임금소득/자본소득 비율대로 구분된다고 가정해보기로 한다. 기술적으로는 국민계정상 해당 기의 OSPUE를 피용자보수와 자본소득의 비율대로 각각 배분하는 방식이다. 즉, OSPUE에 피용자보수/(피용자보수+자본소득)을 곱해 이를 노동소득으로 간주하고, OSPUE에 자본소득/(피용자보수+자본소득)을 곱해 이를 자본소득으로 간주하는 것이다.[13)] 이렇게 노동소득분배율을 계산하는 방식을 '보정방식 C'

---

12) OECD는 자영업자 소득을 이와 같이 배분하는 방식을 쓰는데, 여기서의 보정방식 B와 다른 점은 자영업자에 무급가족종사자를 포함시키고, 또 국제비교를 위해 분모에 'GDP-순간접세'를 사용한다는 점이다.

13) 이는 자영업의 생산방식이 비록 규모는 작더라도 다른 생산부문과 같이 임금근로자를 고용해 생산하는 방식을 따른다고 가정하는 것이기도 하다.

〈그림 5-4〉 보정방식에 의한 노동소득분배율 추이

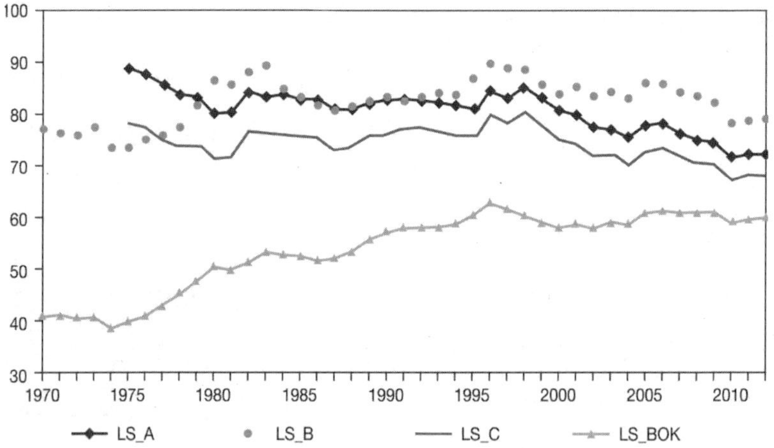

주: LS_A, LS_B, LS_C는 각각 보정방식 A, B, C에 의한 노동소득분배율, LS_BOK는 한국은행 방식의 노동소득분배율이다.

로 부르기로 한다.

<그림 5-4>는 1970년 이후 보정방식 A, B, C에 의한 노동소득분배율과 한국은행 방식의 노동소득분배율 추이를 함께 보여준다. 보정방식 A와 C는 OSPUE를 사용하고 있어 한국은행 자료상 1975년부터 측정할 수 있다. 각 노동소득분배율의 변동 추이를 살펴보면, 우선 한국은행 방식의 노동소득분배율(LS_BOK)은 앞에서 언급한 것처럼 꾸준히 상승하다 1997년 외환위기를 기점으로 별다른 등락 추세를 보이지 않고 있다. 반면 보정에 의한 나머지 노동소득분배율은 1970년대 이후 외환위기 이전까지 등락을 반복하다가 외환위기를 기점으로 하락 추세로 돌아섰다는 것을 알 수 있다.

사실 보정방식 A와 C에 의한 노동소득분배율은 OSPUE를 처리하는 방식에 약간의 차이가 있을 뿐이므로 수준은 서로 다르지만 시간에 따른 변동 추이는 유사하다. 반면 OSPUE를 사용하지 않고 자영업자의 노동소득을 임금

근로자의 평균 소득으로 간주하는 보정방식 B에 의하면, 노동소득분배율이 일부 구간에서 90%에 육박하고 있으며, 1980년대와 1990년대 중반까지 변동성이 심한 모습을 보인다는 것이 특징이다. 실제로 1990년대 중반 이후 자영업자의 1인당 소득이 크게 감소하는 한편 상대적으로 임금근로자의 소득이 상승한 점을 감안할 때, 보정방식 B에 의한 노동소득분배율은 실제보다 부풀려졌을 가능성이 크다. 무엇보다 이미 언급한 바와 같이 한국의 경우에 보정방식 B값이 자영업자의 소득을 모두 노동소득으로 보는 보정방식 A값보다 커진다는 것은 설득력이 별로 없어 보인다(음의 자본소득).[14]

또 한 가지 주목할 점은 각 노동소득분배율이 1970년대에는 서로 반대로 움직이는 경향을 보이다가 1980년대 초에 들어서면서 유사한 방향성을 가지기 시작했다는 것이다. 사실 한국의 경우 과다한 자영업자 비율 때문에 어떤 방식으로 노동소득분배율을 보정하더라도 완벽하게 노동소득분배율을 계산하기는 힘들다. 특히 경제발전과 산업구조의 특성상 농업의 비중이 높고 임금근로자의 비중이 매우 낮았던 초기의 데이터에는, 비록 보정방식을 적용하더라도 크게 신뢰성을 부여하기는 힘들 것이다. 따라서 1980년대 초반을 기점으로 그 이전의 노동소득분배율 자료는 경제적 분석에서 배제하는 것이 바람직하다.

14) 사실 '보정방식 C'는 한국의 실정에 비추어 노동소득분배율을 과소 추정할 가능성이 있다. 자영업부문이 비자영업부문보다 노동집약적일 가능성이 크기 때문이다. 그러나 자영업부문의 생산기술에 대한 객관적인 정보가 없는 상황에서 동일한 생산기술을 가정하는 것은 현재로서 어쩔 수 없는 선택인 것으로 보인다.

3) 분기별 노동소득분배율의 추정

많은 사람들의 관심에도 노동소득분배율에 관한 연구는 그리 많지 않으며, 있다 하더라도 연도별 자료를 사용할 수밖에 없는 한계가 있다.[15] 한국은행 방식의 노동소득분배율에 근본적인 문제가 있는 것은 더 이상 언급할 필요가 없을 것이다. 물론 위와 같이 보정방식을 적용해 계산하는 경우에도 여전히 문제는 남아 있는데, 특히 1970년대와 1980년대 초까지의 자료는 더욱 신뢰하기 힘들어 보인다. 또 하나의 문제는 한국의 경제구조에 외환위기가 미친 영향이다. 많은 연구에서 밝혀진 바와 같이 외환위기 이전과 이후는 사뭇 다른 모습을 보여주는데, '고투자-고성장-국제수지적자'에서 '저투자-저성장-국제수지흑자'의 구조로 바뀐 점이 대표적이다. 따라서 1980년대 초반까지의 자료를 제거하고 연도별 노동소득분배율을 이용하는 계량분석은 표본 부족의 문제를 안고 있을 뿐만 아니라, 구조적 변화 때문에 발생한 경제변수 간의 관계 변화를 탐지하는 데 한계가 있다. 따라서 노동소득분배율의 연도별 자료를 바탕으로 분기별 자료를 생성해보는 작업이 필요할 것이다.

노동소득분배율은 요소비용국민소득(NI) 대비 노동소득(W)으로 정의된다. 연도별 노동소득분배율은 W/NI, 분기별 노동소득분배율은 W_i/NI_i, $i=1, \cdots 4$로 표시할 수 있다. 그러나 요소비용국민소득, 피용자보수, 영업잉여 모두 분기별로 집계되지 않아 분기별 노동소득분배율을 집계하는 데 근본적인 한계가 있다. 그런데 NI는 분기별로 발표되지 않지만 GDP는 분기별로 집계되기 때문에 이를 통해 추정해보는 것은 가능하다. 여기서는 가장 간단

15) 강석훈(2006)과 홍장표(2013)는 산업별 노동소득분배율을 대상으로 그 결정요인에 대해 분석한 바 있다. 두 연구 모두 연도별 패널자료를 사용해 표본 수를 확보한다. 물론 자영업 소득의 처리 문제는 고려대상이 아니다.

한 방법으로 NI의 분기 자료를 도출하기 위해 GDP 변화율을 사용하기로 했다. 즉, 연도별 GDP 대비 연도별 NI의 비율을 분기별 GDP에 곱해 분기별 NI를 도출했다. 이는 분기별 NI_i/GDP_i가 당해 연도 안에서 그해의 NI/GDP와 같다는 가정이다.[16)]

그렇다면 분기별 피용자보수와 영업잉여는 어떻게 추정할 수 있을까? 연간 노동소득분배율을 기초로 통계적 보간법(interpolation)을 적용하는 방법을 생각할 수 있을 것이다.[17)] 그러나 이와 같은 방식은 같은 연도 안에서도 분기별로 소득의 변화 추이가 다르다는 점을 잘 반영하지 못할 가능성이 크다. 따라서 분기별 NI의 추정에서와 같이 경제적 의미가 부여될 수 있도록 최대한 국민계정 자료를 이용하는 것이 바람직해 보인다. 무엇보다 분기별 노동소득의 합이 연간 노동소득과 일치해야 하며, 적어도 당해 연도 안에서 노동소득이 주요 거시변수와 유사한 흐름을 보인다는 것을 전제로 접근해보자. 가장 먼저 떠올릴 수 있는 방법은 분기별 노동소득이 요소비용국민소득과 같은 추세로 움직인다고 가정하는 것이다. 즉, $W_i/W=NI_i/NI$로 가정하는 것이다. 그러나 이렇게 가정하면 $W_i/NI_i=W/NI$가 되어 노동소득분배율이 매 분기 같게 나오는 문제가 생긴다.

---

16) 요소비용국민소득(NI)은 한 나라의 국민이 제공한 생산요소에서 발생한 소득의 총액, 즉 노동에 대한 대가인 피용자보수와 토지, 자본, 경영에 대한 대가인 영업잉여의 합계로서 국민총소득(GNI)에서 고정자본소모와 순생산 및 수입세가 차감된 것이므로 한 나라 국민이 벌어들인 순수한 소득을 나타내는 지표이다. 한국은행은 국민총소득(GNI)을 국내총생산(GDP)에 국외순수취요소소득을 더해 계산하고 있다(한국은행, 2010: 244~247). 이 연구에서는 피용자보수도 국외순수취요소득을 포함한 값을 사용해 노동소득분배율을 계산하므로, 요소비용국민소득(NI)의 분기별 자료를 도출하기 위해 국내총생산(GDP)의 변화율을 사용한 것은 큰 무리가 없을 것으로 보인다.

17) 안정화(2009)는 보간법을 이용해 노동소득분배율의 분기별 자료를 생성했으나, 피용자보수만을 대상으로 삼아 계산했기 때문에 결과적으로 한국은행 방식의 노동소득분배율과 큰 차이가 없었다.

따라서 이 연구에서는 국민계정 변수 가운데 요소비용국민소득 대신 노동소득과 가장 밀접한 관계를 맺고 있는 것으로 보이는 민간소비(C)를 이용해 $W_i/W = C_i/C$의 가정을 사용하기로 했다.[18] 따라서 앞에서 언급한 각각의 보정방식에 따라 계산된 연도별 노동소득에 C_i/C 비율을 곱해 분기별 노동소득 자료를 구축했다. 이렇게 계산된 분기별 노동소득분배율(W_i/NI_i)은 실제로 연도별 노동소득분배율(W/NI)과 큰 차이를 보이지는 않지만, C_i/GDP_i가 C/GDP보다 높을 때(낮을 때), 당해 연도의 노동소득분배율보다 높은(낮은) 특성을 가진다.[19]

3. 노동소득분배율이 내수에 미치는 영향

서론에서 밝혔듯이 이 연구의 목적은 노동소득분배율이 소비와 투자 등 내수에 미치는 영향을 분석하는 것이다.[20] 단, 외환위기를 전후로 한 구조변화를 반영하기 위해 분기별 노동소득분배율을 추정했으므로, 이를 소비, 투자 등의 분기별 자료와 함께 분석해보고자 한다. <그림 5-5>는 1982년 I분기 이후 분기별 노동소득분배율, 소비/GDP, 투자/GDP 추이를 보여준다. 여기서 노동소득분배율은 보정방식 C를 적용한 것이다. 분기별 자료도 결국 연

---

18) 참고로 연도별 자료(1982~2012년)를 이용해 소비, 노동소득(보정방식 C), 자본소득 간의 관계를 나타내는 회귀분석을 실시한 결과는 다음과 같다.

$\ln C_t = 0.313 + 0.691 \ln W_t + 0.304 \ln P_t$, $\overline{R^2} = 0.995$.

19) 이렇게 계산된 분기별 노동소득분배율은 분기별 평균소비성향의 움직임에 따라 약간의 변동성이 허용된 수치로 보면 될 것이다.

20) 노동소득분배율 자체의 변동 요인에 대한 분석은 좀 더 복잡한 미시경제적 문제들을 고려해야 하므로 추후 과제로 남긴다.

〈그림 5-5〉 노동소득분배율, 소비/GDP, 투자/GDP

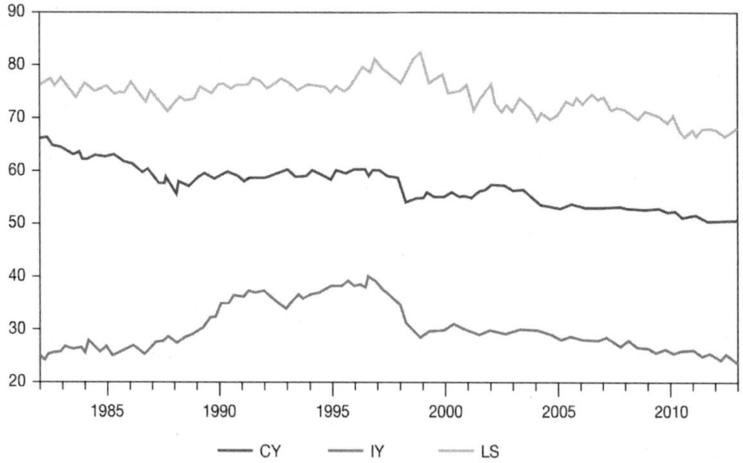

주: CY는 소비가 GDP에서 차지하는 비율(%), IY는 투자가 GDP에서 차지하는 비율(%), LS는 노동소득분배율(보정방식 C).
자료: 한국은행(2013).

도별 자료로부터 생성된 것이므로 연도별 노동소득분배율의 추이와 다를 바 없다(<그림 5-4>의 LS_C 추이와 비교). 소비가 GDP에서 차지하는 비율(GDP를 소득으로 간주했을 경우의 평균 소비성향)은 서서히 하락한 것을 볼 수 있다. 투자가 GDP에서 차지하는 비율은 1980년대 말부터 외환위기 이전까지 상승추세를 보였으나 외환위기 이후에는 소비/GDP 비율과 마찬가지로 하락 추세를 보이고 있다. 노동소득분배율은 외환위기 기간을 제외하면 대체로 소비/GDP 비율과 유사한 움직임을 보이다가 외환위기 이후에는 소비, 투자와 마찬가지로 뚜렷한 하락 추세를 보이고 있다.

한편 소비와 투자의 합을 내수로 가정했을 때(정부소비는 제외), 내수가 GDP에서 차지하는 비율(이후 DDY로 표기)이 노동소득분배율과 밀접하게 움직이는 경향을 포착할 수 있다. 참고로 내수 비율과 노동소득분배율 간의 상관계수는 전 기간에서 0.780, 외환위기 이전 기간(1982~1996년)에는 0.689, 외환위기 이후 기간(1999~2012년)에는 0.771이다. 전반적으로 두 변수가 매우 높은 상관관계를 맺고 있는 가운데, 외환위기 이전보다 이후 기간에서 상관관계가 더 높다는 것이 특징이다.[21]

1) 노동소득분배율과 내수 간의 인과관계 분석

노동소득분배율이 내수와 유사한 추세를 보이는 가운데, 특히 외환위기 이후 노동소득분배율 하락과 내수침체가 동시에 일어난 것은 주목할 만한 현상이다. 그렇다면 노동소득분배율의 하락이 내수침체의 원인이 된 것인가, 아니면 내수침체가 노동소득분배율의 하락을 가져온 것인가? 물론 이에 대한 대답은 간단하지 않을 것이다. 여기서는 우선 두 변수 간의 인과관계를 그랜저-인과관계(Granger causality) 분석으로 살펴보기로 한다.

〈표 5-3〉 노동소득분배율과 내수 비율 간의 그랜저-인과관계

	전 기간	1982~1996년	1999~2012년
노동소득분배율 → 내수	2.289(0.064)	1.432(0.236)	2.556(0.050)
내수 → 노동소득분배율	4.920(0.001)	4.452(0.003)	0.471(0.756)

주: 시차 4 적용. 각 칸의 숫자는 F-값(p-값).

전 기간을 대상으로 할 때 노동소득분배율과 내수 비율(DDY)은 상호 그랜저-인과하는 양상을 보인다. 특히 '내수 → 노동소득분배율' 관계의 통계적

21) 외환위기를 기점으로 표본을 분리해 분석할 때에는 1997년과 1998년 두 해를 위기 기간으로 보아 분석에 포함시키지 않기로 했다.

〈표 5-4〉 노동소득분배율과 내수증가율 간의 그랜저-인과관계

	전 기간	1982~1996년	1999~2012년
노동소득분배율 → 내수	2.807(0.028)	1.600(0.188)	2.177(0.086)
내수 → 노동소득분배율	1.666(0.162)	0.696(0.597)	0.173(0.950)

주: 시차 4 적용. 각 칸의 숫자는 F-값(p-값).

의미가 더 강한 것으로 보이지만, 외환위기를 전후로 인과관계의 양상이 극적으로 달라진다. 외환위기 이전에는 '내수 → 노동소득분배율'의 인과관계가, 위기 이후에는 반대로 '노동소득분배율 → 내수'의 인과관계가 뚜렷하게 관찰되는 것이다. 외환위기 이전에는 어떤 이유로 내수가 활성화되면 노동소득분배율이 개선되는 경향이 존재했으나, 외환위기 이후에는 이러한 경향이 관찰되지 않으며, 반대로 노동소득분배율 하락이 내수침체에 기여하는 것으로 보인다.[22]

내수 비율 대신 내수증가율(DDG로 표기)을 사용하는 경우에는 어떠한가? <표 5-4>가 그 결과를 보여준다. 내수증가율을 사용하는 경우 '내수 → 노동소득분배율'의 인과관계는 어느 표본에서도 성립하지 않는다. 반면 '노동소득분배율 → 내수'의 인과관계는 전 기간 및 외환위기 이후의 기간에서 발견되고 있다.

이와 같이 내수 비율 및 내수증가율과 노동소득분배율 간의 인과관계를 볼 때, 특히 외환위기 이후에 '노동소득분배율 → 내수'의 인관관계가 뚜렷하게 관찰되고 있음을 알 수 있다. 마지막으로 내수를 포함한 경제 전체의 성장과는 어떤 관계를 갖는지 살펴보자. <표 5-5>에 의하면, 전체 기간을 볼

22) 이상에서 시차 4를 선택한 것은 분기자료이기 때문이다. 참고로 시차를 4 대신 2로 할 경우에는 통계적 유의성이 더욱 강화된다.

〈표 5-5〉 노동소득분배율과 경제성장률 간의 그랜저-인과관계

	전 기간	1982~1996년	1999~2012년
노동소득분배율 → 성장	2.198(0.073)	0.403(0.805)	2.657(0.044)
성장 → 노동소득분배율	2.428(0.051)	0.511(0.727)	0.998(0.418)

주: 시차 4 적용. 각 칸의 숫자는 F-값(p-값).

때 10%의 유의수준에서 노동소득분배율과 경제성장률은 상호 인과관계를 맺고 있다. 그러나 역시 기간을 나누어 볼 때에는 외환위기 이후의 기간에 한해 '노동소득분배율 → 내수'의 인과관계만 발견된다.[23)]

노동소득분배율은, 특히 외환위기 이후에는 경제성장이나 내수에 의해 영향을 받는 변수는 아닌 것으로 보인다. 따라서 노동소득분배율을 독립변수로 설정하고 분석해볼 필요가 있다. 단, 경제성장률은 소비와 투자뿐만 아니라 수출입과 정부소비에 의해서도 영향을 받으며, 수출입과 정부소비는 대외적 여건 및 정부의 재정정책에 영향을 받는 변수이므로 여기서는 노동소득분배율이 내수에 미치는 영향에 초점을 맞추어 분석한다.

2) 노동소득분배율이 소비와 투자에 미치는 영향

이상에서는 노동소득분배율과 내수의 추이 및 상호 인과관계에 대해 개략적으로 살펴보았으나, 이제부터 노동소득분배율이 소비와 투자에 미치는 영향에 대해 세밀하게 분석해보기로 하자. 회귀분석에 앞서 분기별 노동소득분배율에 대한 단위근 검정을 실시했다. 표준적인 ADF(Augmented Dickey-

23) 참고로 본문에서는 언급하지 않고 있지만 내수증가율과 경제성장률 간에는 전 기간 및 부분 기간에 대해 모두 '내수증가율 → 경제성장률'의 인과관계만 발견된다.

〈표 5-6〉 노동소득분배율에 대한 단위근 검정

	1982 : I ~ 2012 : IV	1982 : I ~ 1996 : IV	1999 : I ~ 2012 : IV
ADF	-2.033(0.272)	-2.748(0.072)	-3.288(0.020)

주: 괄호 안은 p-값.

Fuller) 분석 결과, 전 기간에 대해서는 단위근의 존재를 기각할 수 없으나, 부분 기간에 대해서는 다르게 나왔다. 외환위기 이전 기간에 대해서는 10%, 외환위기 이후 기간에 대해서는 5%의 유의 수준에서 단위근의 존재가 기각된다. 즉, 개별 기간에 대해서는 노동소득분배율을 안정적(stationary) 시계열이라고 간주해도 무방할 것 같다. 여기서 개별 기간에 대해서는 안정적이지만 전 기간에 대해 그렇게 나오지 않은 것은, 노동소득분배율이 1990년대 말 이후 한 단계 하락한 현상을 반영하는 것으로 추측된다.

이제 노동소득분배율의 변동이 소비와 투자에 어떤 영향을 주는지 분석해 보자. 종속변수로 소비증가율과 투자증가율을 사용하며, 분기별 소비증가율은 $100 \times \ln(C_t/C_{t-1})$, 투자증가율은 $100 \times \ln(I_t/I_{t-1})$로 정의된다.

먼저 소비함수 추정에 대해 살펴보자. 이론상 소비에 영향을 주는 변수는 매우 다양하다. 케인스적 소비함수에는 현재 소득이 가장 중요한 변수이며, 합리적 기대가설에 의하면 전기의 소비에 대부분의 정보가 담겨 있다. 물론 이자율 및 부(또는 자산가격)도 소비에 영향을 주는 대표적인 변수로 알려져 있다. 이 연구에서 주목하는 노동소득분배율은, 특히 칼레키(Kalecki) 및 포스트-케인지언이 중시하는 변수이다. 이들은 분배가 유효수요(및 성장)에 영향을 준다는 관점을 견지하는데, 소득을 노동소득과 자본소득으로 구분할 때 소비에는 노동소득이, 투자에는 자본소득이 미치는 영향이 상대적으로 더 크다는 점을 강조한다. 따라서 노동소득분배율이 개선되면 소비에는 정(+)의 효과, 투자에는 부(-)의 효과를 미치게 된다.[24] 아래의 분석에서는 소비함수와 투자함수를 추정할 때 노동소득분배율과 함께 몇 가지 설명변수의 조합을 시도해보기로 한다.

소비함수 추정에 있어, 소비가 과거의 소비와 노동소득분배율에 의존하는 것으로 기본 모형을 설정했다. 물론 소비에 관한 다양한 이론을 고려할 때 설명변수를 추가할 필요가 있을 것이다. 전통적으로 (실질)이자율이 가장 중요한 변수로 알려져 있지만 추정 결과 통계적 유의성이 없어 제외했다.[25] 그 대신 실질주가상승률과 실질실효환율을 포함시켰다. 주가상승률의 경우 자산효과를 반영하는 변수이며, 실질실효환율은 개방도가 매우 높은 한국의 현실에서 소비 가운데 해외로부터의 수입 비중이 높은 점을 감안한 선택이다. 단, 노동소득분배율, 주가상승률 등 소득/자산 관련 변수가 미치는 효과는 한 분기 시차를 거쳐 소비에 영향을 주지만,[26] 실질실효환율과 같은 가격 변수는 시차를 거치지 않고 해당 분기 내에서 바로 소비에 영향을 줄 수 있다고 보았다.

소비증가율(cg)은 전분기 대비 증가율이며, 노동소득분배율(ls)은 앞에서와 같이 백분율로 표시된 것이다. 실질주가상승률(rspg)은 종합주가지수(KOSPI)와 소비자물가지수(CPI)를 이용해 $100 \times \{\ln(KOSPI_t/CPI_t) - \ln(KOSPI_{t-1}/CPI_{t-1})\}$로 정의했다. 실질실효환율(reer)은 100을 기준으로 올라가는 경우 절상, 내려가는 경우 절하를 나타내며, 절상률(reerg)은 $100 \times \ln(reer_t/reer_{t-1})$로 정의

24) 김진일(2008)과 홍태희(2009)는 포스트-케인지언 접근에 의한 실증분석을 시도했으며, 두 연구 모두 노동소득분배율이 소비/GDP 비율에 미치는 정(+)의 효과를 확인했다. 단, 외환위기 전후를 구분하지 않고 한국은행 방식의 연도별 노동소득분배율을 사용해 분석했다.

25) 이는 케인스 및 포스트-케인지언 가설을 부분적으로 지지하는 결과이기도 하다.

26) 내생성을 회피하려는 목적도 있다. 특히 노동소득분배율의 경우에는 소비 비율(C_i/C)을 이용해 생성된 자료이므로 동 분기 자료를 넣지 않는 것이 바람직할 것이다.

〈표 5-7〉 소비증가율 분석 I

	c_0	ls(-1)	rspg(-1)	reerg	$\overline{R^2}$	DW
1982 : I~ 2012 : IV	-10.605 (0.004)	0.160 (0.001)	-	-	0.144	1.982
1982 : I~ 2012 : IV	-9.023 (0.003)	0.138 (0.001)	0.054 (0.005)	-	0.350	2.006
1982 : I~ 1996 : IV	5.393 (0.226)	-0.446 (0.445)	-	-	0.112	1.975
1982 : I~ 1996 : IV	7.155 (0.145)	-0.067 (0.289)	0.011 (0.171)	-	0.162	2.063
1999 : I~ 2012 : IV	-10.792 (0.005)	0.163 (0.003)	-	-	0.352	1.973
1999 : I~ 2012 : IV	-10.505 (0.000)	0.157 (0.000)	0.039 (0.003)	-	0.467	1.984
1999 : I~ 2012 : IV	-14.031 (0.001)	0.207 (0.000)	0.028 (0.000)	0.153 (0.004)	0.655	1.944

주: 1) $cg_t = c_0 + c_1 cg_{t-1} + c_2 cg_{t-2} + c_3 cg_{t-3} + c_4 cg_{t-4} + \beta_1 ls_{t-1} + \beta_2 rspg_{t-1} + \beta_3 reerg_t + \epsilon_t$

2) cg는 소비증가율, ls는 노동소득분배율, rspg는 실질주가상승률, reerg는 실질실효환율 절상률, $\overline{R^2}$는 조정 결정계수, DW는 Durbin-Watson 통계량이다.

3) AR 계수에 대한 추정치 보고는 생략, 괄호 안은 Newey-West 표준오차를 적용한 p-값이다.

된다.[27]

<표 5-7>은 분기별 소비증가율의 AR(4) 모형에 추가 설명변수로 노동소득분배율, 실질주가상승률, 실질실효환율절상률을 순차적으로 적용한 회귀분석 결과를 보여준다. 전 기간 분석 결과 노동소득분배율의 개선이 소비증가율을 높이는 것으로 나타났으며, 결과는 실질주가상승률을 추가한 경우에도 달라지지 않는다. 예상과 부합하게 주가는 소비에 정(+)의 효과를 주는 것

27) 실질실효환율 자료의 출처는 블룸버그(Bloomberg)로 자료는 1991 : I부터 2011 : IV까지이다.

〈표 5-8〉 소비증가율 분석 II

	c0	ls(-1)	rspg(-1)	yg	reerg	$\overline{R^2}$	DW
1982 : I~ 2012 : IV	-3.022 (0.394)	0.044 (0.412)	0.030 (0.004)	0.684 (0.014)	-	0.546	1.932
1982 : I~ 1996 : IV	1.143 (0.849)	0.008 (0.914)	0.015 (0.078)	0.080 (0.231)	-	0.019	2.047
1999 : I~ 2012 : IV	-7.577 (0.006)	0.110 (0.006)	0.023 (0.005)	0.505 (0.010)	-	0.609	1.847
	-11.138 (0.000)	0.162 (0.000)	0.023 (0.004)	0.295 (0.035)	0.089 (0.010)	0.665	1.694

주: 1) $cg_t = c_0 + c_1 yg_t + \beta_1 ls_{t-1} + \beta_2 rspg_{t-1} + \beta_3 reerg_t + \epsilon_t$
2) cg는 소비증가율, yg는 경제성장률, ls는 노동소득분배율, rspg는 실질주가상승률, reerg는 실질실효환율 절상률, $\overline{R^2}$는 조정 결정계수, DW는 Durbin-Watson 통계량이다.
3) 괄호 안은 Newey-West 표준오차를 적용한 p-값이다.

으로 나타나고 있다. 그러나 기간을 구분해 추정하는 경우에는 결과가 다르게 나오고 있다. 외환위기 이전에는 노동소득분배율이 소비에 별다른 영향을 주지 않는 것으로 나온다. 그러나 외환위기 이후에는 뚜렷하게 정(+)의 효과가 발견된다. 실질주가상승률, 실질실효환율을 단독 혹은 모두 추가하는 경우에도 결과는 마찬가지이다. 추정치를 볼 때, 노동소득분배율의 1%포인트 증가는 단기적으로 다음 분기의 소비증가율을 0.16~0.20%포인트 상승시키는 것으로 보인다. 전반적으로 모형의 설명력도 우수하다. 과거 1년간(4분기)의 소비에 노동소득분배율, 실질주가상승률, 실질실효환율증가율을 포함하는 경우 조정 결정계수가 0.65에 달한다.

<표 5-8>은 소비의 시차변수들 대신 케인스의 소비이론을 고려해 현재 소득을 나타내는 경제성장률(GDP 증가율)을 기본 설명변수로 사용한 것이다. 그러나 결과는 <표 5-7>과 유사하다. 특히 외환위기 이후 기간의 경우, 주가 및 환율과 함께 노동소득분배율이 소비에 정(+)의 영향을 주는 것으로 추

〈표 5-9〉 투자증가율 분석 I

	c_0	ls(-1)	rspg(-1)	reerg	$\overline{R^2}$	DW
1982 : I~ 2012 : IV	-27.525 (0.010)	0.389 (0.006)	-	-	0.170	2.005
	-27.305 (0.008)	0.386 (0.006)	0.054 (0.027)	-	0.218	1.961
1982 : I~ 1996 : IV	-5.103 (0.761)	0.105 (0.633)	-	-	-0.041	2.003
	-20.244 (0.352)	0.304 (0.286)	0.028 (0.469)	-	-0.052	1.949
1999 : I~ 2012 : IV	-18.093 (0.013)	0.260 (0.011)	-	-	0.203	2.006
	-16.415 (0.010)	0.236 (0.008)	0.042 (0.067)	-	0.239	1.938
	-17.606 (0.002)	0.254 (0.001)	0.021 (0.155)	0.243 (0.000)	0.444	2.141

주: 1) $ig_t = c_0 + c_1 ig_{t-1} + c_2 ig_{t-2} + c_3 ig_{t-3} + c_4 ig_{t-4} + \beta_1 ls_{t-1} + \beta_2 rspg_{t-1} + \beta_3 reerg_t + \epsilon_t$
2) ig는 소비증가율, ls는 노동소득분배율, rspg는 실질주가상승률, reerg는 실질실효환율 절상률, $\overline{R^2}$는 조정 결정계수, DW는 Durbin-Watson 통계량이다.
3) AR 계수에 대한 추정치 보고는 생략. 괄호 안은 Newey-West 표준오차를 적용한 p값이다.

정되고 있다.

이제 투자에 대해 살펴보자. 투자에 대해서도 같은 추정 방식을 적용한다. 즉, 투자증가율의 AR(4) 모형에 추가 설명변수로 노동소득분배율, 실질주가상승률, 실질실효환율절상률을 순차적으로 적용한다. 그런데 노동소득분배율의 경우 소비에는 정(+)의 영향을 주지만 투자에는 부(-)의 영향을 줄 것으로 예상해볼 수 있다. 서론에서 언급한 바와 같이 노동소득분배율은 단위노동비용의 의미를 갖고 있으므로, 노동소득분배율의 하락은 자본을 제공하는 주체나 노동과 자본을 결합하는 생산자 입장에서는 경쟁력 제고를 의미한다.[28] 따라서 노동소득분배율 상승은 투자에 부(-)의 영향을 줄 가능성이 높다. 주가의 경우에는 정(+)의 효과가 예상된다.29) 실질실효환율의 경우 원래 투자와의 이론적 고리는 희박하지만, 한국의 경우는 다른 것으로 알려져 있다. 자본재의 상당 부분을 수입에 의존하고 있기 때문에 원화가치가 절상되면 자본재 수입이 증가해 투자가 증가하는 경향이 발견되기 때문이다.

<표 5-9>에 의하면, 주가와 환율 변수는 대체로 예상과 부합하는 결과를 보여준다. 다만, 외환위기 이후의 표본에서 실질실효환율증가율이 포함될 때 실질주가상승률의 유의성이 상실되는 등, 주가가 투자에 미치는 효과는 그리 강하지 않다. 여기서도 주목할 만한 결과는 노동소득분배율이 갖는 효과이다. 이론적으로 보면 노동소득분배율의 개선이 투자에 미치는 효과는 부정적이거나 적어도 중립적일 것이지만, 한국에서는 노동소득분배율의 개선이 투자에 긍정적인 효과를 주고 있다. 이러한 결과는 외환위기 이전에는 발견되지 않지만, 외환위기 이후에는 뚜렷하다.

<표 5-10>에서와 같이 기본 설명변수로 투자의 시차변수 대신 당기의 경제성장률을 적용하는 경우에도 비슷한 결과가 나온다. 이른바 '투자의 가속도 원리'를 반영한 실증모형을 추정한 것으로, 특징적인 것은 <표 5-9>의 추정보다 결정계수가 전반적으로 개선되는 모습을 보인다는 것이다.30) 다만 <표 5-9>와는 조금 다르게 주가의 효과가 전혀 없는 가운데, 실질실효환율의 통계적 의미는 여전히 유지되고 있다. 외환위기 이후 노동소득분배율이 투자에 미치는 정(+)의 효과는 <표 5-9>와 비교할 때 다소 약화되는 듯

---

28) 노동소득분배율과 단위노동비용의 이론적 관계는 다음과 같다.
$\frac{wL}{Y} = \frac{w}{Y/L}$ (임금/노동생산성).
여기서 w는 실질임금, L은 노동량(시간), Y는 실질산출(소득)이다.

29) 여기서도 이자율은 통계적 유의성이 없어 설명변수에서 제외했다.

30) <표 5-9>와 <표 5-10>에서 동시에 관찰되는 특징 중의 하나는, 외환위기 이전의 경우 추정된 투자함수의 설명력이 매우 낮다는 것이다. 주요 설명변수를 사용했음에도 설명력이 극히 낮은 것은 이 시기의 전반적인 '과잉' 투자 현상과 무관하지 않은 것 같다.

〈표 5-10〉 투자증가율 분석 II

	c_0	ls(-1)	rspg(-1)	yg	reerg	$\overline{R^2}$	DW
1982 : I~ 2012 : IV	-1.307 (0.844)	0.007 (0.938)	0.006 (0.742)	1.455 (0.000)		0.460	2.170
1982 : I~ 1996 : IV	-0.793 (0.953)	0.025 (0.890)	0.007 (0.830)	0.825 (0.013)		0.085	2.287
1999 : I~ 2012 : IV	-10.879 (0.040)	0.143 (0.054)	-0.007 (0.672)	1.147 (0.000)		0.474	2.283
	-13.689 (0.010)	0.189 (0.013)	-0.002 (0.881)	0.754 (0.003)	0.141 (0.035)	0.516	2.091

주: 1) $ig_t = c_0 + c_1 yg_t + \beta_1 ls_{t-1} + \beta_2 rspg_{t-1} + \beta_3 reerg_t + \epsilon_t$
2) ig는 소비증가율, yg는 경제성장률, ls는 노동소득분배율, rspg는 실질주가상승률, reerg는 실질실효환율 절상률, $\overline{R^2}$는 조정 결정계수, DW는 Durbin-Watson 통계량이다.
3) 괄호 안은 Newey-West 표준오차를 적용한 p-값이다.

하지만, p-값을 볼 때 여전히 통계적 의미를 부여할 수 있다.

노동소득분배율의 개선, 즉 자본소득분배율의 악화가 왜 투자를 증가시키는가를 이론적으로 설명하기는 쉽지 않다. 다만, 외환위기 이후 노동소득분배율의 하락이 투자에도 부정적인 영향을 주었다는 경험적 사실은 분명한 것으로 보인다.[31] 외환위기 이후의 기간은 한국경제가 저성장기에 접어든 시기와 일치한다.[32] 저성장기에 접어들면서 진행된 노동소득분배율의 하락(자본소득분배율의 상승)은, 기업의 이윤을 유지시켜주는 데 기여했을지 모르나 투자를 증가시키는 역할을 하지는 못한 것으로 보인다. 오히려 미래의 지속적이고 비관적인 내수 전망 때문에 투자를 위축시키는 방향으로 작용했을지

31) 그렇다면 투자는 피용자보수만을 노동소득으로 간주하는 한국은행 방식의 노동소득분배율과는 부(-)의 관계를 갖는지에 대해서 분석해보았으나 그렇지는 않은 것으로 나타났다.

32) 분석의 전반기(1982~1996년) 분기 평균 성장률은 2.14%인 반면 후반기(1999~2012년) 분기 평균 성장률 1.12%이다.

〈표 5-11〉 내수증가율 분석(정부소비 제외)

	c_0	ls(-1)	rspg(-1)	reerg	$\overline{R^2}$	DW
1982 : I~ 2012 : IV	-18.298 (0.006)	0.264 (0.003)	-	-	0.250	1.972
	-15.551 (0.002)	0.226 (0.001)	0.047 (0.009)	-	0.368	1.992
1982 : I~ 1996 : IV	-10.848 (0.211)	0.172 (0.129)	-		0.002	1.919
	-8.891 (0.282)	0.146 (0.177)	0.020 (0.179)	-	-0.001	1.986
1999 : I~ 2012 : IV	-13.471 (0.003)	0.198 (0.002)	-	-	0.369	1.991
	-12.897 (0.000)	0.190 (0.000)	0.036 (0.012)	-	0.446	1.936
	-15.929 (0.000)	0.233 (0.000)	0.029 (0.000)	0.167 (0.000)	0.667	1.946

주: 1) $ddg_t = c_0 + c_1 ddg_{t-1} + c_2 ddg_{t-2} + c_3 ddg_{t-3} + c_4 ddg_{t-4} + \beta_1 ls_{t-1} + \beta_2 rspg_{t-1} + \beta_3 reerg_t + \epsilon_t$
2) ddg는 소비증가율, ls는 노동소득분배율, rspg는 실질주가상승률, reerg는 실질실효환율 절상률, $\overline{R^2}$는 조정 결정계수, DW는 Durbin-Watson 통계량이다.
3) AR 계수에 대한 추정치 보고는 생략, 괄호 안은 Newey-West 표준오차를 적용한 p-값이다.

모른다. 이와 관련해 나승호 외(2013)는 '소비 → 투자심리'의 인과관계가 성립함을 보고하고 있다.[33)]

<표 5-11>은 정부소비를 제외한 소비와 투자의 합을 내수로 정의하고 내수증가율 모형을 추정한 것이다. 물론 이는 소비와 투자 분석의 연장선상에 있는 것으로, 앞의 추정 결과를 확인시켜주고 있다. 외환위기 이전에는 4개의 시차변수에 노동소득분배율, 실질주가상승률까지 추가하는 경우에도

33) 소비증가율과 기업별 설비투자 전망 BSI에 대해 그랜저-인과관계를 분석한 결과이다(시기는 2003 : I ~ 2012 : II).

모형의 설명력은 전혀 없다고 해도 과언이 아니다. 그러나 외환위기 이후에는 노동소득분배율, 주가, 환율 등의 변수가 개별적으로 모두 뚜렷한 통계적 의미를 갖고 있으며 모형의 설명력도 우수하다. 주가, 환율 등의 통상적인 가격 변수 이외에 노동소득분배율이라는 분배 변수의 설명력이 강하게 보전되는 것은 주목할 만한 현상이다. 따라서 인과관계의 분석까지 종합적으로 고려할 때, 외환위기 이후 노동소득분배율의 하락(자본소득분배율의 상승)이 독립적으로 내수침체에 영향을 준 것으로 보인다.

3) 연도별 자료와의 비교

이상의 분석은 표본 부족의 한계를 극복하기 위해 분기별 노동소득분배율을 생성해 얻어진 것이다. 한국은 단기간에 압축 성장을 한 데다 외환위기를 기점으로 경제변수들 간의 관계가 달라진 경우가 많기 때문에 표본의 확보를 위해 불가피하게 분기별 자료를 생성했다.[34] 그러면 표본의 부족을 감수하고 있는 연도별 자료를 그대로 이용해 분석하면 어떤 결과가 나오는가? 비록 높은 수준의 통계적 신뢰성을 부여하기는 힘들지만, 비교 차원에서 분기 자료 대신 연도별 자료를 이용해 노동소득분배율이 소비, 투자, 내수에 미친 영향을 분석해보기로 하자.

외환위기 이전과 이후에 대해 연도별 자료를 이용해 분석하면 각 기간의 표본 수는 십여 개에 불과하다. <표 5-12>는 소비, 투자, 내수의 증가율에 대한 회귀분석 결과이다. 연도별 자료인 데다 표본 수가 부족하므로 시차는 1로 정하고 전기의 노동소득분배율 변수만을 포함시켰다. 외환위기 이전의

34) 분기 자료의 구축뿐만 아니라 노동소득분배율의 측정에 관한 문제는 추후 더 세밀한 연구가 필요할 것이다.

〈표 5-12〉 소비, 투자, 내수의 증가율 분석(연간 자료)

	기간	c_0	ls(-1)	AR(1)	$\overline{R^2}$	DW
소비	1982~1996	16.960 (0.253)	-0.121 (0.527)	0.420 (0.022)	0.032	2.156
	1999~2012	-60.152 (0.012)	0.896 (0.007)	-0.084 (0.485)	0.496	1.596
투자	1982~1996	82.070 (0.250)	-0.943 (0.322)	0.195 (0.125)	-0.005	1.786
	1999~2012	-51.715 (0.149)	0.767 (0.132)	0.010 (0.950)	0.409	3.151
내수	1982~1996	36.428 (0.276)	-0.364 (0.412)	0.308 (0.096)	0.058	1.636
	1999~2012	-54.778 (0.024)	0.817 (0.017)	-0.066 (0.552)	0.591	2.324

주: 1) $ddg_t = c_0 + c_1 ddg_{t-1} + \beta_1 ls_{t-1} + \epsilon_t$

2) ddg는 연간 소비증가율, ls는 연도별 노동소득분배율, $\overline{R^2}$는 조정 결정계수, DW는 Durbin-Watson 통계량이다.

3) 괄호 안은 Newey-West 표준오차를 적용한 p-값이다.

결과는 분기 자료의 분석과 마찬가지로 노동소득분배율의 설명력이 발견되지 않는다. 반면 외환위기 이후의 기간은 다르다. 소비함수의 경우 전기의 소비증가율과 노동소득분배율만으로 모형의 조정 결정계수가 0.5에 달하며, 노동소득분배율 1%포인트 하락이 다음 해의 소비증가율을 0.9%포인트 내외로 하락시키는 것으로 추정되고 있다. 투자함수의 경우 노동소득분배율이 미치는 효과는 p-값이 0.13이기 때문에 표준적인 통계적 의미를 부여하기는 힘들지만 계수는 양(+)의 값으로 추정되고 있다. 소비와 투자를 합한 내수증가율 분석의 경우에도 노동소득분배율의 설명력이 뚜렷하게 유지된다. 모형의 조정 결정계수는 0.59로, 이는 AR(1) 계수가 무의미한 값으로 추정된 것을 감안할 때 노동소득분배율의 설명력이 어느 정도인지를 잘 말해준다(소비증가율 분석의 경우도 마찬가지임). 이와 같이 연도별 자료를 사용하는 경우에, 투자에 대해 다소 설명력이 감소하는 것을 제외하면, 분기별 자료의 분석과 질적으로 같은 결과를 얻는다는 것을 확인할 수 있다.

4. 맺음말

노동소득분배율은 국민소득 가운데 노동이 차지하는 몫이다. 한국경제의 특성상 비중이 높은 자영업자 소득의 일부를 노동소득으로 처리해 분배율을 수정한 결과, 노동소득분배율은 외환위기 이전까지는 등락을 반복하다가 외환위기를 기점으로 뚜렷하게 하락 추세로 돌아섰다. 그간 지니계수와 소득분위배율 추이 등으로 알려진 바와 같이, 이는 개인소득불평등 확대에 기여했을 것으로 보인다. 또한 외환위기 이후 발견되는 중요한 경제현상 중의 하나는 내수경기의 침체이다. 이 글은 불평등 확대와 내수침체 문제를 한데 묶어 볼 필요성에 따라, 노동소득분배율과 내수의 관계를 분석했다.

먼저 인과관계 분석에 의할 때, 외환위기 이후에는 '내수 → 노동소득분배율'의 관계가 아니라 '노동소득분배율 → 내수'의 관계가 뚜렷하게 관찰된다. 나아가 내수의 구성 요소인 소비와 투자에 대해 각각 노동소득분배율이 어떤 영향을 주고 있는지 분석한 결과, 외환위기 이후에는 노동소득분배율 하락이 소비와 투자에 모두 부정적인 영향을 주고 있음을 확인했다. 이러한 결과는 시차변수뿐만 아니라 소비와 투자에 각각 영향을 미치는 다른 변수들(주가, 환율 등)을 포함시킬 경우에도 다르지 않았다.

일반적으로 자본소득의 소비성향에 비해 노동소득의 소비성향이 더 높다는 관점에서 볼 때, 노동소득분배율의 하락이 소비침체에 기여했다는 것은 충분히 이해할 수 있는 결과이다. 그러나 투자의 부진에도 기여했다는 것은 쉽게 설명하기 힘들 것이다. 단위노동비용의 하락 혹은 자본소득분배율의 상승이 투자증가율을 둔화시킨 현상이기 때문이다. 아마도 이는 근본적으로 투자를 매우 불안정적인 변수로 본 케인스의 견해를 지지하는 결과로 해석될 수도 있다. 회귀분석으로 포착하기는 힘들지만, 지속적으로 비관적인 내수 전망이 투자 심리를 위축시키는 방향으로 작용했을지 모른다. 물론 자본생산성 하락이 원인일 수도 있다. 그럼에도 분명한 것은 적어도 한국에서 노동소득분배율의 개선, 즉 자본소득분배율의 하락이 투자를 위축시키지 않는다는 점을 확인했다는 것이다. 물론 이 문제에 대해서는 추가적인 연구가 필요하다.

한편, 분석 과정에서 부수적으로 확인할 수 있었던 것은 원화의 저평가가 소비와 투자를 동시에 위축시키는 내수침체의 원인이 될 수 있다는 것이다. 즉, 원화의 저평가가 내수침체의 중요한 요인이 될 수 있으므로 정책적 관점에서 볼 때 '원화의 저평가 → 수출증대 → 성장률 제고'의 고정관념 혹은 통념에서 벗어날 필요가 있을 것이다.

이 글의 분석 결과는 최근 주목을 받고 있는 분배와 성장의 선순환 가능성에 어떤 시사점을 주는가? 사실 이 글은 노동소득분배율이라는 분배 변수가 수요의 구성 요소인 소비와 투자의 변동에 주는 영향을 분석한 것이므로 경제성장에 대한 장기적 시사점까지 도출하기는 힘들다. 한 국가에 한정해 짧은 시계열을 분석한 것이므로 더욱 그러하다. 그러나 임금상승의 억제, 자영업의 몰락으로 인한 노동소득분배율 하락이 내수 성장을 제약하고 있는 것은 분명하다. 소비의 주된 원천인 노동소득의 정체, 소득의 불안정이 내수경기를 지속적으로 침체시키고, 이것이 결국 잠재성장률마저 떨어뜨릴 수 있다는 데 경각심을 가져야 한다. 과거의 통념대로 투자만을 염두에 둔 자본친화적 정책이 성장에 도움을 줄 것이라고 기대하는 것은 이제 막연한 바람으로 끝

날 가능성이 높다. 사실 한국의 경우, 오랜 기간 지속적인 투자로 자본의 축적이 이미 상당히 높은 수준으로 진행된 데다, 세계경제의 성장세 둔화로 수출주도에 의한 고성장 시대가 마감된 만큼, 안정적인 성장을 담보하기 위해서라도 좀 더 적극적인 분배 개선을 통해 내수경기를 지탱해나가는 전략에 지혜를 모아야 한다.

참고문헌

강석훈. 2006. 「개방화, 기술진보와 노동소득분배율」. ≪한국경제연구≫, 제16권, 169~196쪽.

기획재정부. 2013. 『2013년~2017년 국가재정운용계획』.

김진일. 2008. 「소득분배가 경제성장에 미치는 영향: 칼레츠키안 거시모형을 통한 분석」. ≪경제발전연구≫, 제14권 제1호, 151~166쪽.

나승호·정천수·임준혁. 2013. 「구조적 소비제약 요인 및 정책과제」. ≪BOK 경제리뷰≫, No.2013-4. 서울: 한국은행.

맥킨지 연구소. 2013. 「맥킨지 제2차 한국 보고서: 신 성장공식」. McKinsey Global Institute.

배성종·이상호. 2006. 「소득분배구조 변화가 소비에 미치는 영향」. ≪조사통계월보≫, 제60권 통권689호. 서울: 한국은행.

배진한. 1998. 「한국의 노동소득분배율 변동」. ≪경제학연구≫, 제46권 2호, 609~631쪽.

안정화. 2009. 「자본 축적과 노동시장 구조 변화」. ≪사회경제평론≫, 제32권, 230~268쪽.

이주경·이경범. 2005. 「우리나라의 노동소득분배율 추이와 국제비교 - 자영자의 비중 차이를 감안한 비교 분석」. 1~25쪽. 한국경영자총협회 노동경제연구원.

조윤제·박창귀·강종구. 2012. 「한국의 경제성장과 사회지표의 변화」. 서울: 한국은행.

통계청. 각 연도. 「가계동향조사」.

한국은행. 2010. 『우리나라의 국민계정체계』.

_____. 2013. 「국민계정」.

홍장표. 2013. 「한국제조업에서의 노동소득분배율 변동요인 분석」. ≪산업노동연구≫, 제19권 제1호, 1~34쪽.

홍태희. 2009. 「한국경제에서 성장과 분배: 바두리-마글린 모형을 중심으로」. ≪한국질서경제학회지≫, 제12권 3호, 43~61쪽.

Bhaduri, A. and S. Marglin. 1990. "Unemployment and the Real Wage: The Economic Basis for Contesting Political Ideologies." *Cambridge Journal of Economics*, Vol. 14, No. 4, pp. 375~393.

Gollin, D. 2002. "Getting Income Shares Right." *Journal of Political Economy*, Vol. 100, No. 2, pp. 458~474.

Hein, E. and L. Vogel. 2008. "Distribution and Growth Reconsidered: Empirical Results for Six OECD Countries." *Cambridge Journal of Economics*, Vol. 32, No. 4, pp. 479~511.

Johnson, G. 1954. "The Functional Distribution of Income in the United States, 1850-1952." *The Review of Economics and Statistics*, Vol. 35, No. 2, pp. 175~182.

Krueger, A. 1999. "Measuring Labor's Share." *The American Economic Review*, Papers and Procedings, 89(2), pp. 45~51.

Onaran, O. and G. Galanis. 2012. "Is Aggregate Demand Wage-led or Profit-led?: National and Global Effects." *Conditions of Work and Employment Series*, No. 40. International Labor Office.

Stockhammer, E. 2013. "Why Have Wage Shares Fallen? A Panel Analysis of the Determinants of Functional Income Distribution." *Conditions of Work and Employment Series*, No. 35. International Labor Office.

Stockhammer, E. O. Onaran and S. Ederer. 2009. "Functional Income Distribution and Aggregate Demand in the Euro Area." *Cambridge Journal of Economics*, Vol. 33, No. 4, pp. 375~393.

UNCTAD. 2010. *Trade and Development Report 2010: Employment, Globalization and Development*. UNCTAD: Geneva.

_____. 2011. *Trade and Development Report 2011: Post-Crisis Policy Challenges in the World Economy*. UNCTAD: Geneva.

제6장

가계 금융부채의 연령별 특성과 과제*

배영목 | 충북대학교 경제학과 교수
김상미 | 충북대학교 경제학과 강사

1. 머리말

세계적인 금융위기가 수습되고 있음에도 한국은 여전히 불황 속에서 가계수지가 악화되고 자산가격도 반등하지 않고 있다. 이러한 와중에 가계부채 증가에 대한 우려가 점차 증폭됨에 따라 이에 대한 관심도 높아지고 있다. 이러한 가계부채의 문제가 가구주 연령별로 큰 차이를 보인다면 가계부채대책도 생애주기별로 달리 해야 하겠지만, 이에 대한 대책은 물론이고 그에 대한 분석조차 이루어지지 않은 실정이다.

가계부채의 결정요인에 대한 연구 과정에서 가계의 소득, 자산이 연령이 많아짐에 따라 증가하다가 일정 연령에 달한 후에 감소하기 때문에 가계부채도 마찬가지의 추이를 보인다는 점은 이미 알려져 있다. 하지만 연령대별로 가계부채와 관련해 어떤 문제가 발생하게 되는가를 분석한 연구는 거의 없

* 이 글은 ≪사회과학연구≫, 제31권 제1호(2014.6)에 게재된 논문을 수정·보완한 것이다.

다. 한국은 인구의 고령화로 인해 새로운 사회적·경제적 문제에 직면하게 될 것이고, 가계부채 구조나 문제도 달라질 것으로 예상된다. 따라서 가계부채의 연령별 구조에 관한 연구는 가계부채 문제에 대한 적절한 해결책을 모색하는 데 중요할 뿐 아니라 미래의 가계부채 문제를 예상하는 데에도 적지 않은 도움이 될 것이다.

가계부채에 대한 문제 제기가 생애주기 가설에서 출발하고 있기 때문에 외국에서는 가계부채의 결정 요인을 분석하는 과정에 연령을 고려하는 경우가 대부분이다. 크룩(Crook, 2001)은 미국의 가계부채에서 연령, 소득, 자가 여부, 가구원 수, 가장의 취업 여부 등이 통계적으로 유의미한 요인이고, 특히 가계부채는 가장의 연령이 55세가 되면서 감소한다는 점을 강조했다. 콕스 외(Cox et al., 2002)는 영국 가계부채 상환부담의 연령별, 소득별, 순자산별 분포와 변화를 제시하고 영국의 가계가 거시경제적 변동으로 금융적으로 취약한 상태에 있음을 지적하고 있다.

한국에서도 가계부채 문제를 미시적인 측면으로 분석하는 대부분의 연구에서 연령 문제가 고려되기도 하지만 그렇지 않은 경우가 더 많다. 김우영·김현정·김기호(2009)는 한국노동패널을 이용해 가계의 부채보유 확률, 부채규모, 소득 대비 부채비율 등을 결정하는 요인을 분석함으로써 연령, 소득, 부동산의 가격변화가 통계적으로 의미 있는 변수라는 점을 제시했다. 유경원(2009)의 연구에서는 소득분위별 분석을 통해 위험가구는 고소득층과 저소득층에 함께 존재하고 있으며, 부채 규모가 큰 가구는 자산도 많지만 유동성이 제약되어 있다는 점을 지적하고 있다. 함준호·김정인·김영숙(2010)은 개인신용 전수조사 자료에 근거해 차주별 특성과 금융업별 부채상환 능력을 비교하고 총부채상환비율에 의거해 거시경제적 충격에 따른 부실대출의 변화 및 차환위험을 분석했는데, 저소득 근로자 및 고소득 자영업자의 부채상환능력에 문제가 있음을 지적하고 있다. 김경아(2011)는 한국노동패널자료를 이용해 가계부채의 증가 추세와 그 결정요인을 분석했는데, 연령, 성, 가구원 수, 자가 보유, 소득, 부동산 등이 통계적으로 유의한 변수임을 제시하고 있다. 김우영·김현정(2010)은 노동패널자료를 이용한 가계부채 결정요인 분석에서 평균 부채 규모가 45~54세 연령층에서 가장 큰 것으로 추정했고, 이 연령층의 비중이 크게 증가하고 있음을 추가적으로 지적한 바가 있다. 배영목(2011)은 한국노동패널자료를 이용해 가계부채의 유형별 분포를 제시한 다음, 최저소득층뿐 아니라 최고소득층의 상환부담이 크게 증가해 거시경제적 충격이 있을 경우 최고소득층의 부채상환도 큰 문제가 될 수 있음을 지적하고 있다. 전승훈·임병인(2012)은 부채상환 위험 지표에 근거해 고령자, 여성, 자영업자 가구주가 부채위험을 경험할 가능성이 높은 가구임을 지적하고 있다.

한국 가계부채에 대한 연구 중에서 전승훈·임병인(2013)의 연구를 제외하면 모두 한국노동패널 자료를 이용하고 있다. 이 자료는 시계열 분석이 가능한 유일한 자료이기는 하나 금융정보가 한정되어 있다는 결정적인 약점을 가지고 있다. 이 글에서 분석할 자료는 금융정보가 상대적으로 많은 2010년과 2011년의 가계금융조사 데이터베이스(DB)와 2012년과 2013년의 가계금융복지조사 DB이다. 두 종류의 DB는 가구별로 연결되지 않기 때문에 패널 분석은 어렵지만, 연령과 관련된 4개년 변수의 분포와 통계적 관계를 각각 분석하고 그 결과를 비교해 모형의 적합성과 분석 결과의 강건성을 점검할 수 있다. 그런데 가계부채 분석에서 상환부담이나 상환불능과 직결되어 있는 것은 임대보증금을 포함한 총부채가 아니라 금융부채이기 때문에 이 연구에서는 금융부채만을 분석한다.

따라서 이 글은 가계부채 상태가 연령대별로 어떻게 다른가를 제시하고 이와 관련된 정책과제를 제시하는 것에 목적을 두고 있으나, 가계부채에 영향을 미치는 다른 사회·경제적 조건을 고려해 가계부채의 연령별 구조를 분석하고 해석하고자 한다. 이 연구는 가계부채와 연령의 상호관련성을 설명하기 위해 가계금융조사 DB를 활용해 가계의 보유상태, 자금용도, 상환능력, 상환부담, 상환불능 위험이 연령대에 따라 어떻게 달라지고 이 가계부채의 상환불능에 어떤 사회·경제적 요인이 작용하고 있는가도 분석하고자 한다. 그러기 위해서 첫째, 가계부채의 연령대별 분포와 연령대별 상환능력의 차이를 분석한다. 둘째, 금융부채 보유상태가 연령대에 따라 어떻게 달라지는지와 가계부채가 발생하는 원인이 무엇인지를 가계부채 자금용도 분석을 통해 제시한다. 셋째, 가계부채의 상환부담이 과도한 가구와 상환불능가구가 연령대에 따라 어떻게 다른가를 분석한다. 넷째, 가계부채의 상환불능에 연령이 아닌 어떤 사회·경제적 요인이 작용하고 있는가를 회귀분석을 통해 제시한다. 마지막으로 앞에서 분석된 결과를 종합하고 이와 관련된 정책과제를 제시한다.

2. 가구주의 연령대별 구성과 상환능력

한국 가구주의 연령대 구성은 <표 6-1>에서 보듯이 2010년 센서스 자료에 의거해본다면 20대 이하가 7.9%, 30대 19.4%, 40대 25.6%, 50대 21.8%, 60대 13.6%, 70대 이상 11.7%이다. 가계금융조사에 의한 연령대별 구성은 4년 평균값으로는 20대 이하 4.0%, 30대 18.4%, 40대 25.4%, 50대 22.7%, 60대 15.0%, 70대 이상 14.4%이다. 가계금융조사의 연령대별 구성비는 센서스 전수조사에 의한 가구주 연령대별 구성비와 비교할 때 20대 이

〈표 6-1〉 가계금융조사 가구주의 연령대별 구성비

(단위: %, 개)

	20대 이하	30대	40대	50대	60대	70대 이상	표본 가구 수
센서스*	7.9	19.4	25.6	21.8	13.6	11.7	17,339,422
2010	5.2	19.7	25.8	21.1	15.2	13.1	10,000
2011	4.6	18.6	24.9	22.2	15.5	14.1	10,517
2012	3.5	18.3	25.5	23.8	14.6	14.3	9,892
2013	2.8	17.0	25.5	23.8	14.7	16.2	9,327
평균	4.0	18.4	25.4	22.7	15.0	14.4	-

* 전국 일반 가구를 대상으로 한 연령대별 구성은 통계청 2010년 전국센서스 자료에 의거.

하와 30대가 다소 작고, 50대, 60대, 70대 이상이 다소 큰 편이나 큰 차이가 없다고 할 정도로 비슷하다. 따라서 가계금융조사 DB 분석 결과는 적어도 연령별 분석에서는 대표성에서 큰 문제가 없다고 할 수 있다.

가구주 연령대별 가계부채 상환능력의 차이를 파악하기 위해 먼저 가구주의 연령대별 평균 가계 경상소득을 <표 6-2>에서 보면, 40대, 50대, 30대, 60대, 20대 이하, 70대 이상 순으로 많다. 이어서 가계부채의 담보능력을 파악하기 위해 가구주의 순자산 규모를 <표 6-3>에서 보면, 60대, 50대, 40대, 70대 이상, 20대 이하 순으로 많다. 상환능력이 가장 큰 연령대는 50대이고, 그다음이 40대라고 할 수 있다. 60대는 순자산은 많으나 소득이 적고, 30대는 소득은 60대보다 많으나 순자산이 적다. 20대 이하는 순자산은 가장 적으나 소득은 70대 이상보다 많고, 70대 이상의 순자산은 20~30대보다 많으나 소득이 가장 적다. 따라서 자산과 소득, 두 측면에서 상환능력이 가장 큰 연령대는 40~50대이고, 상환능력이 작은 연령대는 소득최빈곤층인 70대 이상과 자산최빈곤층인 20대 이하라고 할 수 있다.

〈표 6-2〉 가구주의 연령대별 평균 가계 경상소득

(단위: 만 원)

	20대 이하	30대	40대	50대	60대	70대 이상	평균
2010	2,714	4,271	5,040	4,929	3,016	1,381	3,960
2011	2,933	4,377	5,336	5,141	3,218	1,483	4,131
2012	2,924	4,617	5,543	5,406	3,089	1,531	4,317
2013	3,065	4,828	5,516	5,738	3,344	1,585	4,429
평균	2,909	4,523	5,359	5,304	3,167	1,495	4,209

〈표 6-3〉 가구주의 연령대별 평균 가계 순자산

(단위: 만 원)

	20대 이하	30대	40대	50대	60대	70대 이상	평균
2010	6,824	16,420	25,950	34,028	37,666	20,187	25,828
2011	7,166	16,912	26,545	35,170	35,663	24,233	26,863
2012	7,836	17,610	27,710	34,642	33,079	23,125	26,949
2013	6,917	18,429	26,588	35,776	33,693	23,485	27,381
평균	7,816	17,343	26,698	34,904	35,025	22,758	26,755

연령대별 상환능력의 차이를 더 세부적으로 살펴보려면, 소득과 순자산의 분포를 알아야 한다. 이를 확인하기 위해 4년간 연령대별로 경상소득과 순자산의 각 분위 평균비율을 분석한 결과가 <표 6-4>이다. 이 분석 결과에 의하면, 첫째, 20대 이하는 자산의 측면에서 75% 정도가 1분위와 2분위에 분포해 있고, 소득에서 하위층인 2분위에 40% 정도 분포하고 있는 것에서 알 수 있듯이 20대 이하 가구는 자산 면에서 최빈층이고 소득에서는 70대 이상 다음으로 저소득층이다. 둘째, 70대 이상 가구는 소득의 측면에서 70% 정도가 1분위에 속한 최저소득층이고, 자산의 측면에서는 20대 이하 다음으로 자산빈곤층이다. 둘째, 30대는 자산과 소득 모두가 3분위를 중심으로 많이 분

〈표 6-4〉 연령대별 가계 소득과 순자산 분위 분포(2010~2013년 평균)

(단위: %)

		1분위	2분위	3분위	4분위	5분위
20대 이하	경상소득	14.2	39.5	26.6	14.3	5.4
	순자산	42.8	32.0	17.5	6.2	1.6
30대	경상소득	5.1	19.6	28.7	27.0	19.7
	순자산	17.5	25.2	26.9	20.2	10.3
40대	경상소득	7.3	16.9	21.2	25.7	28.8
	순자산	18.4	18.4	19.5	22.4	21.4
50대	경상소득	11.8	17.3	19.3	22.6	28.9
	순자산	16.4	16.3	16.8	21.5	28.8
60대	경상소득	32.7	25.2	17.4	12.8	11.9
	순자산	17.2	17.2	19.5	20.0	26.1
70대 이상	경상소득	68.7	17.2	7.0	4.0	3.1
	순자산	31.5	21.1	18.4	14.2	14.8

포한 중위그룹에 속해 있다. 셋째, 40대는 소득 면에서 상위 그룹으로 기울어져 있는 최고소득층이지만, 자산은 전 분위에 고르게 분포하고 있다. 넷째, 50대는 자산으로 최고부유층이지만, 소득은 40대 다음의 고소득층이다. 다섯째, 60대는 소득으로 70대, 20대에 이은 저소득층이지만 자산은 고르게 분포하고 있다. 따라서 연령대마다 소득과 자산의 분포가 적지 않은 차이를 보이는 것에서 알 수 있듯이, 소득 분위는 50대에 정점에 달한 다음 점차로 낮아지지만 순자산 분위는 이보다 앞서 40대에 정점에 달하고 점차로 낮아지는 것으로 나타났다. 이것은 50대에서 부채가 정점에 달하는 것과 무관하지 않은 것으로 보인다.

3. 가구주의 연령대별 금융부채 보유상태와 발생요인

가계부채는 각 가구가 다른 경제주체에 대해 지고 있는 채무인데, 이 가계부채는 부동산 임대로 인해 발생한 임대보증금과 그렇지 않은 금융부채로 구분할 수 있다. 가계금융조사에서 금융부채는 담보대출, 신용대출, 신용카드 관련 대출, 외상 및 기타부채이다. 기타부채에는 곗돈 미불입금 등이 포함된다. 이와 같이 상환부담이나 상환불능에서 임대보증금이 문제가 되는 경우는 거의 없기 때문에, 이 연구에서는 가계부채 중에서 상환부담이나 상환불능 문제와 직접 관련되는 금융부채로 한정해 부채의 보유상태와 발생요인을 분석한다.

가계금융조사 대상가구 중에서 금융부채를 가진 가구가 해당 연령대 가구에서 차지하는 비중을 제시한 것이 <표 6-5>이고, 이를 그림으로 나타낸 것이 <그림 6-1>이다. <표 6-5>를 보면, 금융부채를 지고 있는 가구의 비율이 연령대별로 차이를 보인다. 4년간의 평균값은 57.2%인데, 이보다 높은 연령대는 40대 71.2%, 30대 69.6%, 50대 65.2%이고, 이보다는 낮은 연령대는 70대 이상 19.8%, 60대 44.4%, 20대 이하 49.7%이다. <그림 6-1>을 보면, 이 비율은 20대부터 증가해 40대에 정점에 달한 다음 그 이후에 계속 하락하는 추이를 보인다. 이러한 추이는 4년 모두 거의 비슷하다. 따라서 가계 금융부채를 지는 가구의 비율은 연령이 많아짐에 따라 증가하지만, 40대에 정점에 달한 다음 계속 감소한다고 할 수 있다.

가계금융조사 대상가구 중에서 금융부채를 가진 가구가 지고 있는 금융부채액을 연령대별로 제시한 것이 <표 6-6>이고 그림으로 나타낸 것이 <그림 6-2>이다. <표 6-6>을 보면, 금융부채를 지고 있는 가구의 평균 부채액이 연령대별로 차이를 보인다. <그림 6-2>에서 4년간 추이를 보면, 20대에

〈표 6-5〉 금융부채 가구의 연령대별 분포

(단위: 가구 수)

	20대 이하	30대	40대	50대	60대	70대 이상	평균
2010	47.4	65.1	66.7	60.7	40.0	17.7	53.6
2011	46.8	69.3	69.8	64.3	43.3	20.9	56.4
2012	54.4	72.1	73.7	67.7	45.8	19.9	59.5
2013	50.4	71.9	74.5	68.1	48.7	20.8	59.4
평균	49.7	69.6	71.2	65.2	44.4	19.8	57.2

자료: 통계청(각 연도).

〈그림 6-1〉 가계 금융부채 연령대별 보유 가구 비율

(단위: %)

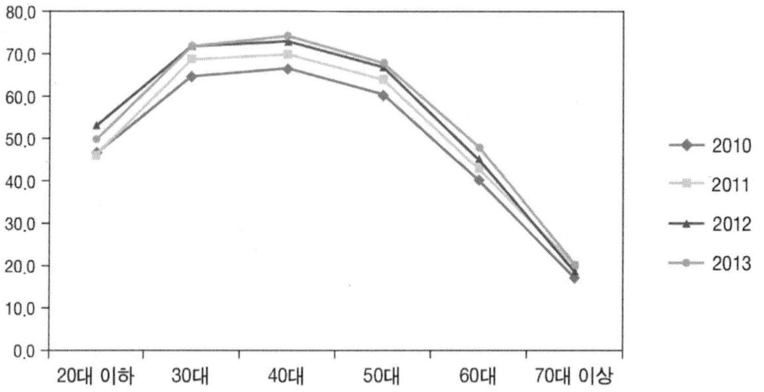

서 50대까지는 연령대가 높아질수록 금융부채 가구의 평균채무액이 점차 증가하다가 감소하지만, 70대 이상에서는 연도별로 큰 차이를 보인다. 따라서 금융부채 가구의 비율은 40대에서 정점을 이루지만, 금융부채액은 50대에서 정점을 이룬다고 할 수 있다.

각 가구가 금융부채를 보유하게 되는 계기를 파악하기 위해 가계의 자금 용도별 이용 여부를 확인해볼 필요가 있다. <표 6-7>은 금융부채 가구 중에

〈표 6-6〉 금융부채 가구의 가구주 연령대별 평균 금융부채액

(단위: 만 원)

	20대 이하	30대	40대	50대	60대	70대 이상	평균
2010	1,798	4,622	6,261	7,381	5,935	6,602	5,912
2011	2,351	5,257	7,121	8,065	7,272	10,444	6,943
2012	2,498	4,259	6,617	7,552	5,843	5,812	6,091
2013	2,953	4,878	7,233	8,123	5,736	4,641	6,563
평균	2,400	4,754	6,808	7,780	6,197	6,875	6,377

자료: 통계청(각 연도).

〈그림 6-2〉 부채 가구 연령대별 평균 금융부채액

(단위: 만 원)

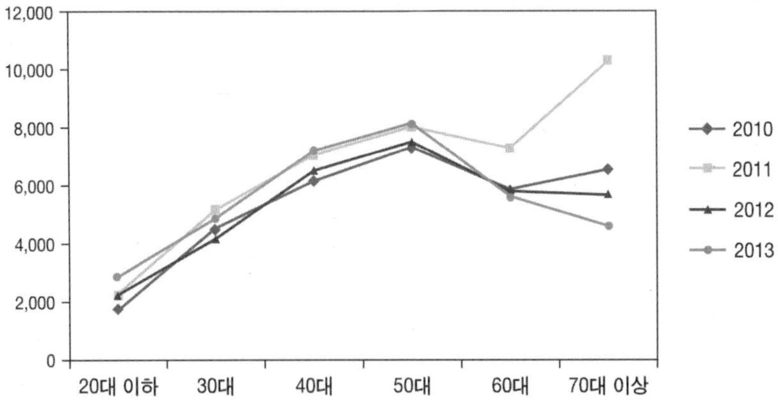

서 각 자금용도별 가구 비율의 4년간 평균값을 연령대별로 제시한 것이다. 각 연령대에서 10% 이상을 차지하는 요인을 보면, 20대 이하에서는 기타 생활비, 사업자금, 거주주택 구입, 30대에서는 거주주택 구입, 기타 생활비, 사업자금, 전월세보증금, 40대에서는 거주주택 구입, 기타 생활비, 전월세보증금, 50대에서는 거주주택 구입, 교육비용, 기타 생활비, 전월세보증금, 60대와 70대 이상은 전월세보증금, 기타 생활비, 거주주택 구입이다. 세대별로 차

〈표 6-7〉 금융부채 가구의 자금용도별 가구 비율(4년 평균)

(단위: %)

	20대 이하	30대	40대	50대	60대	70대 이상	전체
거주주택 구입	12.5	30.6	29.5	24.4	20.3	17.2	25.6
기타 부동산	2.3	5.7	8.0	9.5	6.9	5.6	7.3
사업자금	17.6	17.7	8.7	4.4	3.9	4.1	8.9
전월세보증금	3.8	10.7	19.0	22.3	23.3	20.4	17.8
증권투자	1.1	1.3	1.0	0.7	0.7	0.2	0.9
부채상환	3.0	4.3	5.4	5.0	4.5	3.8	4.7
결혼비용	1.6	0.9	0.3	1.6	3.3	2.3	1.2
의료비용	1.3	0.8	1.2	1.4	3.4	3.5	1.6
교육비용	9.8	2.0	6.7	10.1	2.8	0.9	5.8
기타 생활비	19.8	27.0	29.2	24.6	22.0	21.1	25.9

자료: 통계청(각 연도).

이는 있지만 금융부채 가구가 된 용도별 비율은 기타 생활비 25.9%, 거주주택 구입 25.6%, 전월세보증금 17.8% 등이므로 생활비 및 주거 마련이 가계부채의 주요 원인이라 할 수 있다. 여기서 전 연령대와 관련된 금융 문제는 거주주택 담보금융, 전월세보증금 대출, 생활비 대출 문제가 될 수 있음을 알 수 있다. 사업대출 가구는 20~30대, 교육비 대출 가구는 20대와 50대, 결혼비와 의료비 대출 가구는 60~70대에 상대적으로 집중되어 있다는 특징도 보인다.

4. 가계 금융부채의 연령대별 상환부담과 분포

각 가계의 소득이나 자산은 직업이나 고용상태에 따라 다르지만, 소득의 경우 앞서 살펴본 바와 같이 연령대에 따라 증가하다가 40~50대를 정점으로 감소하고 순자산은 60대까지 증가한 후 그 이후에 급격히 감소하는 추세를 보인다. 가계의 금융부채가 소득이나 자산의 연령대별 패턴을 벗어난 경우, 바꾸어 말해 상환부담이 임계치를 넘어서면 가계는 상환불능(채무불이행) 상태에 빠질 수 있다.

DSR[Debt Service Ratio, 연상환액(이자 포함)/가처분소득]은 가계부채의 상환부담을 측정하는 지표로 가장 빈번하게 이용되고 있다. 이 지표는 상환방식 또는 상환기간에 따라 큰 차이를 보일 수 있다. 그리고 부채의 상환부담을 소득이나 자산과 대비해 측정할 수 있는데, 자산과 대비한 지표가 DTA(Debt To Asset, 총부채/총자산)이고, 소득과 대비한 지표가 DTI(Debt to Income, 금융부채/가처분소득)이다.[1] 이 연구에서는 자료의 제약으로 가처분소득 대신에 경상소득으로 분석한다.

<표 6-8>을 보면, 금융부채 가구의 현재 상환부담 상태를 알려주는 DSR(연상환액/경상소득)이 100%를 넘어서는 가구, 이자 및 원금상환액이 경상소득을 넘어서는 가구, 소득으로는 더 이상 상환이 어려워 채무불이행 위험이 매우 높은 초고부담 가구의 비율을 보면, 연령대별로 차이를 보인다. 4년 평균 비율은 20대 이하 3.3%, 30대 3.0%, 40대 3.3%, 50대 3.8%, 60대 5.7%, 70대 이상 6.3%로 50대까지 3%대를 유지하지만 그 이후에는 6%대로 급격히 높아진다. 기존 연구에서 부담이 과도한 임계치로 제시한 DSR이

---

1) DTA에서 부채를 총부채로 정의하는 이유는 총자산과 대비되는 것은 금융부채가 아닌 총부채(임대보증금+금융부채)이기 때문이다.

〈표 6-8〉 금융부채 가구의 연령대별 DSR 비율(4년 평균)

(단위: %)

	20대 이하	30대	40대	50대	60대	70대 이상	전체
100% 이상	3.3	3.0	3.3	3.8	5.7	6.3	3.8
50% 이상	11.2	11.3	12.0	11.8	14.7	16.9	12.4
40% 이상	14.9	16.2	16.4	16.0	19.5	23.0	16.9
30% 이상	22.5	24.1	24.5	23.3	28.1	31.0	24.8

자료: 통계청(각 연도).

〈그림 6-3〉 DSR 해당 가구 연령대별 비율

(단위: %)

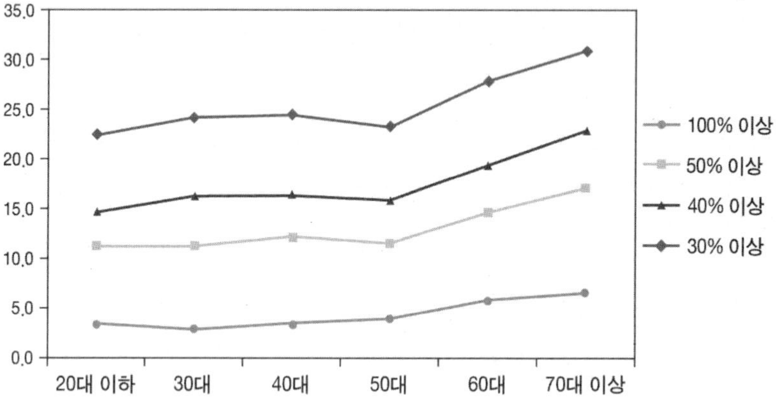

40%를 넘는 가구의 비율을 보더라도 거의 비슷한 차이를 보인다. DSR이 40% 이상인 가구의 비율은 4년 평균 비율로 볼 때 20대 이하 14.9%, 30대 16.2%, 40대 16.4%, 50대 16.0%, 60대 19.5%, 70대 이상 23.0%로 그 차이는 적지만 60대 이후 급격히 높아진다. <그림 6-3>에서 보듯이 임계치를 달리해도 연령대별 차이는 비슷하다. 따라서 은퇴로 인해 소득이 격감한 60대부터는 가계부채 상환부담이 급격히 증가해 소득만으로 상환하기가 매우

〈표 6-9〉 금융부채 가구의 연령대별 DTA 비율(4년 평균)

(단위: %)

	20대 이하	30대	40대	50대	60대	70대 이상	전체
120% 이상	6.6	3.8	5.7	5.7	4.8	5.1	5.2
100% 이상	8.7	4.5	6.8	6.6	5.5	5.8	6.1
70% 이상	14.6	8.2	10.4	10.7	8.9	10.6	10.0
60% 이상	18.7	11.6	13.7	13.6	11.7	14.0	13.1

자료: 통계청(각 연도).

〈그림 6-4〉 DTA 해당 가구 연령대별 비율

(단위: %)

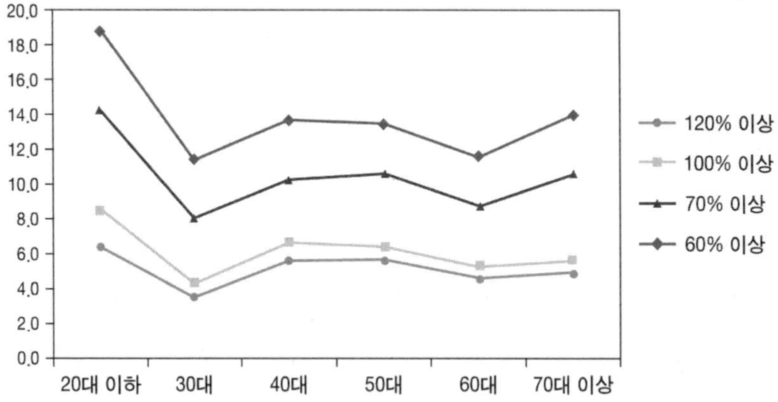

어렵다고 할 수 있다.

위의 <표 6-9>를 보면, 금융부채 가구의 담보 자산에 대비해 채무부담이 얼마나 되는가를 알려주는 DTA(총부채/총자산)가 120%를 넘어서서 자산 처분으로는 채무상환이 불가능한 초고부담 가구의 비율을 보면, 연령대별로 차이를 보인다. 4년 평균 비율은 20대 이하 6.6%, 30대 3.8%, 40대 5.7%, 50대 5.7%, 60대 4.8%, 70대 이상 5.1%로 자산빈곤층인 20대 이하가 가장 높고 50대 이후는 다소 하락하고 있다. 부채가 이미 자산과 같아지는 100%를 기준으로 하더라도 연령대별 비율은 거의 비슷하다. 기존 연구에서 부담이 과도한 임계치로 제시되고 있는 DTA가 70%를 넘는 가구의 비율은 약간 차이가 있다. 20대 이하가 가장 높은 것은 차이가 없지만 다른 연령대에서는 큰 차이가 있다. 이러한 특징을 <그림 6-4>에서처럼 임계치를 달리해보면, 20대 이하가 가장 높고 자산 축적이 시작되는 30대가 낮으며 부채 상환이 완료되는 60대도 40~50대보다 다소 낮은 것으로 나타나고 있다.

금융부채 가구의 미래의 상환부담 상태를 시사하는 DTI(금융부채/경상소득)가 500%를 넘어서서, 현재의 소득수준으로 미래에 부채상환이 매우 어려워 채무불이행 위험이 매우 높은 초고부담 가구의 비율을 보면, 연령대별로 차이를 보인다. 4년 평균 비율은 20대 이하 1.6%, 30대 1.8%, 40대 2.8%, 50대 4.3%, 60대 7.8%, 70대 이상 10.2%로 연령이 많을수록 점차 높아지지만, 특히 소득이 급격히 줄어드는 60대 이후 급격히 높아진다. 많은 연구자가 부담이 과도하다고 보는 DTI 300% 이상 가구의 비율을 보더라도 연령대별 차이는 비슷하다. <그림 6-5>에서 보듯이 임계치를 달리해도 연령대별 차이는 비슷하다. 따라서 은퇴로 인해 소득이 격감한 60대부터는 가계부채의 미래 상환부담이 급격히 증가해 소득으로 상환하는 것은 거의 불가능하다고 할 수 있다.

가계 금융부채의 채무불이행, 다시 말해 상환불능 여부는 가계의 상환능력, 상환부담뿐 아니라 가계의 특성이나 가구주의 상환의지 등 다양한 요인에 의해 결정된다. 가계금융조사에는 금융부채(대출)의 상환 여부에 대한 응답 자료가 있는데, 이 응답은 기간 내 상환가능, 연기 후 상환가능, 상환불능의 세 가지로 구분할 수 있다. 이 자료에는 가구주는 알 수 있지만 외부자는 파악하기 쉽지 않은 재무 상태와 상환능력은 물론이고 가구주의 채무이행 의

〈표 6-10〉 금융부채 가구의 연령대별 DTI 비율(4년 평균)

(단위: %)

	20대 이하	30대	40대	50대	60대	70대 이상	전체
500% 이상	1.6	1.8	2.8	4.3	7.8	10.2	3.8
400% 이상	2.9	2.5	4.0	6.1	10.7	12.0	5.2
300% 이상	4.2	5.1	7.4	10.9	17.8	19.8	9.4
200% 이상	9.8	7.1	10.1	13.5	21.1	22.2	11.9

자료: 통계청(각 연도).

〈그림 6-5〉 DTI 해당가구 연령대별 비율

(단위: %)

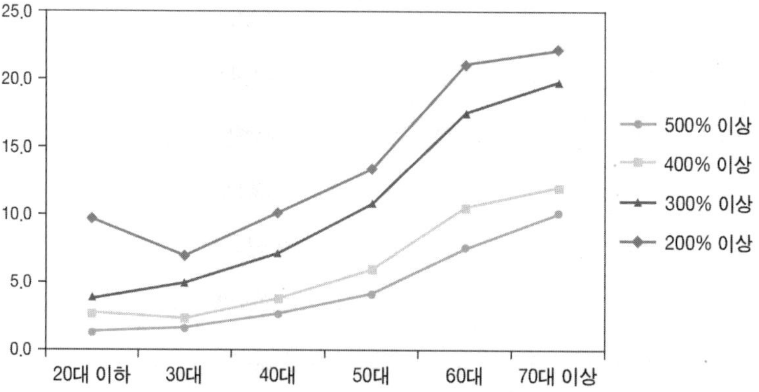

지까지 반영되어 있기 때문에 가계부채의 부실 여부를 파악할 수 있는 핵심 정보이다. 이 연구에서는 이 응답을 금융채무의 상환불능 가능성, 즉 금융부채의 부실 여부를 판단하는 기준으로 삼고자 한다.

<표 6-11>을 보면, 기간 내 상환이 가능하다고 한 가구의 비율은 2010년 65.8%, 2011년 62.2%, 2012년 66.2%, 2013년 60.4%로 점차 줄어들고 있고, 상환불능이라고 답한 금융부채 가구 비율은 2010년 7.0%, 2011년 7.3%, 2012년 7.0%, 2013년 8.2%로 점차 증가하고 있다. 가구의 27~31%

〈표 6-11〉 금융부채 가구 중 상환가능 여부

(단위: 가구 수, %)

	기한 내 상환가능		연기 후 상환가능		상환불능		전체	
2010	3,160	(65.8)	1,304	(27.2)	338	(7.0)	4,802	(100.0)
2011	3,682	(62.2)	1,802	(30.4)	434	(7.3)	5,918	(100.0)
2012	3,900	(66.2)	1,573	(26.7)	415	(7.0)	5,888	(100.0)
2013	3,347	(60.4)	1,736	(31.3)	457	(8.2)	5,540	(100.0)

자료: 통계청(각 연도).

정도는 대출 연장이 되거나 차환이 실현되어 상환기한만 연기되면 상환할 수 있다고 판단하고 있다.

금융부채 가구 중에서 상환불능 상태에 있는 가구의 비율이 연령대별로 얼마나 다른가를 분석한 것이 <표 6-12>이다. 이 분석 결과에 의하면, 상환불능 상태에 있다고 응답한 가구의 4년 평균 비율은 20대 이하 2.6~5.3%, 30대 3.1~3.8%, 40대 5.8~7.0%, 50대 8.0~9.3%, 60대 10.6~13.2%, 70대 이상 13.6~19.8%로 나타난다. <표 6-12>와 <그림 6-6>을 함께 살펴보면, 금융부채 가구 중에서 상환불능가구의 비율은 20~30대 간에는 차이가 분명하지 않지만 연령대가 높아질수록 상환불능가구의 비율이 높아진다는 것을 알 수 있다.

금융부채 상환불능가구의 비율은 연령대가 높아짐에 따라 증가하고 있지만, 각 지표별로 나타나는 고부담 가구의 비율에는 차이가 있다. 따라서 금융부채 고부담 가구의 비율은 DTI 지표를 제외하면 연령대별 증가 추세가 분명하지 않다. 금융부채의 상환불능 여부는 가구주의 특성이나 소득, 자산 등의 상환능력에 따라 달라지기 때문에 상환부담으로만 결정되는 것은 아닐 것이다. 따라서 어떤 가구가 금융부채의 상환불능 위험에 직면해 있는가를 살

〈표 6-12〉 금융부채 가구 중 고용유형별 상환불능가구의 비율

(단위: %)

	20대 이하	30대	40대	50대	60대	70대 이상
2010	2.6	3.8	6.5	8.3	12.5	16.8
2011	4.4	3.8	6.9	8.5	10.6	13.6
2012	2.7	3.9	5.8	8.0	11.0	18.1
2013	5.3	3.1	7.0	9.3	13.2	19.8

자료: 통계청(각 연도).

〈그림 6-6〉 금융부채 상환불능가구 연령대별 비율

(단위: %)

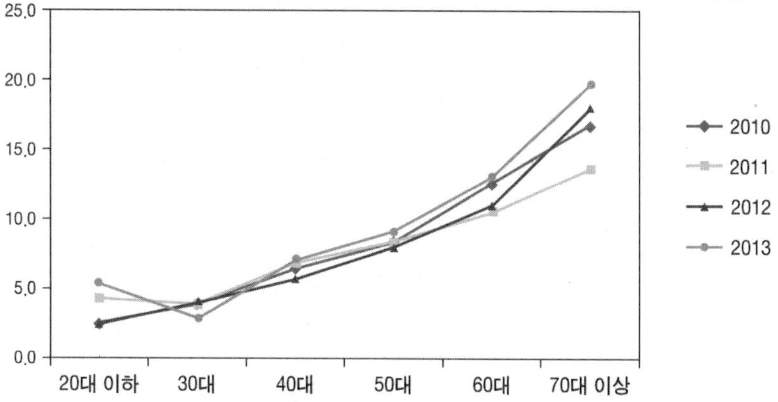

펴보기 위해서는 연령 이외의 어떤 사회·경제적 요인이 금융부채 상환불능 가구의 결정요인인가도 분석해야만 할 것이다.

5. 금융부채 상환불능의 사회 · 경제적 요인

어떤 가구가 금융부채 상환불능 위험에 노출되어 있는가를 분석하기 위해

상환불능가구 여부에 영향을 미치는 여러 사회·경제적 변수를 고려할 필요가 있다. 사회적 변수로서는 연령 이외에 가구주의 성별, 배우자 유무, 교육연수, 가구원 수 등을 고려한다. 그리고 가계의 경제적 상태와 상환능력을 나타내는 경제적 변수로서 경상소득, 실물자산, 금융자산, 취업상태 등을 고려한다.

어떤 가구가 부실가구가 되는가를 판단하기 위해 종속변수로는 가구의 금융부채 상환가능성에 대한 응답 결과에 따라 상환불능가구는 1, 상환가능가구는 0으로 설정한다. 설명변수로는 가구특성 변수인 가구주의 성별, 배우자 유무, 교육연수, 가구원 수 등을 X라 하고, 연령 관련변수를 Y라 하며, 경상소득, 실물자산, 금융자산, 취업 여부 등의 경제적 변수를 Z라고 한다. 그런데 연령과의 관계는 앞의 분석에서도 보았듯이, 반드시 선형관계가 아니기 때문에 연령과 연령제곱을 설명변수로 설정한다.

$$D_i = \alpha + \Sigma\beta_j X_{ji} + \Sigma\gamma_k Y_{ki} + \Sigma\delta_l Z_{li} + \epsilon_i$$

$D_i = 1$: 상환불능가구, $D_i = 0$: 상환가능가구

X : 가구특성 변수

Y : 연령 관련 변수

Z : 경제 관련 변수

어떤 가구가 금융부채 상환불능 위험에 더 노출되어 있는가를 분석하기 위해 이분형 로지스틱 회귀분석을 실시한 결과는 <표 6-13>과 같다. 이 모형의 분석 결과에 의하면, 4개년 계속 통계적으로 의미 있는 변수는 가구특성 변수로는 가구원 수(+)뿐이고, 연령 변수로는 연령(+), 연령제곱(-)이고, 경제적 변수로는 경상소득(-), 금융자산(-) 등이다. 따라서 가구원 수가 많은

〈표 6-13〉 금융부채 상환불능가구의 결정요인 분석 결과

설명 변수	2010년	2011년	2012년	2013년
성별 (남성=1, 여성=0)	.040	-1.08	.074	-.355*
배우자 유무 (유=1, 무=0)	-.509**	-.221	-.351*	.066
교육연수(년)	-.509**	-.001	-.024	-.012
가구원 수(명)	.217***	.218***	.210***	.238***
연령	.123***	.148***	.117***	.147***
$(연령)^2$	-8.77E04**	-1.26E03***	-9.41E04**	-1.13E03***
Log10(경상소득) (만 원)	-1.403***	-1.163***	-.904***	-.757***
Log10(실물자산) (만 원)	-.075	-.148**	-.149*	-.014
Log10(금융자산) (만 원)	-.357***	-.598***	-.756***	-.696***
미취업 여부 (미취업=1, 취업=0)	-.065	.361**	-.063	.268
상수	-.691	-.687	-.094	2.183*
-2 Log likelihood	1806.25	2237.53	2100.73	2406.54
Cox & Snell R2	.035	.041	.048	.052
Nagelkerke R2	.097	.112	.135	.127
Hosmer & Lemeshow 검증 유의확률	.800	.302	.782	.506
관측 수	4,380	5,362	5,381	5,124

주: ***: $p < 0.01$, **: $p < 0.05$, *: $p < 0.1$

가구일수록, 경상소득이 적은 가구일수록, 금융자산이 적은 가구일수록 상환불능가구가 될 확률이 더 높아지지만, 가구주의 성별, 배우자 유무, 교육 정도, 취업 여부와는 직접 관련이 없다고 할 수 있다. 그리고 연령이 많을수록 상환불능가구가 될 확률이 높아지지만 일정 연령을 지난 이후에는 낮아진다고 할 수 있다. 그리고 상환불능가구가 될 확률이 가장 높아지는 연령을 계산

해보면, 2010년 34.8세, 2011년 37.5세, 2012년 38.4세, 2013년 39.5세로 나타나고 있다.

6. 맺음말

이 글은 가구주의 연령을 기준으로 가구주의 연령대를 구분하고 가계의 부채 상환능력, 금융부채 유무 및 발생 원인, 상환부담, 상환불능 상태가 연령대별로 어떤 차이를 보이는가를 분석했으며, 나아가 가계 금융부채의 상환불능에 영향을 미치는 사회·경제적 요인을 분석함으로써 가계부채의 문제를 연령의 측면에서 재조명하고자 했다. 특히 이 연구는 지금까지 거의 사용하지 않은 가계금융조사 DB를 모두를 사용했고, 상환불능의 사회·경제적 요인을 분석하고, 가계부채의 연령별 구조를 다양한 각도에서 검토했다는 점에서 기존 연구와는 다른 내용을 포함하고 있다. 이 분석을 통해 확인한 가계 금융부채의 연령대별 특성과 사회·경제적 요인을 제시하면 다음과 같다.

첫째, 20대 이하 청년층이 가구주로 되어 있는 가구의 부채 문제는 다른 연령대와 적지 않은 차이를 보이고 있다. 20대 이하 가계는 자산최빈층이면서 소득에서 70대 이상 다음으로 소득이 낮은 저소득층이다. 20대는 60~70대 다음으로 금융시장에의 접근이 어렵고 평균 채무액도 가장 적다. 이들은 다른 연령대와는 달리 사업자금과 교육비 마련 때문에 상대적으로 많은 가구가 빚을 지고 있다. 또한 소득에 대비해 많은 채무를 지고 있는 것이 아니라 자산최빈층으로 자산에 비해서는 많은 채무를 지고 있으나 상환불능에 빠진 가구의 비중이 가장 낮은 편이다. 이와 같이 20대 이하는 자산최빈층이지만 미래소득 증가가 기대되는 층으로 상환가능성도 가장 높기 때문에 그들이 필요로 하는 교육비와 사업자금에 대한 대출을 적극적으로 확대할 필요가 있다.

둘째, 30대와 40대 가구주는 거의 비슷한 상태에 있으나 30대와 40대 간에 약간의 차이가 있다. 30~40대 가구주의 자산은 축적이 되지 않아 50~60대보다 낮은 수준이고, 소득은 30대를 기점으로 고소득층으로 진입해 40대에 정점에 이른다. 금융부채를 지고 있는 가구의 비율이 30~40대는 거의 비슷하지만 채무가구의 평균 채무액은 크게 증가한다. 이 연령대는 거주주택 구입과 전월세보증금과 같이 주택 마련과 구입, 사업자금 마련으로 채무가구가 되는 비율이 가장 높은 시기이다. 이 연령대 가구는 자산이나 소득에 대비해 채무부담이 낮은 시기이지만 30대보다는 40대의 부담이 크고, 상환불능 가구의 비율도 30대보다는 40대가 더 높다. 이와 같이 30~40대는 주택을 마련하고 사업활동을 활발히 전개하는 시기로 자금수요가 급격히 증가하고 있으므로 이러한 측면에서 대출이 확대될 필요가 있다. 그렇지만 30대 후반부터 소득이나 자산을 고려하지 않은 대출은 채무불이행 가능성을 크게 높일 수 있으므로 대출에 대한 심사가 강화될 필요가 있다.

셋째, 50대가 되면 최고소득층과 자산최부유층이 되고, 60대가 되면 50대 다음으로 자산부유층이 많으나 소득에서는 20대 이하보다 저소득층이 많아진다. 50대부터 채무가구 비율이 줄어드나 60대에는 급격히 줄어들어 20대 이하보다도 낮다. 평균부채액은 50대에 정점을 이른 다음 줄어드나 채무가구 비율만큼 급격히 줄어들지는 않는다. 50~60대에는 주택처분에 따라 전월세보증금 대출가구 비율이 늘어나고 자녀의 결혼으로 인한 대출가구 비율이 다소 증가한다. 그리고 60대에 접어들어 소득이 줄어듦에 따라 소득 대비 상환부담이 늘어나지만 자산 대비 부담은 부채상환으로 도리어 줄어든다. 50대는 소득과 자산에서 정점에 이르는 시기로 금융부채 규모도 정점에 이르는데, 60대에는 소득이 격감하지만 금융부채 규모는 그만큼 줄어들지 않기 때문에 금융기관도 이에 대한 대비가 있어야 한다. 가계는 50대부터 부채 상환으로, 금융기관은 신규대출 억제로 대응하고 있으나 미상환가구의 채무불이행 위험이 증가해 가계부채의 뇌관으로 작용할 여지가 크다고 할 수 있다.

넷째, 70대 이상의 고령층 가구는 최저소득층이자 자산빈곤층으로 금융시장에의 접근이 제한되어 부채가구 비율이 20%로 급격히 감소하지만 잔존 부채가구의 평균 부채액은 크게 줄어들지 않는다. 최고령 부채가구의 상환부담도 자산 대비로는 20대보다 낮으나 소득 대비로는 가장 높고, 상환불능가구의 비율도 가장 높다. 따라서 70대 이상의 최고령가구에 대해서는 부채상환의 길을 열면서 저소득을 보완할 수 있는 제도가 바람직한데, 그 한 예가 역모기지제도일 것이다.

다섯째, 어떤 가구가 금융부채 상환불능가구인가를 분석한 결과, 가구주의 성별, 배우자 여부, 교육연수, 취업 여부, 실물자산 보유액과는 상관이 없는 것으로 나타났지만 가구원 수가 많을수록, 소득이 적을수록, 금융자산이 적을수록 금융부채 상환불능 가능성, 다시 말해 채무불이행 위험이 높은 것으로 나타났다. 그리고 상환불능 가능성은 소득, 금융자산 등 상환능력을 고려할 경우에는 30대 중반부터 30대 말까지 높아지지만 그 이후로는 감소하는 것으로 나타났다. 따라서 가계대출에서는 유동성 상태와 상환능력을 우선적으로 고려하되 30대 중반부터 상환불능 위험이 이미 중대한 상태이기 때문에 이 연령대부터 연령대별 소득, 자산의 변화를 고려해 대출을 받아야 할 것이고 금융기관도 이러한 점을 대출 심사에 반영하는 것이 필요하다.

이상의 분석 결과를 종합해보면, 가계의 금융부채 차입 여부, 차입금액, 차입 동기, 상환부담, 채무불이행 위험은 연령대별로 작지 않은 차이를 보이고 있다. 특히 가계의 금융부채 상환불능 여부는 연령뿐 아니라 가구원 수, 소득, 금융자산 등과 관련되어 있기 때문에 가계는 소득과 자산의 연령대별 흐름을 고려해 차입계획과 상환계획을 수립하는 금융계획의 생활화를 실천해야 할 것이고, 금융기관도 금융주치의처럼 장기간 가계의 금융 상태를 진단하고 이에 대한 적절한 처방을 제시하는 관계적 금융 관계를 발전시키려는 노력이 있어야 할 것이다. 특히, 상환불능가구의 비율이 30대 이후부터 연령대가 높아짐에 따라 증가하는 추세가 뚜렷하게 나타나는 것은 고령화 추세를 감안하면 가계부채의 부실 문제가 점차로 심각해질 것임을 예고하는 것이다. 따라서 금융당국은 유동성 공급이나 채무기간 조정, 차환 같은 단기적 대응에만 노력을 기울일 것이 아니라 장기적인 소득의 흐름이나 자산가격 변화에 대응할 수 있는 금융상품의 개발과 금융제도의 개선에도 관심을 가져야 할 것이다.

참고문헌

김경아. 2011.「국내가계의 부채증가 추세 및 요인에 관한 연구: 미시자료에 대한 분석을 중심으로. 한국응용경제학회. ≪응용경제≫, 제13권 제1호.

김우영·김현정·김기호. 2009.「한국의 노동패널자료를 이용한 가계부채 분석」. 한국은행 금융경제연구원. ≪금융경제연구≫, 제366호.

김우영·김현정. 2010.「가계부채의 결정요인 분석」. 한국국제경제학회. ≪국제경제연구≫, 제16권 제1호.

김현정·김우영. 2009.「가계부채가 소비에 미치는 영향: 미시자료를 중심으로」. 한국은행 금융경제연구원. ≪경제분석≫, 제15권 제3호.

배영목. 2011.「가계부채 상환부담의 분포와 추이」. 한국경제발전학회. ≪경제발전연구≫, 제17권 제1호.

유경원. 2009.「가계부채 문제에 관한 분석」. 한국은행 금융경제연구원. ≪경제분석≫, 제15권 제4호.

_____. 2013.「가계부채의 확대에 따른 리스크 요인의 점검」. 한국금융연구원. ≪금융연구 Working Paper≫.

전승훈·임병인. 2012.「금융위기 전후 가계부채 보유실태 및 부채위험 분석」. 한국재정정책학회. ≪재정정책논집≫, 제14권 제2호.

_____. 2013.「가구의 금융부채 유형별 부채상환능력 분석」. 한국경제연구학회. ≪한국경제연구≫, 제31권 제1호.

통계청. 2010.「가계금융조사」.

_____. 2011.「가계금융조사」.

_____. 2012.「가계금융·복지조사」

_____. 2013.「가계금융·복지조사」

함준호·김정인·이영숙. 2010.「개인CB 자료를 이용한 우리나라 가계의 부채상환위험 분석」. KDI. ≪한국개발연구≫, 제32권 제4호.

한국은행. 2010~2013.「금융안정보고서」.

Anderloni, Luisa, Emanuele Bacchiocchi and Daniela Vandone. 2012. “Household financial vulnerability: An empirical analysis.” *Research in Economics*, 66, pp. 284~296.

Barba, Aldo and Massimo Pivetti. 2009. “Rising household debt: Its causes and macroeconomic implications-a long-period analysis." *Cambridge Journal of Economics*, 33, pp. 113~137.

Cava, Gianni La and John Simon. 2005. "Household Debt and Financial Constraints in Australia." *The Australian Economic Review*, vol. 38, no. 1, pp. 40~60.

Cox, Pru, John Whitley and Peter Brierley. 2002. "Financial pressures in the UK household sector: evidence from the British Household Panel Survey." *Bank of England Quarterly Bulletin*, Winter.

Crook, Jonathan. 2001. "The Demand for household debt in the USA: evidence from the 1995 Survey of Consumer Finance." *Applied Financial Economics*, 2001, 11, pp. 83~91.

Day, Shubhasis, Ramdane Djoudad and YaZ Terajima. 2008. "A Tool for Assessing Financial Vulnerabilities in the Household Sector." *Bank of Canada Review*, Summer.

제7장

비공식 고용의 발생 원인과 정책 대응 방향*

이병희 | 한국노동연구원 선임연구위원

1. 머리말

1997년 외환위기 이후 노동시장의 불안정성과 격차가 확대되어왔다. 저임금 노동자의 비중은 OECD 회원국 가운데 최고 수준이고, 비정규 근로자의 임금은 정규직 근로자의 60%에 미치지 못하며, 영세 자영업 종사자는 일자리와 소득의 동반 감소를 경험하고 있다. 그동안 노동시장의 불안정성과 불평등을 억제하려는 정책적인 노력이 없었던 것은 아니다. 근로기준·최저임금 등 취약계층을 보호하기 위한 다양한 노동정책이 존재하고, 사회보험도 그 적용범위를 지속적으로 확대해왔다. 그러나 노동정책은 낮은 적용수준과 집행 문제 때문에 그 실효성이 낮고, 사회지출의 절반을 차지하는 사회보험은 보편주의를 채택하고 있음에도 가입자의 기여에 의존하는 재원조달로 인해 실질적인 사각지대가 광범하게 존재한다.[1)]

---

* 이 글은 ≪경제발전연구≫, 제19권 2호(2013.12)에 게재된 논문을 수정·보완한 것이다.

1) Hwang and Lee(2011)는 한국이 단체교섭, 최저임금, 실업급여, 근로장려금 등 저임금노

이 연구는 노동시장의 구조를 개선하기 위해서는 노동정책과 제도의 사각지대 해소가 선결되어야 한다는 문제의식에서 출발한다. 이를 위해 사회적 보호 관점의 비공식 노동 개념을 도입한다.[2] 중간소득 국가(middle-income countries)에서는 비공식 노동 문제가 실업 문제보다 심각하다고 지적하는 OECD(2004)는 비공식 노동이 개인에게는 저임금과 고용 불안, 사회적 위험에 대한 적절한 보호의 부재를 의미하며, 경제적으로는 불공정 경쟁에 따른 공식부문(formal sector)의 부담 증가와 비공식부문(informal sector)의 비효율적인 생산의 온존에 따른 경제적 비효율성을 초래하고 공공부조의 재정부담을 증가시키며, 사회적으로는 사회적 위험 증가와 사회적 이동성 제한으로 인해 사회통합을 저해할 가능성이 높다고 주장한다. 쥐팅과 라이글레시아(Jütting and Laiglesia, 2009)도 비공식 취업의 지속성이 빈곤 감소 수단으로서 취업의 효과를 제한하며, 공정한 근로조건을 보호하고 공공재를 제공하는 국가 능력을 훼손한다고 지적한다.

이 글은 정태적·동태적인 분석을 통해 비공식 고용의 발생 원인을 규명하고자 한다. 이 글의 구성은 다음과 같다. 우선 2절에서는 비공식 노동에 관한 국내외 선행연구들을 소개한다. 비공식 노동의 발생 원인에 주목하는 이 연구는 고용관계에서의 비공식성이 사회적 보호로부터 배제되는 성격이 강하며, 이는 사업주의 의무 불이행과 정책의 낮은 집행수준에 기인한 측면이 강

동시장을 개선하기 위한 제도와 정책을 구비하고 있음에도 저임금근로자 비중이 OECD 회원국 가운데 가장 높은 수준일 뿐 아니라 지난 10여 년간 오히려 증가하는 등 저임금 노동시장 개선에 기여하지 못했음을 지적하며, 정책 메뉴의 존재 자체만으로는 그 효과가 보장되지 않는다고 강조한다.

2) 비임금근로자도 포함하는 비공식 취업이라는 광의의 개념이 있지만, 이 연구에서는 「노동법」과 사회보험 등의 사회적 보호를 받지 못하는 임금근로자에 한정해 살펴본다. 또한 임금근로자에 한정할 경우 비공식 고용과 비공식 노동은 같은 의미로 사용할 것이다.

하다는 연구들에 주목한다. 3절에서는 사회적 보호의 관점을 채택한 ILO (2003)의 비공식 고용 정의를 소개하고, 이를 한국의 조사 자료에서 어떻게 측정할 것인지 논의한다. 4절에서는 통계청의 「경제활동인구조사 근로형태별 부가조사」(2001~2011)를 이용해 비공식 고용의 규모와 발생 원인을 분석한다. 특히 비공식 고용을 법적인 적용대상에서 제외(non-regulation)되어 제도적으로 배제되는 유형과 법적인 적용대상임에도 법과 정책을 준수하지 않아서 발생(non-compliance)하는 유형으로 나누어 분석함으로써, 한국 비공식 고용의 주된 발생 원인을 분석한다. 5절에서는 한국노동연구원의 「한국노동패널」(2002~2008)을 이용해 비공식 고용의 지속성 여부를 분석한다. 비공식 고용이 지속적인 현상이라면, 진정한 상태의존성(state dependence) 때문인지를 검정한다. 또한 상태의존성의 존재가 비공식 고용의 발생 원인과 관련해 어떤 의미를 가지는지에 대해 논한다. 마지막으로 6절에서는 이상의 분석 결과를 요약하고 정책적 시사점을 제시한다.

2. 선행연구

비공식 노동에 대한 국내 연구는 일천하다. 비정규직 정의를 둘러싼 논란이 격화되었을 때, 정이환(2003)은 고용형태를 고려한 비정규직과는 별도로 정규직으로 분류되지만 실질적인 고용지위가 열악한 임시·일용직은 별도의 보호가 필요하다는 주장을 선도적으로 제기한 바 있다. 전병유(2011)과 이병희(2011)는 비정규직에 대해서는 고용 안정성과 차별 시정에 주안을 두는 정책이 필요한 반면 정규직으로 분류된 임시·일용직은 비공식 고용으로 파악해 공식 고용으로의 전환을 촉진하는 정책이 필요함을 제언했다.

이들 연구가 정책 방향의 제시에 그쳤던 반면 성재민·이시균(2007)은 최초로 우리 노동시장을 체계적으로 파악하기 위해서는 비공식 고용 개념의 도입이 필요하다고 주장했다. 그들은 「경제활동인구조사 근로형태별 부가조사」를 이용해 비정규 고용과 구분되는 비공식 고용의 규모와 특성을 밝히고 있다. 이병희(2012)는 사회보험에 가입하지 않는 일자리를 비공식 근로로 정의하면서, 비공식 근로는 지속적이며 이로 인해 빈곤을 반복적으로 경험할 가능성이 높음을 밝히고 있다. 이상의 국내 연구들은 비공식 노동 문제에 대한 인식과 정책적 노력을 강조하고 있지만, 측정 기준이 상이하고 규모와 특성을 밝히는 수준에 머무르고 있다.

비공식 노동의 성격과 발생 원인에 따라 비공식 노동을 억제하기 위한 정책 방향은 달라져야 한다. 이와 관련해 비공식 노동의 비자발적인 성격 여부, 노동 규제와 비공식 노동 간의 관계라는 두 가지 쟁점을 기준으로 외국의 연구들을 살펴보자.

첫 번째 쟁점은 비공식 노동의 성격에 관한 것이다. 세계은행(World Bank)이 수행한 비공식 취업 연구를 종합한 페리 외(Perry et al., 2007)는 비공식성을 국가가 제공하는 보호로부터 배제(exclusion)된 것으로 보아야 할 것인가, 아니면 공식화에 따른 편익이 비용보다 크지 않아서 공식성으로부터 자발적으로 이탈(exit)한 것으로 보아야 할 것인가라는 상반된 관점을 소개하고 있다. 바수·차우·시디크(Basu, Chau and Siddique, 2011)도 분절화된 노동시장에서의 비자발적인 취업 상태로 파악하는 관점과 조세를 포함한 규제를 자발적으로 회피하는 것으로 보는 관점을 소개하고 있다. 대부분의 연구들은 비공식 자영업자가 자발적으로 공식부문으로부터의 이탈을 선택했을 가능성이 높은 반면, 비공식 근로자의 대부분은 사회적 보호를 받는 일자리로부터 배제되었을 가능성이 높음을 지적하고 있다. 유럽 30개국의 비공식 취업 규모와 발생 원인을 비교분석한 하산(Hazans, 2011)도 배제와 차별이 비공식 고용의 주요한 발생 원인이지만 이것이 비공식 자영업자에게는 해당되지 않는다고 주장한다. 고용관계에서의 비공식성은 대부분 사업주가 의무를 이행하지 않으려는 결정에 따라 발생한 것일 가능성이 높기 때문이다(Baily and Turner, 2001).

두 번째는 노동, 조세, 사회보장정책 등이 비공식 취업의 발생에 미치는 영향이다. 노동시장의 제도·규제와 비공식 취업에 관한 실증연구들을 리뷰한 쿠세라와 세노지아니(Kucera and Xenogiani, 2009)는 분석 결과들이 상반된다고 한다. OECD(2004)는 규제완화가 비공식 노동을 해결하기 위한 전제조건이라는 주장에 대해 비공식 취업률이 높은 경제에서는 규제완화가 미칠 부정적인 영향도 고려할 필요가 있음을 지적하고 있다. 한편 규제가 비공식성에 미치는 효과에 대한 연구들은 규제의 존재 여부보다 규제의 준수(compliance) 여부가 더 중요하다는 강조가 많다. 나아가 칸부르(Kanbur, 2009)는 규제의 미준수가 정책의 집행(enforcement) 수준과 관련됨을 강조한다. 미준수의 적발 가능성이 낮거나 적발 시의 벌칙이 준수에 소요되는 비용보다 낮다면, 사용자의 의무 불이행은 오히려 자연스러운 것이라 할 수 있다. 따라서 사업주의 의무 불이행을 적발하고 제재해야 하는 정부의 책임이 일차적이라고 할 수 있으며, 비공식 고용이 발생하는 상당한 이유를 정책의 집행 수준에서 찾게 된다. 로이자 외(Loayza et al., 2005)는 기업 규제수준 자체는 비공식성과 양의 상관관계를 가지지만, 정책 집행 거버넌스가 우수하면 규제가 비공식성을 억제하고 성장을 촉진한다는 분석 결과를 제시하고 있다. 조나슨(Jonasson, 2011)은 브라질에서 정책 집행이 잘되는 지역일수록 비공식 취업률이 낮다는 분석 결과를 제시한다. 1990년대 초 브라질에서는 해고당했을 때 수당을 받을 수 있도록 해고기금에 대한 강제 가입과 근로감독을 강화하는 정책을 병행했다. 이 정책의 효과를 분석한 알메이다와 카르네이로(Almeida and Carneiro, 2011)는 근로감독이 빈번한 지역의 경우 근로자가 낮은 임금을 감수하고서도 해고기금에 가입하고 있음을 보여주고 있다. 공식 일자리로의 유인과 효과적인 근로감독을 결합하면 공식 취업 가능성을 높일 수 있음을 시사한다.

3. 비공식 취업의 정의와 측정

사회적 보호의 관점에서 비공식 취업에 관한 정의를 채택한 것은 2000년대에 들어와서이다. 비공식 취업을 정의하는 데까지 이르는 과정을 약술하면 다음과 같다. ILO는 1987년 국제노동통계총회의 비공식부문에 관한 결의에 이어서 1993년 15차 국제노동통계총회에서 비공식부문의 취업(employment in the informal sector) 통계에 관한 결의를 채택했다. 비공식부문을 구성하는 기업은 법인의 형태로 등록하지 않은 기업으로 개인이나 가계가 소유하고 통제하는 기업이다.[3] 생산되는 재화나 서비스의 일부는 시장에서의 판매나 교환을 위한 것이어야 한다. 비공식부문의 기업은 종사자 수가 일정한 규모 미만이거나 기업 또는 근로자가 관련 법규정에 따른 등록을 하지 않은 기업으로 정의된다.[4] 그리고 비공식부문의 취업자는 비공식부문에서 취업한 모든

---

3) "비공식부문은 관련 당사자의 취업과 소득 창출을 일차적인 목적으로 하여 재화 및 서비스 생산에 종사하는 단위들로 구성된다. 이러한 생산단위들은 조직화의 수준이 낮고, 생산요소인 노동과 자본이 거의 구분되지 않으며, 소규모로 운영된다. 노동관계가 존재할 경우 공식적인 보장을 받는 계약이 아니라 임시 취업, 혈연 또는 개인적·사회적 관계에 기초한다"(ILO, 1993).

4) 「공장법」, 「상법」, 「세법」, 「사회보장법」, 전문직종 관련 법 및 유사 법률로서 입법기관

사람들로 정의된다. 1993년의 비공식부문 취업에 관한 결의는 국민계정의 국내총생산에서 비공식부문의 기여를 측정하는 국제연합(United Nations: UN)의 1993년 국민계정체계(System of National Account: SNA)에 반영되었다.

그러나 비공식부문에 대한 생산단위에 기반을 두고 정의(establishment-based definitions)하는 것은 파견근로, 특수형태근로 등 공식부문 내에서 보호받지 못하는 일자리들이 증가하는 현상을 반영하지 못하고 있다는 비판이 제기되었다(ILO, 2012). 이에 따라 ILO는 2003년 17차 국제노동통계총회에서 비공식 취업(informal employment) 통계에 관한 가이드라인을 채택하게 되었다.

<표 7-1>은 ILO(2003)가 생산단위 유형과 일자리 유형이라는 두 가지 기준을 사용해 비공식 취업의 정의를 설명한 개념도이다. 생산단위는 공식부문 기업, 비공식부문 기업, 가계 등 세 가지로 구분된다. 자신의 최종수요만을 위해 재화를 생산하며 유급 가내근로자를 고용하는 가계는 비공식부문 기업과 분리해 별도의 생산단위로 설정하고 있다. 일자리 유형은 종사상 지위와 공식성 여부에 따라 구분된다. 비공식 취업은 ① 비공식부문 기업의 자영자와 고용주(표의 3과 4), ② 공식 또는 비공식부문의 무급가족종사자(표의 1과 5), ③ 비공식 근로자(표의 2, 6, 10), ④ 비공식 생산자 협동조합의 구성원(표의 8), ⑤ 자가 소비를 위한 생산에 종사하는 자영업자(표의 9) 등의 다섯 가지 유형으로 구성된다. 특히 비공식 고용을 "법적으로든 관행상으로든 「노동법」, 소득과세, 사회보장, 고용 관련 보호(해고 시 사전통지, 퇴직금, 유급휴가, 유급병가 등)를 받지 못하는" 일자리로 정의해, 공식부문 기업의 비공식 근로자를 포함하고 있다.[5)]

에 의해 제정된 법률 및 규정에 따른 등록을 말한다. 고용주가 근로자 급여에서 세금이나 사회보험료를 원천징수해 납부하거나 「노동법」의 적용을 받는 고용관계를 가능하게 하는 근로계약 또는 도제계약으로 고용된 경우 그 근로자는 등록된 것으로 간주된다.

〈표 7-1〉 비공식 취업의 정의

생산단위 유형	일자리 유형								
	자영자		고용주		무급가족 종사자	근로자		생산자 협동조합 구성원	
	비공식	공식	비공식	공식	비공식	비공식	공식	비공식	공식
공식부문 기업					1	2			
비공식부문 기업	3		4		5	6		8	
가계	9					10			

주: 1~6과 8~10은 비공식 일자리, 옅은 음영으로 표시한 셀은 공식 일자리, 짙은 음영으로 표시한 셀은 존재하지 않는 일자리이다.
자료: ILO(2003).

비공식 고용에 관한 한국의 국가 통계는 존재하지 않는다. 사회적 보호를 기준으로 정의되는 비공식 고용을 실제로 측정하는 데에는 여러 가지 어려움이 있다. 실증 연구에서 비공식 고용의 정의는 데이터의 이용가능성과 연구목적에 좌우된다. 후스만스(Hussmans, 2004)는 서면 근로계약 유무, 사회보험 가입 여부, 유급 휴가 수혜 여부, 해고 시 사전통지 의무 여부, 「노동법」상의 근로조건 수혜 여부 등 몇 가지 설문을 노동력 조사(labor force survey)에 추가하는 방법을 제안하고 있으며, ILO(2012) 또한 비공식 고용을 측정하는 설문조사 방법을 제안하고 있다. 외국의 선행연구들에서는 설문조사 자료를 이용해서 조사한 서면 근로계약 유무, 사회보험 가입 여부, 소득세 납부 여부 등의 경험적인 정의를 사용하고 있다. 그러나 외국의 경험적인 정의를 그대로 이용하기에는 난점이 있다. 한국은 서면 근로계약 작성 관행이 발달하지 않

5) OECD(2004) 또한 비공식 취업을 "합법적인 재화와 서비스의 생산에 종사하지만, 사회보장 등록, 조세 납부, 「노동법」 준수 등 취업과 관련된 법적인 요건을 하나 이상 충족하지 않은 취업"으로 정의해, ILO의 사회적 보호 관점에서의 일자리 단위 정의(job-based definition)를 따르고 있다.

아 정규직도 서면 근로계약을 작성하지 않는 경우가 많다.[6)] 또한 근로소득세를 내지 않는 면세 근로자가 적지 않지만, 개인별로 소득세 납부 여부를 파악할 수 있는 신뢰할 만한 조사자료는 없다.

국내의 비공식 고용에 관한 실증 연구는 두 편의 논문이 대표적이다. 성재민·이시균(2007)은 2006년 「경제활동인구조사 근로형태별 부가조사」 자료를 이용해 사회보험과 법정 복지 수혜 여부를 기준으로 비공식 고용을 정의하고 있다. 이병희(2012)는 '한국복지패널'의 1~5차 연도 자료를 이용해 공적연금과 고용보험 가입 여부로 비공식 취업을 정의하고 있다.

이 연구는 최저임금·근로기준·사회보험의 준수 여부로 비공식 고용을 정의한다. 세 가지는 일부 근로자 유형을 제외하고는 1인 이상의 모든 사업장에 적용되는 특징을 가지고 있다. 비공식 고용의 추이와 특징은 통계청의 「경제활동인구조사 근로형태별 부가조사」를 사용해 분석하며, 비공식 고용의 동태적인 분석은 한국노동연구원의 「한국노동패널」을 이용했다. 두 조사에서 각 제도의 준수 여부에 대한 설문은 유사한데, 「경제활동인구조사 근로형태별 부가조사」를 기준으로 변수들을 구성한 방법을 설명하기로 한다. 첫째, '3개월간의 세전 월평균 임금'과 '평소 주당 근로시간' 정보를 이용해 시간당 임금을 환산할 수 있다. 시간당 임금이 매년 고시되는 시간당 법정 최저임금보다 미달하는 경우 최저임금을 준수하지 않은 것으로 정의한다.[7)] 둘째,

---

6) 한국을 포함해 중간소득 국가 7개국의 비공식 취업을 비교한 OECD(2008)는 사회보험 미가입과 서면 근로계약 부재를 비공식 고용의 대리변수로 사용하고 있지만, 서면 근로계약이 없는 근로자 비중에 대한 한국의 통계는 제시하지 못하고 있다.

7) 최저임금에 포함되는 임금의 범위를 고려하면 시간당 통상임금이 시급 기준 최저임금에 근접한 지표지만, 자료의 한계 때문에 시간당 임금총액을 사용했다. 참고로 시간당 통상임금 정보를 제공하는 사업체 조사 자료에서의 최저임금 미만율은 가구조사에 비해 낮게 측정된다. 그러나 사업체 조사에서는 사업체에 종사하지 않는 취약 근로자(옥외 건설인부, 간이 판매상, 가사서비스업 등)가 조사 대상에서 제외되는 한계가 있다.

조사 자료에서 근로기준과 관련된 질문으로는 퇴직금, 시간외수당, 유급휴일·휴가 수혜 여부가 있다. 5인 미만 사업장에는 시간외수당, 유급휴일·휴가에 대한 근로기준법 규정이 적용되지 않으므로, 모든 사업장에 적용되는 퇴직금 수혜 여부로 근로기준 준수 여부를 판별했다.[8)] 셋째, 사회보험 가입과 관련해서는 공적연금, 건강보험, 고용보험 각각에 대해 가입 여부를 판별할 수 있다. 어느 한 사회보험에 가입하지 않은 근로자는 다른 사회보험에도 가입하지 않는 특징이 있으므로(이병희, 2011), 이 연구에서는 사업장 단위의 공적연금 가입 여부로 사회보험 가입 여부를 판별했다. 최종적으로 최저임금, 법정 퇴직금, 공적연금 중 어느 하나도 보장받지 못하는 근로자는 비공식 고용에 종사하는 것으로 정의했다.[9)]

4. 비공식 고용의 규모와 발생 원인

1) 비공식 고용의 규모와 근로조건

<그림 7-1>은 근로자 가운데 비공식 고용이 차지하는 비율의 추이를 내역별로 제시한 것이다. 2011년 최저임금, 근로기준, 사회보험의 보호로부터

8) 또한 포괄임금제 등을 이유로 시간외수당을 지급하지 않는 경우가 많고, 유급휴일·휴가(연월차, 유급출산휴가 등)에 대한 응답의 신뢰도가 낮은 문제가 있다. 2011년 8월 자료에서 퇴직금 미수혜자의 92.8%는 시간외수당과 유급휴일·휴가를 받지 못하는 것으로 조사되어, 퇴직금 수혜 여부로 근로기준 준수 여부를 판별하는 데 무리가 없다고 생각된다.

9) 사회적 보호 관점에서 비공식 고용을 정의하는 경우에는 정책 변화에 의해 비공식 고용의 규모가 달라지는 문제를 안고 있다. 예를 들어 최저임금 수준을 크게 높이면, 법정 최저임금을 받지 못하는 근로자가 늘어날 수 있다. 따라서 비공식 고용 규모의 추이를 살펴볼 때, 정책 효과에 의한 변화에 유의할 필요가 있다.

〈그림 7-1〉 비공식 고용 비율 추이

(단위: %)

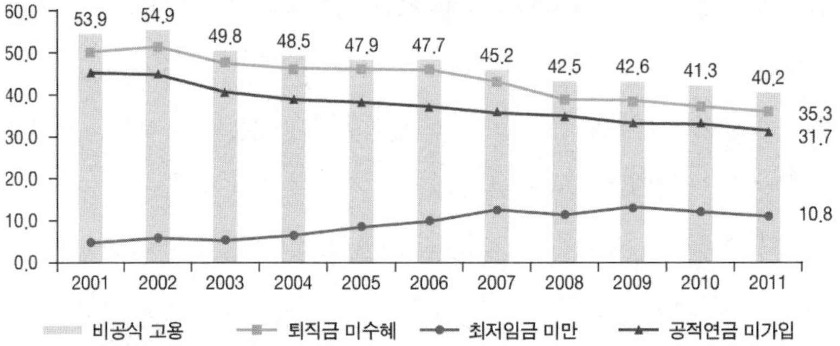

자료: 통계청(2001~2011.8).

배제되어 있는 비공식 근로자는 전체 임금근로자의 40.2%에 이른다. 내역별로 보면, 법정 최저임금 미만을 받는 근로자는 전체 임금근로자의 10.8%이며, 퇴직금을 받지 못하는 근로자는 35.3%, 직장 단위 공적연금에 가입하지 못하는 근로자는 31.7%이다.[10)]

비공식 고용 발생의 추이를 보면, 2001년 53.9%에서 2011년 40.2%로 지난 10년간 비공식 고용 비율은 꾸준히 감소해왔다. 이는 퇴직금 미수혜자와 공적연금 미가입자의 비율이 꾸준히 감소했기 때문이다. 그러나 법정 최저임금을 받지 못하는 근로자의 비율은 2011년 10.8%로, 2001년 4.3%에 비해 크게 증가했다. 2000년대에 들어 저임금 노동 문제가 심각해지면서 최저임금의 상대적 수준을 높이는 정책을 추진했지만, 최저임금을 준수하지 않은

10) 「근로기준법」에 의해 근속 기간이 1년 미만인 근로자에게는 퇴직금이 지급되지 않으므로, 퇴직금 미수혜 기준을 포함하면 단기 근속자가 많은 한국의 노동시장구조에서 비공식 고용 비중이 과대 측정되는 것이 아니냐는 지적이 있을 수 있다. 그러나 ILO 정의에 따르면, 비공식 고용은 적용제외자까지를 포함해야 한다. 그럼에도 퇴직금 미수혜를 제외하고 최저임금과 공적연금의 보호를 받지 못하는 경우로 측정했을 때, 2011년 비공식 고용 비중은 36.2%로 약간 낮아지는 데 불과하다. 다음에 나오는 <표 7-3>에서 보듯이, 퇴직금 미수혜자 가운데 공적연금 미가입자가 무려 87.7%에 이르기 때문이다.

〈표 7-2〉 공식 근로자와 비공식 근로자의 근로조건 비교

		공식 고용	비공식 고용	비정규 고용
평소 주당 근로시간(시간)		43.2	42.1	41.4
시간당 임금(천 원)		14.0	7.1	8.3
월평균 임금(만 원)		257.0	123.3	134.8
근속기간(년)		7.1	2.1	2.2
서면 근로계약 체결률(%)		66.3	27.3	52.0
주 40시간 근로시간제 실시율(%)		70.9	27.8	45.3
1년간 교육훈련 참여율(%)		47.6	17.4	27.8
노조 가입률(%)		17.6	1.0	2.6
일자리 선택 동기(%)	자발적 선택	85.2	38.3	47.6
	비자발적 선택	14.8	61.7	52.5

자료: 통계청(2011.8).

비율이 크게 증가하면서 저임금 고용 비중을 억제하는 데 실패했다.

<표 7-2>는 공식 근로자와 비공식 근로자의 근로조건을 비교해 보여준다. 근로시간의 차이가 거의 없음에도 비공식 근로자의 임금 수준은 공식 근로자의 절반 수준에 불과하다. 비공식 근로자의 근속기간도 2.1년에 그쳐, 공식 근로자의 7.1년과 비교했을 때 고용 불안정성이 높게 나타난다. 5인 이상 사업장에서 의무적으로 준수해야 하는 서면 근로계약, 주 40시간 근로시간 제도는 30% 수준에 이르지 못하고 있다. 1년간 교육훈련 참여율은 비공식 근로자가 17.4%에 그쳐, 경력 개발을 통한 더 나은 일자리로의 이동 기회가 제한적이다. 「노동법」과 사회보험의 보호를 받지 못하는 비공식 근로자는 노조 가입률이 1.0%에 그쳐, 노동조합의 보호로부터도 제외되어 있다. 모든 근로조건이 열악한 비공식 근로자의 특성은 일자리 선택 동기에서도 분명하게 나타난다. 비자발적인 동기에 의한 일자리 선택이 공식 근로자는 14.8%

인 반면 비공식 근로자에서는 61.7%에 이른다. 많은 근로자가 비자발적으로 비공식 일자리에 종사하고 있다는 사실은 비공식 고용이 배제의 성격을 강하게 띠고 있다는 것을 의미한다.

한편 비정규 근로자의 근로조건이 함께 제시되어 있는데, 비공식 근로자는 비정규 근로자에 비해 모든 측면에서 더 열악한 상황에 놓여 있다.[11]

2) 비공식 고용의 발생 원인

<그림 7-2>는 비공식 고용을 정의하는 세 가지 기준인 최저임금, 퇴직금, 공적연금으로부터 비공식 근로자가 어떻게 배제되어 있는지를 제시한 것이다. 비공식 근로자 가운데 어느 하나만을 수혜하지 못하는 근로자는 20.2%에 불과한 반면 두 가지를 수혜하지 못하는 근로자는 58.2%, 세 가지 모두를 수혜하지 못하는 근로자는 21.6%로 나타난다. 비공식 근로자의 79.8%가 두 가지 이상의 기준에서 배제되어 있는 것이다.

<표 7-3>은 최저임금, 퇴직금, 공적연금으로부터의 배제가 얼마나 중첩되어 있는지를 좀 더 자세히 살펴본 것이다. 최저임금을 받지 못하는 근로자의 80% 이상은 퇴직금과 공적연금의 혜택을 받지 못한다. 그리고 퇴직금을 받지 못하는 근로자 가운데 최저임금 미만을 받는 근로자는 4분의 1이며, 직장 단위 공적연금에 가입하지 못한 근로자가 87.7%에 이른다. 또한 공적연금에 가입하지 못한 근로자의 27.3%는 최저임금을 받지 못하며, 88.7%는

11) 2002년 7월 22일 노사정위원회 산하 비정규직 근로자대책 특별위원회의 합의문도 다음과 같이 지적하고 있다. "한국 노동시장의 특성상 비정규 근로자에는 포함되지 않으나 고용이 불안정하고 「근로기준법」상의 보호나 각종 사회보험의 혜택에서 누락되어 사회적 보호가 필요한 근로계층이 광범위하게 존재한다는 점을 인식해 우리 특위는 이를 '취약근로자'로 파악하고 이에 대한 보호방안도 필요하다는 데 공감한다."

〈그림 7-2〉 비공식 근로자의 최저임금 · 퇴직금 · 공적연금 배제 분포

(단위: %)

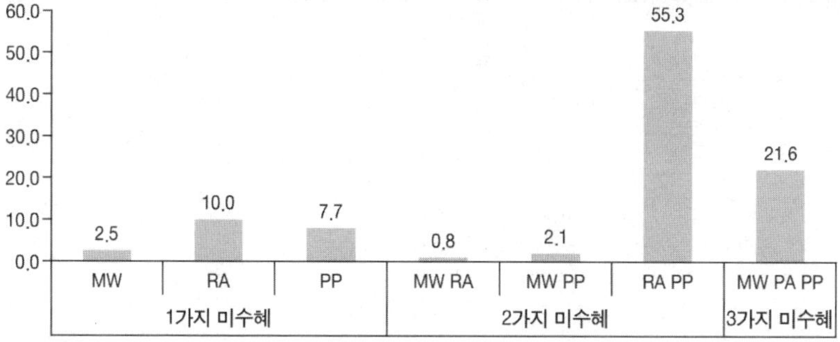

주: MW는 최저임금, RA는 퇴직금, PP는 직장 단위의 공적연금.
자료: 통계청(2011.8).

〈표 7-3〉 최저임금 · 퇴직금 · 공적연금 배제의 중첩

(단위: %)

	최저임금		퇴직금		공적연금	
	이상	미만	수혜	미수혜	가입	미가입
최저임금 미만			16.9	83.1	12.1	87.9
퇴직금 미수혜	74.5	25.5			12.3	87.7
공적연금 미가입	72.7	27.3	11.3	88.7		

자료: 통계청(2011.8).

퇴직금을 받지 못한다. 이러한 분석 결과는 어느 한 제도로부터의 배제가 다른 제도들의 배제로 이어지고 있음을 시사한다.

비공식 고용의 발생 원인을 살펴보기 위해, 비공식 고용을 법적인 적용대상에서 제외되어 제도적으로 배제되는 유형과 법적인 적용대상임에도 법과 정책을 준수하지 않아서 발생하는 유형으로 분류했다. 적용제외형으로는 첫째, 경제적으로 종속되어 있지만 근로자가 아니라는 이유로 법적 적용에서 제외되는 특수형태근로종사자가 있다.[12] 둘째, 가사근로자는 「노동법」과 사

〈표 7-4〉 비공식 고용의 유형별 분포

(단위: 천 명, %)

	최저임금 미만	퇴직금 미수혜	공적연금 미가입	비공식 고용
적용제외	7.4	73.2	19.0	20.6
특수형태근로	3.9	9.8	9.7	
가사서비스업	3.5	2.4	2.4	
1년 미만 근속		64.3		
단시간 근로		7.3	7.4	
미준수	92.6	26.8	81.0	79.4

자료: 통계청(2011.8).

회보험제도의 모든 규정으로부터 명시적으로 배제되어 있다.[13] 셋째, 계속 근로기간이 1년 미만인 근로자에게는 퇴직금이 지급되지 않고 있다. 넷째, 1주간의 소정 근로시간이 15시간 미만인 단시간 근로자는 퇴직금과 공적연금의 사업장가입자에서 제외되고 있다.[14] 적용제외 유형을 제외한 나머지 비공식 고용을 미준수형으로 분류했다.

<표 7-4>는 비공식 고용의 발생 유형을 제시한 것이다. 최저임금 미만자 가운데 최저임금의 적용에서 제외되는 근로자가 차지하는 비율은 7.4%에

12) 특수형태근로에서는 개인사업자에 대한 위탁이라는 갑을 관계의 외형을 통해 아예 근로관계의 실체가 사라지게 된다. 2012년 국민권익위원회는 고용보호와 사회보험의 사각지대에 놓여 있는 특수형태근로종사자의 권익을 보호하기 위해 최소한의 근로기준을 마련하고, 권익구제체계 구축 및 사회보험제도를 개선하는 내용을 포함해, 가칭 '특수형태근로종사자 권익보호 등에 관한 법률'을 제정하도록 고용노동부에 권고했다.

13) 가사근로자는 직업 분류로 판별하는 것이 바람직하지만, 자료의 한계 때문에 가사서비스 산업에 종사하는 임금근로자로 대신했다.

14) 일용근로자는 건강보험과 국민연금의 적용대상에서 제외되지만 고용보험·산재보험의 적용대상이므로, 사회보험 준수 여부로 비공식 고용을 정의하는 이 연구에서는 적용제외 대상으로 분류하지 않았다.

〈표 7-5〉 사업장 근로감독 현황

(단위: 개소, %)

	대상 사업장 (A)	근로 감독관 (B)	1인당 대상사업장 (A/B)	감독 사업장 (C)	1인당 감독사업장 (C/B)	감독사업장 비율 (C/A, %)
2007	1,401,784	1,276	1,099	26,976	21.1	1.9
2008	1,432,812	1,227	1,168	21,546	17.6	1.5
2009	1,422,261	1,209	1,176	19,873	16.4	1.4

자료: 김홍영(2012).

불과하며, 대부분은 법의 미준수로 인해 최저임금보다 낮은 임금을 받고 있다. 퇴직금의 경우에는 근속 기간이 1년 미만인 근로자가 퇴직금 미수혜자의 64.3%를 차지하는 등 적용제외로 인한 미수혜자의 비중이 높다. 직장 단위 공적연금의 경우에는 81.0%가 법적인 적용대상임에도 미가입 상태에 있다.

미준수형 비공식 고용을 적용대상임에도 법을 준수하지 않는 기준이 하나 이상일 경우로 정의하면, 전체 비공식 근로자 가운데 미준수형은 79.4%에 이르며, 적용제외 유형이 20.6%로 나타난다.

미준수형 비공식 고용을 억제하는 일차적인 행정 노력은 근로감독행정이다. 근로감독이란 근로조건 기준을 지키도록 하기 위해 노동 분야의 사법경찰관인 근로감독관이 노동관계법령 위반 여부를 점검하고 법 위반 사항에 대한 시정지시, 과태료 부과처분 또는 사법처리를 하는 일련의 과정을 말한다.

<표 7-5>에서 사업장 근로감독의 현황을 보면, 2009년 근로감독관 1인당 담당 사업장 수는 1,176개소에 이르는데, 실제 관리감독을 실시한 사업장은 16개소에 불과하며, 대상 사업장 가운데 근로감독을 받은 사업장은 1.4%에 그치고 있다. 근로감독행정이 비공식 근로자가 밀집해 있는 사업장에 미치지 못할 가능성이 높음을 시사한다.

〈표 7-6〉 사업장 근로감독 실시 및 위반 사업장 현황

		2007	2008	2009	전체
점검 사업장[1]		26,976	29,173	31,467	87,616
위반 사업장		16,281	21,828	23,465	61,574
(비중)		(60.4)	(74.8)	(74.6)	(70.3)
자율점검 위반 사업장			4,323	6,352	10,675
법 위반 건수		41,803	89,008	96,964	227,775
조치 구분	시정지시	16,002	17,308	16,894	50,204
	(비중)[2]	(98.3)	(99.1)	(99.1)	(98.9)
	사법처리	58	79	46	183
	과태료	46	18	24	88
	행정처분	175	100	149	424

주: 1)자율점검 사업장 포함.
2)자율점검 위반사업장은 시정지시를 받은 것으로 간주해 산출.
자료: 김홍영(2012).

<표 7-6>은 법 위반이 만연해 있다는 것을 보여준다. 2007년부터 2009년까지 3년 동안 근로감독을 실시한 사업장 가운데 노동관계법 위반이 적발된 사업장은 무려 70.3%이며, 위반 사업장당 평균 위반 건수는 3.7건에 이른다. 그러나 위반사업장에 대한 조치를 보면, 사법처리·과태료·행정처분 등의 제재는 불과 1.1%에 그치고 있다. 낮은 정책 집행수준과 의무 불이행에 대한 미약한 제재가 미준수로 이어지고 있는 것이다.

3) 비공식 고용의 일자리 특성

일자리 특성별로 비공식 고용의 구성을 살펴보자. <표 7-7>은 일자리 특성별로 비공식 고용이 얼마나 발생하는지의 비율, 전체 비공식 근로자가 일

〈표 7-7〉 일자리 특성별 비공식 근로자의 규모와 구성

(단위: 천 명, %)

		발생비			구성비		
		비공식 고용	적용 제외	미준수	비공식 고용	적용 제외	미준수
전체		40.2	8.3	31.9	100.0	100.0	100.0
사업체 규모	1~4	78.5	12.1	66.3	37.4	28.1	39.8
	5~9	55.3	6.7	48.6	23.4	13.7	25.9
	10~29	39.1	9.7	29.4	22.0	26.6	20.9
	30~99	23.4	9.6	13.8	11.5	23.0	8.5
	100~299	12.8	3.4	9.4	3.2	4.2	3.0
	300 이상	8.8	3.3	5.5	2.5	4.5	1.9
고용 형태	정규직	25.4	2.1	23.4	41.6	16.6	48.1
	(정규 상용직)	3.9	0.0	3.9	4.8	0.1	6.0
	(정규 임시직)	89.6	9.1	80.4	32.9	16.3	37.3
	(정규 일용직)	100.0	1.0	99.0	3.9	0.2	4.8
	비정규직	68.6	20.2	48.4	58.4	83.4	51.9
	한시적	51.3	12.1	39.2	25.1	28.6	24.1
	(기간제)	48.5	13.1	35.4	18.4	24.1	16.9
	(계약 반복)	22.0	4.7	17.3	1.1	1.1	1.0
	(단기 기대)	90.8	11.5	79.4	5.6	3.4	6.2
	시간제	93.4	29.1	64.4	22.6	34.1	19.6
	비전형	83.0	29.5	53.5	28.6	49.3	23.2
	(파견)	41.2	6.1	35.1	1.2	0.8	1.2
	(용역)	56.8	3.1	53.7	5.4	1.4	6.5
	(특수형태근로)	99.8	99.8	0.0	8.7	42.2	0.0
	(가정 내)	92.5	19.3	73.2	1.0	1.0	1.0
	(일일)	100.0	9.2	90.8	13.7	6.1	15.6
노조	노조 없음	48.5	9.4	39.1	91.6	86.3	93.0
	노조 있으나, 가입대상 아님	37.3	14.8	22.4	6.8	13.1	5.1
	노조 있고, 미가입	4.2	0.7	3.5	0.6	0.5	0.6
	노조 가입	3.7	0.1	3.7	1.0	0.1	1.3

자료: 통계청(2011.8).

자리 특성별로 어떻게 구성되었는지를 제시한 것이다.

우선 사업체 규모별로 보면, 사업체 규모가 작을수록 비공식 고용의 비율

이 높다. 30인 미만 사업장에서는 비공식 고용 비율이 절반을 넘으며, 전체 비공식 근로자의 82.8%를 차지한다. 그 가운데서도 5인 미만 사업장에 비공식 고용이 집중되어 있다. 5인 미만 사업장에 종사하는 근로자의 78.5%는 비공식 고용의 성격을 가지며, 전체 비공식 근로자의 37.4%가 5인 미만 사업장에 종사하고 있다. 이 연구의 분석대상인 최저임금, 퇴직금, 공적연금 모두 5인 미만 사업장을 적용대상으로 하고 있음을 주지할 필요가 있다. 특히 법을 준수하지 않아서 발생하는 비공식 고용이 5인 미만 사업장에 종사하는 근로자의 66.3%에 이르며, 전체 미준수형 비공식 근로자의 39.8%를 차지한다. 이러한 현상은 사업장의 영세성에도 기인하겠지만, 노동법 규정이 적용되지 않은 상황과도 밀접한 관련이 있다고 본다. 「근로기준법」의 핵심 조항(예를 들어 해고 제한 규정이나 연장·야간 및 휴일근로, 연차유급휴가 등)과 기간제법, 주 40시간 근로시간제 등의 주요한 규정들이 5인 미만 사업장에는 적용되지 않고 있다. 이러한 법 규정 간 적용의 불일치가 분석대상인 최저임금, 퇴직금, 공적연금의 미준수로 이어지고 있는 것이다.

고용형태별로 보면, 비정규직의 비공식 고용 발생 비율은 68.6%에 이르러, 정규직의 25.4%에 비해 현저하게 높다. 최저임금, 퇴직금, 공적연금 등의 세 가지 기준 가운데 적용대상임에도 법을 준수하지 않는 기준이 하나 이상인 미준수형 비공식 고용도 비정규직은 48.4%에 이른다. 또한 주목할 것은 근로형태가 정규직으로 분류되지만 종사상 지위가 임시·일용직인 근로자(정규 임시·일용직)들의 비공식 고용 발생 비율이 각각 89.6%, 100.0%이며,[15] 전체 비공식 근로자의 36.8%를 차지한다는 점이다. 이러한 노동정책과 제도의 사각지대에 있는 비공식 고용 문제에 대해서는 고용 안정성과 차

15) 이는 사내 인사관리규정을 적용받지 않고 퇴직금·상여금·각종 수당 등이 없는 근로자를 임시·일용직으로 구분하는 통계청의 조사 지침에 따르면 당연한 결과라고 할 수 있다.

별 시정에 주안을 두는 비정규직 대책과는 별도로 비공식 고용의 발생 억제와 공식 고용으로의 전환을 위한 대책이 별도로 요구된다.

노조 유무별로 보면, 노조가 없는 사업장의 비공식 고용 발생 비율이 48.5%이며, 전체 비공식근로자의 91.6%를 차지한다. 한편 사업장 내에 노동조합이 있으나 가입대상이 아닌 근로자에서 비공식 고용의 발생 비율은 37.3%로 높게 나타난다. 적용제외로 인한 비공식 고용이 14.8%지만, 관련 법 규정을 준수하지 않아 발생한 비공식 고용이 22.4%에 이른다. 노동조합 규약과 단체협약에서 조합원의 자격 범위를 확대하는 등 노동조합 스스로의 노력이 중요하다.

다음에서도 일자리 특성별 비공식 고용의 결정요인을 추정했다. 종속변수로는 비공식 고용 여부 또는 미준수형 비공식 고용 여부를 사용했다. 종속변수가 이항변수이므로 로짓회귀모형으로 추정했다. 설명변수로는 사업체 규모, 고용형태, 산업, 직업, 노조 유무 등의 일자리 특성 관련 변수들을 사용했다. 근로자의 인적 특성은 고려하지 않았는데, 근로관계하에서 최저임금, 근로기준, 사회보험 준수는 사업주의 의무이기 때문이다. 한편 1년 미만 근속 여부를 통제변수로 추가했는데, 이들에게 퇴직금 지급 의무가 없는 현실을 반영하기 위해서이다. <표 7-8>은 로짓 분석(logit analysis)을 한 후, 각 변수의 평균값에서의 한계효과(marginal effect)를 구해 그 결과를 제시했다.

추정 결과는 앞의 서술 통계와 유사하게 나타난다. 우선, 사업체 규모가 작을수록 비공식 고용 확률이 높다. 특히 5인 미만 사업체에서 일하는 근로자가 법적인 적용대상임에도 사업주의 의무 기피에 의해 비공식 고용에 종사할 확률은 300인 이상의 대규모 사업체에 비해 48.8%포인트 높다. 미준수형 비공식 고용 확률은 300인 이상 사업체에 비해 5~9인 사업장은 36.7%포인트, 10~29인 사업장은 20.9%포인트, 30~99인 사업장은 7.1%포인트 높다. 고

〈표 7-8〉 비정규 고용의 결정요인에 대한 로짓 분석의 한계효과

		표본 특성		비공식 고용		미준수형 비공식 고용	
		평균	(표준편차)	한계효과	(표준오차)	한계효과	(표준오차)
사업체 규모	1~4	0.192	(0.320)	0.519	(0.018)***	0.488	(0.023)***
	5~9	0.170	(0.305)	0.339	(0.022)***	0.367	(0.025)***
	10~29	0.227	(0.340)	0.206	(0.023)***	0.209	(0.023)***
	30~99	0.198	(0.324)	0.093	(0.023)***	0.071	(0.022)***
	100~299	0.101	(0.245)	-0.012	(0.025)	0.026	(0.024)
고용 형태	비정규직	0.342	(0.386)	0.338	(0.010)***	0.091	(0.009)***
산업	농림어광업	0.011	(0.083)	0.372	(0.037)***	0.369	(0.038)***
	건설업	0.080	(0.220)	0.167	(0.021)***	0.156	(0.017)***
	생산자서비스업	0.213	(0.333)	0.006	(0.017)	-0.018	(0.012)
	유통서비스업	0.161	(0.299)	0.072	(0.018)***	0.070	(0.014)***
	사회서비스업	0.204	(0.328)	0.117	(0.018)***	-0.002	(0.013)
	개인서비스업	0.126	(0.270)	0.331	(0.019)***	0.087	(0.017)***
직업	관리자	0.022	(0.118)	-0.108	(0.035)***	-0.055	(0.027)**
	전문가	0.220	(0.337)	-0.128	(0.017)***	-0.073	(0.013)***
	사무	0.215	(0.334)	-0.188	(0.015)***	-0.141	(0.011)***
	서비스	0.090	(0.232)	0.051	(0.023)**	0.188	(0.022)***
	판매	0.083	(0.224)	0.228	(0.024)***	-0.007	(0.017)
	농림어업숙련	0.004	(0.048)	0.109	(0.069)	0.128	(0.064)**
	기능원	0.092	(0.235)	0.061	(0.021)***	0.110	(0.018)***
	단순노무직	0.168	(0.304)	0.288	(0.019)***	0.228	(0.018)***
노조	무노조	0.760	(0.347)	0.123	(0.012)***	0.092	(0.009)***
근속	1년 미만	0.359	(0.390)	0.255	(0.010)***	0.132	(0.008)***
Pseudo R2				0.412		0.314	
N		26,522					

주: 1) 기준 집단은 300인 이상, 제조·전기가스수도업, 유노조 사업장에 종사하는 정규직, 조립원, 근속 1년 이상인 근로자임.
2) ***는 1%, **는 5% 수준에서 유의함

자료: 통계청(2011.8).

용형태별로 보면, 정규직에 비해 비정규직이 비공식 고용일 확률이 33.8%포인트 높으며, 다른 요인들을 통제할 때 미준수형 비공식 고용일 확률은 9.1%포인트 높다. 산업별로는 건설업, 개인서비스업, 유통서비스업에 종사하는

근로자가 미준수형 비공식 확률이 상대적으로 높다. 흥미로운 것은 사회서비스업의 비공식 고용확률이 제조업에 비해 유의하게 높지만, 미준수형 비공식 고용 확률에서는 유의한 차이가 발견되지 않는다는 점이다. 이는 사회서비스 부문에서 노동법적 보호로부터 배제되는 돌봄서비스 근로자가 많기 때문으로 보인다. 직업별로는 생산직과 함께 서비스직에서 미준수형 비공식 확률이 유의하게 높다. 한편 유노조 사업장에 비해 무노조 사업장에서 법의 미준수에 의한 비공식 확률이 9.2%포인트 높게 나타나, 노동조합 활동이 비공식 고용을 억제하는 역할을 하고 있음을 보여준다. 마지막으로 1년 미만의 단기근속 근로자는 비공식 고용에 종사할 확률이 유의하게 높게 나타난다.

5. 비공식 고용 경험의 지속성

1) 비공식 고용의 경험과 지속

「한국노동패널」의 4차 연도(2001년) 이후 자료에서 최저임금, 퇴직금, 공적연금 중 어느 하나로부터 배제되어 있는 비공식 고용 통계를 작성할 수 있다.[16] 비공식 고용에의 진입과 탈출을 살펴보기 위해 「한국노동패널」의 2002~2008년 자료에서 이웃하는 두 해 동안 조사된 개인들을 결합해 '연간 패널자료'를 구성했다.[17] <표 7-9>를 보면, 우선 비공식 근로자가 다음 해

16) 「한국노동패널」을 통해 분석한 비공식 고용의 규모와 추이는 앞의 「경제활동인구조사 근로형태별 부가조사」를 이용했을 때와 유사하다. 이병희(2013) 참조.

17) 연간 이행 확률은 2001년부터 측정 가능하지만, 이하의 분석에 사용될 비정규 고용형태에 대한 정보는 2002년부터 이용할 수 있기 때문에 분석 시기를 2002~2008년 자료로 한정했다.

〈표 7-9〉 비공식 고용의 연간 이행확률(2002~2008년)

(단위: %)

t \ t+1	공식 고용	비공식 고용	비임금	비취업
공식 고용	81.4	10.7	1.5	6.4
비공식 고용	15.3	65.3	4.5	15.0
비임금	1.0	3.3	88.9	6.8
비취업	3.6	7.4	2.0	87.0

주: t는 연도임.
자료: 한국노동연구원(2002~2008)의 연간 패널 자료.

에 공식 고용으로 전환하는 확률은 15.3%에 그치며, 비공식 고용을 유지하는 확률은 65.3%에 이른다. 그리고 비공식 근로자가 1년 후에 비취업 상태에 있을 확률은 15.0%로, 공식 근로의 6.4%에 비해 2배를 상회해 비공식 취업자의 실직 위험이 높은 것을 알 수 있다. 또한 비취업자가 1년 후 비공식 고용으로 취업할 확률은 7.4%로, 공식 고용으로 취업할 확률 3.6%에 비해 2배 정도 상회한다. 비임금 근로자로 전환하는 확률도 비공식 근로자가 4.5%로 상대적으로 높으며, 비임금 근로자가 임금 노동으로 전환할 때에도 비공식 일자리일 가능성이 공식 일자리일 경우보다 상대적으로 높다. 비공식 고용이 고착화되거나 실직 위험이 높아서 비공식 고용과 비취업을 순환할 가능성이 높음을 알 수 있다.

비공식 고용의 경험(incidence)과 지속(persistence) 문제를 장기간에 걸쳐 살펴보기 위해 2002~2008년도에 걸쳐 7년 동안 모두 조사되고 최소한 한 해 이상 취업 경험이 있는 개인들을 결합해 '전체 패널자료'를 구성했다. <표 7-10>에서는 2002년의 경제활동상태별로 7년 동안의 비공식 근로 경험과 지속을 살펴보았다. 우선 2002년도 비공식 근로자의 35.9%만이 7년 동안 한 번 이상 공식 고용을 경험하는 것으로 나타난다. 2002년도 비취업자가 공

〈표 7-10〉 2002년 경제활동상태별 비공식 고용의 경험과 지속(2002~2008년)

		2002년			
		공식 고용	비공식 고용	비임금	비취업
7년간 경험 여부 (비중)	공식 고용	1.000	0.359	0.077	0.450
	비공식 고용	0.344	1.000	0.174	0.668
	비임금	0.114	0.201	1.000	0.218
	비취업	0.275	0.469	0.289	1.000
7년간 경험 기간 (년)	공식 고용	5.3	1.0	0.2	1.3
	비공식 고용	0.7	4.0	0.4	1.6
	비임금	0.3	0.6	5.5	0.6
	비취업	0.7	1.3	0.8	3.6

자료: 한국노동연구원(2002~2008)의 취업 경험자의 전체 패널 자료.

식 고용을 경험하는 비율 45.0%보다도 낮은 수치여서, 비공식 근로자가 공식 고용으로 전환할 가능성이 제한되어 있음을 보여준다. 한편 2002년 비공식근로자는 7년간 4.0년의 비공식 고용 경험을 기록해, 비공식 고용이 고착화되어 있음을 보여준다.

한편 비공식 근로자의 7년간 비취업 경험은 46.9%에 이르지만 누적 비취업 경험 기간은 1.3년으로 나타난다. 절반 가까운 비공식 근로자가 실직을 경험하지만 비취업 경험기간은 짧게 나타나, 높은 실직 위험에 비해 노동시장의 이탈 성향이 낮음을 알 수 있다.

2) 비공식 고용의 지속성

비공식 고용의 고착화 여부는 비공식 고용 경험이 이후에도 지속적인 영향을 미치느냐로 검정할 수 있다. 비공식 고용 경험이 이후의 비공식 고용 확률을 높이는 진정한 상태의존성(genuine state dependence)이 존재하는지의 여부를 판단하기 위해서는 개인적인 이질성(individual heterogeneity)을 통제해야 한다. 비공식 고용 확률이 높은 개인적인 이질성 때문에 비공식 고용이 지속성을 띠게 되면, 이는 허위의 상태의존성(spurious state dependence)을 가지게 된다. 관찰 가능한 인적 변수 이외에 관찰 불가능한 근로의욕이나 성향 등에서의 차이를 통제하기 위해 패널 분석을 했다. 비공식 고용 여부가 이산적 종속변수이기 때문에 방정식 (1)과 같은 동태적 확률효과 프로빗 모형(dynamic random effects probit model)을 사용했다.[18]

$$I_{it}^{*} = \gamma I_{it-1} + x_{it}^{'}\beta + \epsilon_i + u_{it} (i = 1, \cdots, N;\ t = 2, \cdots, T) \quad (1)$$

I_{it}^{*}는 t기에 개인 i가 비공식 고용에 있을 잠재변수이다. I_{it-1}는 직전 시기에 개인 i의 비공식 고용 여부이며, x_{it}는 설명변수 벡터이다. 확률 오차항은 두 항으로 구성되는데, 개인 특수적 오차항 ϵ_i은 시간의 경과에도 변함이 없으며 관측 불가능한 이질성이다. 반면 u_{it}는 평균이 0이고, 계열상관이 없으며, x_{it}, ϵ_i와 상관관계가 없다고 가정한다.

표준적인 확률효과 모형에서는 ϵ_i가 x_{it}와 상관관계가 없다고 가정하지만, 이는 현실성이 없는 경우가 잦다. 이러한 문제는 문드락(Mundlak, 1978)의 방법에 따라 ϵ_i와 시간가변적인 설명변수들의 평균값과 다음과 같은 관계를 가정함으로써 해결할 수 있다. $\epsilon_i = \overline{x_i}\delta + \alpha_i,\ \alpha_i \sim iid\ N(0, \sigma_\alpha^2)$.

이러한 관계를 식 (1)에 대입하면 다음과 같다.

18) 추정 방법은 스튜어트(Stewart, 2007), 클라크와 카넬로풀로스(Clark and Kanellopoulos, 2009), 아카이와 카미스(Akay and Khamis, 2011)를 참고한 이병희(2012)를 이용했다.

$$I_{it}^{*}=\gamma I_{it-1}+x_{it}^{'}\beta+\overline{x_i'}\delta+\alpha_i+u_{it} \quad (2)$$

그러나 패널 자료를 이용해 이질성을 잘 통제하더라도 초기 조건 문제(initial conditions problem)가 발생한다. 비공식성의 발생 과정을 처음부터 관측할 수는 없으며, 종속 변수의 최초 관찰치인 I_{i1}는 관찰 가능한 개인 특성과 관측 불가능한 개인 특성과 내생성을 가질 수 있기 때문이다. 상관성이 존재하면, 식 (2)의 추정결과는 상태의존성을 과대 측정하게 된다.

이 연구에서는 울드리지(Wooldridge, 2005)의 제안을 사용했다. x_i, α_i가 주어졌을 때 I_{i1}을 구하는 과정은 I_{i1}, x_i가 주어질 때 α_i로 구하는 과정으로 대체된다. $\alpha_i=a_0+a_1I_{i1}+\xi_i$.[19] 단, $\xi_i \sim N(0,\sigma_\xi^2)$이며 L_{i1}, x_i과 독립적이다.

이를 식 (2)에 대입하면 다음과 같은 최종적인 추정 방정식 (3)이 도출된다.

$$I^{*}=\gamma L_{-1}+\alpha_1 I_{i1}+x^{'}\beta+\alpha_2\overline{x_i}+\xi_i+u\,(i=1,\cdots,N;\ t=2,\cdots,T) \quad (3)$$

즉, $\overline{x_i}$와 I_{i1}을 포함해 동태적 확률효과 프로빗 모형으로 추정하면, γ가 이 연구에서 추정하는 진정한 상태의존성의 크기이다.

분석 자료는 「한국노동패널」의 2002~2008년 자료에서 이웃하는 두 해 동안 임금고용 상태를 유지한 자로 한정했다. 분석 표본은 2,980명의 1만 1,223개 일자리로 구성된 불균형 패널(unbalanced panel)이다. 추정 모형에서 사업체 규모, 고용형태, 산업, 노조 유무 등의 일자리 특성과 함께 개인적 이질성을 통제하기 위해 성, 연령, 학력, 혼인 상태 등의 인적 특성을 포함했다. 분석에 사용된 표본의 특성은 <표 7-11>과 같다.

19) $\overline{x_i}$ 변수는 앞서 식 (2)에 포함되어 있기 때문에 생략했다.

〈표 7-11〉 표본 특성

		전체	공식 고용	비공식 고용
		평균(표준편차)	평균(표준편차)	평균(표준편차)
비공식 고용		0.453(0.453)		
전기 비공식 고용		0.470(0.470)	0.151(0.359)	0.853(0.354)
최초 비공식 고용		0.498(0.498)	0.228(0.420)	0.823(0.382)
성	여성	0.358(0.358)	0.289(0.454)	0.441(0.497)
연령	15-29세	0.141(0.141)	0.159(0.366)	0.119(0.324)
	50-59세	0.164(0.164)	0.138(0.345)	0.197(0.397)
	60세 이상	0.063(0.063)	0.010(0.102)	0.126(0.332)
학력	중졸 이하	0.263(0.263)	0.138(0.345)	0.413(0.492)
	초대졸	0.124(0.124)	0.172(0.377)	0.067(0.250)
	대졸 이상	0.213(0.213)	0.301(0.459)	0.107(0.310)
혼인	미혼	0.201(0.201)	0.217(0.412)	0.181(0.385)
	이혼 사별	0.080(0.080)	0.037(0.189)	0.131(0.338)
사업체 규모	1-4인	0.164(0.164)	0.056(0.229)	0.296(0.456)
	5-9인	0.153(0.153)	0.104(0.305)	0.213(0.409)
	10-29인	0.224(0.224)	0.244(0.429)	0.200(0.400)
고용형태	비정규직	0.259(0.259)	0.143(0.350)	0.399(0.490)
산업	농림어광업	0.008(0.008)	0.003(0.051)	0.015(0.123)
	건설업	0.082(0.082)	0.038(0.192)	0.135(0.342)
	생산자서비스업	0.157(0.157)	0.164(0.370)	0.149(0.356)
	유통서비스업	0.204(0.204)	0.210(0.407)	0.198(0.399)
	사회서비스업	0.112(0.112)	0.126(0.332)	0.096(0.294)
	개인서비스업	0.085(0.085)	0.029(0.166)	0.154(0.361)
노조	유노조 사업장	0.219(0.219)	0.361(0.480)	0.048(0.214)
근로자 수		2,980	1,886	1,838
일자리 수		11,223	6,134	5,089

자료: 한국노동연구원(2002~2008)의 임금근로자 패널 자료.

<표 7-12>에는 비공식 근로의 지속확률에 대한 추정 결과가 제시되어 있다. 추정 1은 자료를 통합(pooling)해 프로빗 모형으로 추정한 결과이다. 추정 2는 개인별 이질성뿐만 아니라 초기 조건을 함께 통제해 동태적 확률효과 프로빗 모형으로 추정한 결과이다. 추정계수 대신에 비공식 고용 확률에 대한 설명변수들의 평균값 수준에서의 한계 효과를 제시했다.

〈표 7-12〉 비공식 고용의 지속확률 추정

	추정 1 (통합 프로빗)		추정 2 (동태적 확률효과 프로빗)	
	한계효과	(표준오차)	한계효과	(표준오차)
전기 비공식 고용	0.552	(0.010)***	0.283	(0.021)***
여성	0.021	(0.014)	0.006	(0.024)
15-29세	-0.055	(0.022)**	0.048	(0.051)
50-59세	0.015	(0.019)	-0.072	(0.052)
60세 이상	0.291	(0.031)***	0.212	(0.102)**
중졸 이하	0.098	(0.018)***	0.153	(0.222)
초대졸	-0.135	(0.019)***	-0.145	(0.108)
대졸 이상	-0.113	(0.017)***	-0.121	(0.135)
미혼	0.021	(0.019)	0.023	(0.067)
이혼 사별	0.095	(0.026)***	-0.034	(0.089)
1-4인 사업체	0.346	(0.018)***	0.325	(0.035)***
5-9인 사업체	0.177	(0.019)***	0.153	(0.033)***
10-29인 사업체	0.042	(0.016)**	-0.011	(0.028)
비정규직	0.199	(0.015)***	0.104	(0.024)***
농림어광업	0.159	(0.077)**	0.201	(0.192)
건설업	0.243	(0.026)***	0.200	(0.086)*
생산자서비스업	0.052	(0.020)**	0.169	(0.069)**
유통서비스업	0.063	(0.018)***	0.023	(0.059)
사회서비스업	0.077	(0.023)***	0.223	(0.086)**
개인서비스업	0.243	(0.026)***	0.336	(0.071)***
유노조 사업장	-0.224	(0.017)***	-0.192	(0.033)***
최초 비공식 고용			0.373	(0.026)***
Log likelihood	-3907.7		-3679.5	
N	8,720			

주: 1) 통합 프로빗 추정에서는 연도 더미를, 동태적 확률효과 프로빗 추정에서는 연도 더미와 시간 가변적인 변수의 평균을 추가로 통제했다. 추정 2에서 $\rho=0$의 우도비 검정 결과: chibar2(01)=187.02 Prob>=chibar2=0.000

2) 기준 집단은 남성 30~49세 기혼 고졸, 제조·전기가스수도업, 무노조 30인 이상 사업장에 종사하는 정규임.

3) *는 10%, **는 5%, ***는 1% 수준에서 유의함.

자료: 한국노동연구원(2002~2008)의 임금근로자 패널자료.

추정 1에서 일자리 특성이 비공식 고용일 확률에 미치는 효과는 인적 특성과 전기의 비공식 고용 경험을 추가로 통제했음에도 <표 7-8>의 추정결과와 유사하게 나타난다. 우리의 관심인 비공식 고용 경험의 효과를 보면, 전기 비공식 고용이 다음 해 비공식 고용 확률을 55.2%포인트 높이는 것으로 추정되었다.

그러나 개인적 이질성과 초기 조건을 함께 통제한 추정 2는 ρ가 0이라는 귀무가설을 기각해, 관측하지 못하는 개인적 이질성을 통제해 추정하는 것이 바람직한 것으로 나타난다. 한편 이러한 방식으로 분석한 결과 비공식 고용 경험은 다음 해 비공식 고용 확률을 28.3%포인트 높이는 것으로 추정되었다. 추정 1의 추정계수 크기와 비교하면, 비공식 고용의 지속성을 야기하는 원인의 절반은 개인적인 이질성 때문이라고 볼 수 있지만 이를 제거하고서도 비공식 고용 경험 자체가 높은 수준의 지속성을 야기하고 있다고 할 수 있다. 상태의존성에 기인한 비공식 고용의 지속성은 노동정책의 낮은 집행 수준과 분절적 노동시장 구조와 관련 있다고 생각된다(Perry et al., 2007; Akay and Khamis, 2011). 노동정책의 낮은 적용수준과 집행 문제가 결합할 경우 사용자는 비공식 고용을 제의할 유인이 커지며, 비공식 고용이 비대한 주변 노동시장에서는 사회적 보호로부터 배제된 근로자가 비공식 고용 경험을 벗어나기 어려울 것이기 때문이다.

6. 요약과 정책적 시사점

이 글은 「경제활동인구조사 근로형태별 부가조사」와 「한국노동패널」을 이용해 정태적·동태적인 분석을 시도하여 비공식 고용의 발생 원인을 분석했다. 주요한 분석 결과는 다음과 같다. 첫째, 비공식 고용 비중은 지난 10년간 감소해왔지만, 여전히 임금근로자의 40%가 「노동법」과 사회보장제도 등의 사회적 보호를 받지 못하고 있다. 둘째, 비공식 고용의 80%가 제도적인 보호로부터 배제되어서가 아니라 법과 정책을 준수하지 않아서 발생하고 있으며, 이는 정책의 낮은 집행수준에 기인한다. 셋째, 비공식 고용은 고착화 경향을 띠고 있다. 개인적인 이질성을 통제할 경우 비공식 고용의 지속성 정도는 절반 정도로 줄어들지만, 여전히 높은 수준의 지속성을 보이고 있다.

이상의 분석 결과는 보편적인 성격의 사회적 보호를 강화하더라도 효과적인 정책 집행과 결합하지 못할 경우 광범한 비공식 고용이 존재할 수 있음을 보여준다. 비공식 고용 문제를 해결하기 위해서는 시장 실패의 규율뿐만 아니라 정책 실패까지 보완하는 방안이 병행되어야 할 것이다.

분석 결과로부터 도출된 다음과 같은 정책적 시사점에 주목하고자 한다.

첫째, 80%의 비공식 고용이 제도적인 보호로부터 배제되어서가 아니라 법과 정책을 준수하지 않기 때문에 실질적인 보호를 받지 못하고 있다는 분석 결과는 적용대상을 확대하기 위한 입법적인 노력 이상으로, 근로감독행정 등의 정책 집행수준을 강화해 비공식 고용의 발생을 억제해야 함을 의미한다. 다만, 공식화에 따른 부담을 완화하기 위해 사회보험료 지원 등의 공식고용 유인을 병행할 필요가 있을 것이다.

둘째, 최저임금, 근로기준, 사회보험의 사각지대가 중첩되어 있다는 분석 결과는 어느 한 정책의 사각지대 해소가 다른 정책의 사각지대 해소로 이어질 수 있음을 시사한다. 비공식 고용의 공식화를 위해서 「노동법」, 노동정책, 사회보험, 조세정책 등 다양한 정책의 결합을 모색할 필요가 있다.

셋째, 비공식 근로의 지속성을 발생시키는 원인이 무엇이냐에 따라 정책적인 대응은 달라질 수 있다. 영세 사업장, 건설업·개인 및 사회서비스업, 저학력자 등 비공식 고용의 발생이 높은 취약 부문에 대한 정책적인 노력이 집중될 필요가 있다. 다른 한편으로 상태의존성도 비공식 고용의 지속성을 야기하는 주요한 원인인 점을 감안하면, 비공식 고용이 비대한 주변 노동시장의 구조 개선이 병행되어야 할 것이다.

참고문헌

김홍영. 2012.「영세사업장의 비공식 고용과 근로감독 제도」. 이병희 외.『비공식 취업 연구』. 서울: 한국노동연구원.

성재민·이시균. 2007.「한국노동시장의 비공식 고용」. ≪산업노동연구≫, 제13권 제2호, 87~123쪽.

이병희. 2011.「사회보험료 지원을 통한 공식고용 촉진 방안」. ≪노동리뷰≫, 제80호, 5~28쪽.

_____. 2012.「비공식 근로와 빈곤」. ≪한국사회정책≫, 제19권 1호, 39~63쪽.

_____. 2013.「비공식 고용의 규모와 실태」. 이병희 외.『비공식 취업 연구』. 서울: 한국노동연구원.

정이환. 2003.「비정규노동의 개념정의 및 규모추정에 대한 하나의 접근」. ≪산업노동연구≫, 제9권 제1호, 71~105쪽.

전병유. 2011.「노동-복지의 정합성 : 유연안전성을 중심으로」. 장지연 외.『노동시장 구조와 사회보장체계의 정합성』. 서울: 한국노동연구원.

통계청. 2001~2011(8월).「경제활동인구조사 근로형태별 부가조사」.

한국노동연구원. 2002~2008.「한국노동패널」.

Akay, Alpaslan and Melanie Khamis. 2011. "The Persistence of Informality: Evidence from Panel Data." *IZA Discussion Paper*, No. 6163.

Almeida, Rita and Petro Carneiro. 2011. "Enforcement of Labor Regulation and Informality." *IZA Discussion Paper*, No. 5902.

Bailey, Clive and John Turner. 2001. "Strategies to Reduce Contribution Evasion in Social Security financing." *World Development*, 29(2), pp. 385~393.

Basu, Arnab K., Nancy H. Chau and Zahra Siddique. 2011. "Tax Evasion, Minimum Wage Non-Compliance and Informality." *IZA Discussion Pape*, No. 6228.

Clark, Ken and Nikolaos C. Kanellopoulos. 2009. "Low Pay Persistence in European Countries." *IZA Discussion Papers*, No. 4183.

Hazans, Mihails. 2011. "Informal Workers Across Europe: Evidence from 30 Countries." *IZA Discussion Paper*, No. 5871.

Hussmanns, Ralf. 2004. "Measuring the informal economy: From the employment in the informal economy to informal employment." *ILO Policy integration department working paper*, No. 53.

Hwang, Deok Soon and Byung-Hee Lee. 2012. "Low wages and policy options in the Republic of Korea: Are policies working?" *International Labour Review*, 151(3), 243~259쪽.

ILO. 1993. "Resolution concerning statistics of employment in the informal sector." adopted by the fifteenth international conference of labor statisticians.

_____. 2003. "Guidelines concerning a statistical definition of informal employment." endorsed by the Seventeenth International Conference of Labour Statisticians.

_____. 2012. *Measuring Informality: a Statistical Manual on the informal sector and informal employment*. Geneva: ILO.

Jonasson, Erik. 2011. "Government Effectiveness and Regional Variation in Informal Employment." *Journal of Development Studies*, 48(4), 481~497쪽.

Jütting, Johannes P. and Juan R. de Laiglesia(eds.). 2009. *Is Informal Normal? Towards More and Better Jobs in Developing Countries*. Paris, France: OECD.

Kanbur, Ravi. 2009. "Conceptualising Informality: Regulation and Enforcement." *IZA Discussion Paper*, No. 4186.

Kucera, David and Theodora Xenogiani. 2009. "Persisting Informal Employment: What Explains It?" in Johannes P. Jütting and Juan R. de Laiglesia(eds.). *Is Informal Normal? Towards More and Better Jobs in Developing Countries*. Paris, France: OECD.

Loayza, Norman V., Ana Maria Oviedo and Luis Serven. 2005. "The Impact of Regulation on Growth and Informality: Cross-country Evidence." *Policy Research Working Paper Series*, 3623. The World Bank.

Mundlak, Yair. 1978. "On the Pooling of Time Series and Cross Section Data." *Econometrica*, 46(1), pp. 69~85.

OECD. 2004. "Informal Employment and Promoting the Transition to a Salaried Economy." *Employment Outlook*.

_____. 2008. "Declaring work or staying underground: informal employment in seven OECD countries." *Employment Outlook*.

Perry, Guillermo E., William F. Maloney, Omar S. Arias, Pablo Fajnzylber, Andrew D. Mason and Jaime Saavedra-Chanduvi. 2007. *Informality: Exit and Exclusion*. World Bank.

Stewart, Mark B. 2007. "The Inter-related Dynamics of Unemployment and Low-Wage Employment." *Journal of Applied Econometrics*, 22(3), pp. 511~531.

Wooldridge, Jeffrey M. 2005. "Simple solutions to the initial conditions problem in dynamic, nonlinear panel data models with unobserved heterogeneity." *Journal of Applied Econometrics*, 20(1), pp. 39~54.

지은이(수록순)

유철규

서울대학교 경제학 박사

현재 성공회대학교 사회과학부 교수

주요 저서: 『혁신과 통합의 한국경제모델을 찾아서』(편저, 2006), 『박정희 모델과 신자유주의 사이에서』(편저, 2004), 『한국자본주의 발전모델의 역사와 위기』(편저, 2003)

이동걸

미국 예일대학교 경제학 박사

현재 동국대학교 경영대학 초빙교수

주요 논저: 「국내 증권산업의 M&A 유인구조 분석: No M&A 퍼즐」(공저, 2012), 「경기순응성 완화 방안에 관한 연구: 자본금버퍼와 동태적 충당금제도를 중심으로」(공저, 2009), "Competition Structures of the Banking and Securities Industries in Korea"(2009), "Restructuring of Daewoo"(2003), 『공적자금 회수규모 추정 및 상환대책』(공저, 2002), 『금융개혁보고서』(공저, 1997)

윤진호

서울대학교 경제학 박사

현재 인하대학교 경제학과 교수

주요 저서: 『일의 가격은 어떻게 결정되는가 II』(공저, 2012), 『냉철한 머리, 뜨거운 가슴을 잃다』(공저, 2012), 『보스턴일기: 지식의 디즈니랜드에서』(2005)

강병구

미국 뉴욕주립대학교 경제학 박사

현재 인하대학교 경제학과 교수

주요 논저: 「복지국가의 대안적 재정체계」(2014), 『복지정책의 지속가능성을 위한 재정정책: 스웨덴, 프랑스, 영국을 중심으로』(공저, 2012), 「사회지출의 자동안정화기능에 대한 연구」(2011), 「국가재정건전성의 현황과 개선방안」(2010), 『미래 한국의 조세재정정책』(공저, 2007)

주상영

미국 위스콘신-매디슨 대학교 경제학 박사

현재 건국대학교 경제학과 교수

주요 논저: "Estimating Open Economy New Keynesian Phillips Curve for Korea"(공저, 2014), 「노동소득분배율의 측정」(공저, 2014), 「진보적 성장 담론의 현황과 평가」(2013), 『허바드의 화폐와 금융시스템』(공저, 2012), 『거시경제학』(2007)

배영목

서울대학교 경제학 박사

현재 충북대학교 경제학과 교수

주요 논저: 『세계경제의 변화와 한국경제의 대응』(공저, 2013), 「가계부채 상환부담의 분포와 추이」(2011), 「우리나라 통화개혁의 비교 연구」(2010), 『한국의 은행 100년사』(공저, 2004), 『한국금융사 1876~1959』(2002)

김상미

충북대학교 대학원 경제학과 박사과정

현재 충북대학교 경제학과 강사

이병희

서울대학교 경제학 박사

현재 한국노동연구원 선임연구위원

주요 논저: 『경제적 불평등과 노동시장 연구』(2013), "Low wages and policy options in the Republic of Korea: Are policies working?"(공저, 2012), 「자영업 구조조정과 임금근로 전환의 노동시장 성과」(2012), 「비정규직법 시행 3년의 고용효과」(2011)

한울아카데미 1712
서울사회경제연구소 연구총서 XXX

박근혜 정부의 경제 · 사회정책 경제민주화와 복지의 실종

© 서울사회경제연구소, 2014

엮은이 | 서울사회경제연구소
지은이 | 유철규 · 이동걸 · 윤진호 · 강병구 · 주상영 · 배영목 · 김상미 · 이병희
펴낸이 | 김종수
펴낸곳 | 도서출판 한울

편집책임 | 이교혜
편집 | 김정현

초판 1쇄 인쇄 | 2014년 7월 21일
초판 1쇄 발행 | 2014년 7월 31일

주소 | 413-756 경기도 파주시 광인사길 153 한울시소빌딩 3층
전화 | 031-955-0655
팩스 | 031-955-0656
홈페이지 | www.hanulbooks.co.kr
등록번호 | 제406-2003-000051호

Printed in Korea.
ISBN 978-89-460-5712-8 93320

* 가격은 겉표지에 표시되어 있습니다.